大展好書　好書大展
品嘗好書　冠群可期

武術特輯
125

岳家拳學

附DVD

王　傑 講授
陳智豪 整理

大展出版社有限公司

序

很高興、也很榮幸能夠盡己棉薄之力，為王傑老師整理其家傳岳家武學，讓幾近瀕絕的岳家散手和歷史無跡的岳家鶴拳，能夠以它樸實無華、精妙絕倫的原始風貌，展現在世人的面前。

王師岳家武學乃是其父子南公得自異人所授，主要有岳家散手和岳家鶴拳兩大系統。岳家散手乃是以擒拿為主體，摔打踢肘為輔的散手系統；岳家鶴拳原本共有三套，可惜至今僅餘一套，乃是融合南北兩地風格的獨特拳種。

至於岳家武學之源流，由於當時王師年幼，已不復記得該名異人姓名而無從得知。不過，根據現今文獻所知，岳家散手為清同光年間，河北雄縣劉士俊所傳。據資料所載，劉士俊曾分別在北京、廣東和雄縣等地傳授岳家散手，民國時鼎鼎有名的鷹爪王陳子正，即是劉士俊的再傳弟子。至於岳家鶴拳則在歷史上毫無記載，不過觀其形式，應有受過福建鶴拳的影響，但拳式中又有北方拳式，故應視為融合南北兩地的獨創拳術。至於是不是該名異人所創，則是未知之數。

王師為岳家武學第二代傳人，不僅家傳根柢深厚，王師更是四處拜訪明師，以求在武學上精益求精、砥礪功夫。王師來臺之後，曾先後拜過八步螳螂拳大師衛笑堂師

爺、又曾從許振聲師爺學習楊氏太極拳一百零八式與推手。其他時間，王師更從當時植物園諸家明師與其弟子有所交流，由此培養出實用精蘊的實戰內家功夫，更進一步豐富、細緻化岳家武學的體系和理論。因此，王師可說是岳家武學的繼承者，又是其創新突破的創新者。

晚年退休之後，王師於住家附近的興隆公園傳授拳藝，並開始公開其家傳岳家武學。後來更開創了現今的振武學院，以期能將真正的內家武學發揚光大。為了傳播拳藝，除了為王師拍攝紀錄片《王傑武學傳習錄》之外，並開始由筆者整理、撰寫岳家武學，以饗有志於武學之同道。

本書共分八章，第一章主要是介紹王師學武經歷和其過去事蹟，希望大家藉由知曉王師學武之歷程，瞭解到唯有恒心、毅力和興趣，方能在武學上有所成就。若是缺乏恒心、毅力和興趣，即使有明師在側，精妙絕倫的武技和拳論在前，也終是一無所成，徒留遺憾而已。

第二章裡主要是介紹岳家武學的歷史源流。不過由於岳家鶴拳無從考據，是以第二章主要是介紹岳家散手的歷史源流和發展脈絡。除了讓學者明白岳家武學的發展歷史和其演化歷程，能夠正本溯源之外，更希望能夠起到拋磚引玉的作用，找到深悉此家武學脈絡之人。王師曾於返鄉時，囑託故老鄉親們尋找岳家武學在湖南當地是否尚有傳人存在，以期能夠明瞭其源流脈絡。可惜至今查無資料，因此希望透過對於其脈絡源流之整理，能夠找到該名異人之傳人。

第三章裡，筆者主要是整理岳家散手一系前輩高人

的傳略，除了間接讓學者明瞭岳家散手的傳承之外，更讓學者藉由知稔前輩風範，進而有所借鏡與警惕。在第三章中，筆者花最多工夫的，當屬〈劉士俊傳〉。這是因為劉士俊乃是岳家散手信史第一人之外，也是由於劉士俊一生事蹟十分戲劇化之故，有其風華正盛、不可一世之時，也有其低潮失意、一蹶不振之日。藉由對於劉士俊這名人物的考據，不僅可以更加瞭解岳家散手的傳播過程和時間之外，更可以作為人生借鏡，引以為惕，頗富教育意義。

第四章則是解說岳家鶴拳的拳理和招式，以及其基本功夫。在本章中，是由王師親身示範岳家鶴拳的招式動作，並由筆者加以解說其動作要領和拳理內涵以供學者參考。由於岳家鶴拳並無歷史可考，而王師練拳又以實戰為主，故少有拳理拳論可資接引。因此，筆者乃參考借用福建鶴拳之拳論作為補充，並整合筆者歷年所驗證的內家武學觀念，加以述說其內涵。在這裡，要特別感謝王師長子懷湘先生在拳理上之啟發，使筆者能夠領略真正內家武學的內涵。在第四章中，筆者還介紹了王師所傳的岳家推手法，以供學者參考。

第五章裡乃是針對岳家散手作一系統性的說明。除了點明岳家散手的各項特色之外，更要區別出岳家散手異於其他擒拿手法上之優點。其中，最鮮明的特點即是：岳家散手完全不強調指掌握力，而純是以鬆柔沾黏為主，借用人身槓桿和內勁，以巧勁制服對方。這一點與尋常擒拿手法截然迥異。一般人練擒拿，無不強調抓罐、撐棍等操練實力之功夫，用以堅實握力而拿人。但是，岳家散手則是全憑鬆柔沾黏的功夫，以巧勁與槓桿制服對方，完完全全

不用任何拙力，所以能制人於不覺，跌人而不察。

在第六章中，筆者主要是說明岳家散手的拳理和基本功練習。由於岳家散手是以鬆柔沾黏為主，是故筆者略去所有培養指掌握力的功法，直切本衷，由鬆柔沾黏練起，亦以鬆柔沾黏為依歸。故第六章中，學者會完全看不到一般練習擒拿之人所強調的功夫，像抓罐、擰棍、握力器等等。此非筆者不教，而是一來這些功法在一般擒拿專著中多有提及，筆者再提亦不過是錦上添花而已；二來這些功夫練起來，並無益於鬆柔沾黏，反而無法練到岳家散手諸般精妙，有違王師教誨和拳理。

在第七章中，筆者將岳家散手分成「指部」、「腕部」、「肘部」、「肩部及其他」、「摔跤」等五類加以陳述其動作要領和散手原理。為了讓學者能更加明瞭內中徑路之變化，筆者主要參考孫祿堂的諸般著作，藉以描述岳家散手的動作要領。故學者若有不明處，亦可參考孫祿堂的武學著作，領略其中動作旨要。在第八章中，筆者則是作一簡略總結，結束本書。

本書的寫作時間大約歷時有三年之久。之所以花費了這麼多的時間，除了筆者個人因素和中間去報效國家無暇提筆之外，也是有待於相關資料的蒐集、筆者自身實功和閱歷的增長，以求撰寫出不辱師名的著作。

在成書的過程中，著實得到多位師兄姊和友人們的大力支持和參與。譬如拍攝照片時，筆者乃借用石統基師兄的單眼相機方能將王師英姿保存下來。在拍攝岳家散手時，也需要眾位不辭艱苦的師兄們充作王師拳靶，在地上翻滾呼救。由於筆者攝影技術不佳，加上有時為了攝取不

同角度之故，同一個散手動作可能要重複三、四次以上，有時還要補拍鏡頭、或是定格等等，皆讓不少師兄們苦不堪言，也著實讓王師大感疲累。在此，感謝協助拍攝的王傑老師、王徵成師兄、石統基師兄以及陳建源師兄捨命相搏。在拳理解說部份，筆者除了參考各家拳理拳論之外，懷湘師兄也給予筆者許多拳理上的體悟和建言，不僅使筆者本身功夫更進一層外，亦豐富了本書拳理論述，使學人更能理解岳家武學的拳理核心。

另外，也感謝筆者友人許伯罕、薛台佑等人的資助與建議，方能讓筆者完成本書。其他尚有未及感謝之人，在此一併致上最深的謝意。

最後，希冀學者注意的是，本書是由筆者撰稿成書，乃「代師出征」之作，是以不能完全代表王師的功夫水平。筆者內中所寫，如能傳達王師功夫之十一，則已屬萬幸！這是因為王師功夫皆是從實作中得來，乃其歷年心血之結晶，十分難以用文字照片加以表達敘述。王師教學又都是以個人體會和經驗結晶來教導學生，雖有身教之價值，但十分難以被一般學人所理解。是以筆者乃雜揉各家拳論和個人心得，加以述明拳理和動作要領，以供學人參考。故大抵上，此書可視為筆者追尋王師足跡所完成的作品，萬不可執本書以為王師技劣若爾，如此則是本末倒置、以假為真，是乃筆者之過錯也！說到這裡，令筆者想到《莊子‧天道篇》中，輪扁與齊恒公小白的對話：

桓公讀書於堂上，輪扁斲輪於堂下，釋椎鑿而上，問桓公曰：「敢問公之所讀者，何言邪？」公曰：「聖人之言也。」曰：「聖人在

乎？」公曰：「已死矣。」曰：「然則君之所讀者，古人之糟魄已夫！」桓公曰：「寡人讀書，輪人安得議乎！有說則可，無說則死！」輪扁曰：「臣也以臣之事觀之。斫輪，徐則甘而不固，疾則苦而不入，不徐不疾，得之於手而應於心，口不能言，有數存乎其間。臣不能以喻臣之子，臣之子亦不能受之於臣，是以行年七十而老斫輪。古之人與其不可傳也死矣，然則君之所讀者，古人之糟魄已夫！」[1]

是以筆者所述，亦不過是王師之輪跡糟粕也！望學人謹記於心，要知功夫乃個人痛下苦功而得，非待天授。本書只能起個啟發作用，而不能視為王師本身功夫或是功夫本身！

謹此，尚望「指窮於為薪，火傳也，不知其盡也」，願學者共勉之！

---

① 莊子著，王先謙、劉武註解（1988），pp.120～121。

8

目　錄

第一章
王傑老師傳略

王傑老師

王傑老師，本名紹長，生於民國十六年十月十六日，湖南湘鄉人。王師之父王公子南，素習醫術，為當地有名的郎中。

據王師回憶，當時家門外，每天都有一兩頂轎子，等著接子南公趕去救人，其醫術與聲望可見一斑。子南公醫人頗有豪風，每當出診時，伸手搭脈一摸，即知能救不能救。若是能救，子南公立即施治，絕對能夠治得好；若是不能治，子南公亦不推諉，直說：「這個病我治不好，麻煩另請高明。」說完，負手而歸，不取分毫。

子南公除了從醫之外，亦於湖南當地務農，並開設旅店為業，店名為「子南旅館」。子南公又精拳術，習少林拳藝，臂力甚強，百來斤的石磨，五六人都抬不起來，子南公舒臂一抱，即將石磨輕鬆舉起，其臂力可見一斑。

15

王傑老師發勁示範

　　子南公生有五子三女，長子王紹業，亦是武林好手，拜當時湖南奇俠柳森嚴為師。王紹業功夫甚好，然而喜好博奕，曾經在賭坊中與地痞發生衝突，王紹業一怒之下，兩手分執八仙桌腳，往外一分，八仙桌應手一分為二，立於賭坊門口，有如天神一般，嚇得地痞流氓都不敢妄動。另一次，家中母牛生了一頭小牛，小牛長到三四個月的時候，已長得十分壯碩，但仍是喜歡黏著母牛要喝奶，不肯分離，就連母牛下田時，也是寸步不離。王紹業驅趕母牛犁田時，小牛仍黏著母牛不放，拉趕了好幾次，就是驅不去、趕不走。最後，王紹業一怒之下，一手拉著小牛尾巴，一拳猛擊小牛，結果小牛不堪拳力，倒地而死，化為晚上佳餚。

　　在家風尚武的環境底下，王師既為子南公第七子，幼承庭訓，自小即對武藝有著深厚的興趣，並在子南公的教

王傑老師青年時照片

導下，奠定其精醇的武學根基。

子南公除了精習少林拳藝之外，更習有岳家散手與岳家鶴拳，而這岳家武學的由來，可說是一段傳奇故事。話說民國二十三年，子南公所經營的子南旅館有一遊人投宿，住宿許久，分文未付。子南公覺得這個人氣宇非凡，怕他是一時落難，也不加追討，仍是奉待如故。久之該遊人十分過意不去，一日主動提出「以拳代賬」的提議，想一償子南公的恩情。子南公見機會難得，兼之本好拳術，欣然同意。該名遊人深怕其拳藝為他人所覬覦，約定每天日落後，在子南旅館二樓教授岳家散手。王師當時年紀尚小，也隨側在旁觀看。據王師所憶，自此子南公不僅不收分文，每日必兩葷兩素外加湯酒，以酬敬該異人，如此授拳，前後約莫兩年。

子南公既習絕技，極欲傳諸後人。當時王紹業已入柳森嚴門下，隨側在旁僅有王師喜好武術，故子南公遂將岳家絕技盡授於王師，王師遂自民國二十四年開始學岳家絕技，直到民國三十三年間，約有九年光景。除岳家散手之

外，王師亦習有岳家鶴拳三套，以及少林拳等等。子南公教功甚嚴，王師在刻苦訓練下，練得一身綿花裏鐵的絕妙功夫。王師年輕時，膂力甚大，練石鎖時，能以左手提石鎖上拋於空，曲左肘平接石鎖；左肘一振，將石鎖振上空中過頭，復落於右肘上，如此反覆。王師於植物園從衛笑堂師爺時，嘗戲友人，自其吉普車後，將吉普車奮力舉起，使其

王師示範岳家摔跤

後輪離地，無法前進半分。凡此種種，可知子南公教練之紮實嚴格之處。

民國三十三年，時抗日戰爭已到尾聲，日軍仍作困獸之鬥。時王師年已十八，極思報國救亡之心，遂入尹立言將軍總指揮所率領之湖南抗日游擊隊，參與對日作戰，亦稱之為「大刀隊」。當時尹立言將軍請一馮姓武師教授大刀術，其刀法簡潔樸拙，沒有絲毫花俏之處，然其一刀一式中，皆是多少武術家之結晶心血，極有殺敵之效。當時大刀隊之配備並非精良，僅有漢陽兵工廠所製的大刀一把，匕首兩支，還有德製快慢機一把。所有大刀隊員皆憑藉著簡陋的裝備和救國熱血，奮勇作戰殺敵。

王師曾與我們述及大刀種種用法，如當對方一刀當

王師與胡秋男師兄推手

頭砍來，我即以刀背斜迎對方之刀，將對方之刀撥離我身，隨即腰胯一轉，順勢往彼頸砍去；或是對方當頭直劈，我舉刀背一架，一提膝，左手抽出小腿上的匕首，往對方小腹一劃等等技法，皆是近身搏鬥之殺敵之法，古樸實用，乃千錘百煉之傑作。

在抗日戰爭中，王師曾不幸為日方所俘，後來趁入夜人靜，趁機逃離！途中為逃避追捕，與同袍折支蘆葦，潛匿池水中一日一夜，直到日軍遠走，方才出池。另一次，為躲避日軍攻擊，與同袍潛匿於糞坑，持槍朝外警戒，一直等到國民黨軍經過之後，才得以出坑。由此可知王師反應靈活，個性機警，方能免於日方所荼毒。

民國三十四年，日軍投降後，王師在因緣際會下，加入戴雨農將軍所主導的軍統局，後從軍統局「游幹班」畢業，由軍旅單位轉換到情治生涯。當時王師被分發至軍統局底下交通警察第十八總隊，負責港口、鐵公路、隧道以

及機場的治安工作。後來，因戴雨農將軍飛機失事，交警也隨之解散。民國三十八年，第一兵團司令程明仁叛變，黃杰臨危受命。王師加入黃杰兵團，隨同部隊假道於廣西進入越南，再至越南富國島，且在越南一待四年。

民國四十二年，富國島部隊被政府接運來台，王師亦隨之來台，並被編入海軍陸戰隊。當時，王師住在高雄左營，搭蒿棚處，生活艱辛。後來，王老師自軍中退伍，一身孑然，然其志氣甚堅，終能化苦為甘。後入公路局作事，服務了一段時間。後來，憑藉著一身毅力和決心，刻苦學習，考入台灣銀行，終至六十五歲退休。

王老師來台後，功夫亦不曾間斷，於民國四十五年，喜遇其叔王佩山，請益岳家散手與岳氏鶴拳，前後約三、四年，功夫更上一層樓。在軍中時，認識王少山將軍，其人習少林拳，功夫亦甚好，兩人經常結伴砥礪學習。

民國四十九年，於植物園從太極拳名師，鄭曼青與熊養和之學生許振聲老師，學習楊家太極拳一百零八式與太極推手，自此，功夫更臻圓化之境。王老師曾言，許老師功夫醇厚，其理論尤為精妙，自今少見。

民國五十四年，王師由朋友林鈞福先生所引薦，拜入八步螳螂拳大師衛笑堂師爺為師。當時王師住在木柵軍功路，於台灣銀行上班。由於衛師爺總是於每日清晨5點半在植物園教拳，王老師每天於4點半起床，騎車至植物園學拳，到8點40分左右，方到台灣銀行上班。凡此前後約七年半。

據王師所言，當時植物園臥虎藏龍，不少高手均在植物園教拳。時有衛笑堂師爺外，還有摔角大師常東昇，鶴

王師推手示範

拳名師陳開珊、蔡田土等人。王師因見衛師爺練用實際，教拳勤奮，故從衛笑堂師爺學習八步螳螂拳。

據王師所言，衛師爺拳勁驚人，一拳「黑虎偷心」擊在磚牆上，能將一塊磚頭精確地擊出，而不累及其他部份，被擊飛之磚亦不破碎，功夫巧妙雄渾。衛笑堂師爺教拳甚重實用，凡教一拳式，必教其用法。若學生問教，輒以實用試手而教之。王師亦不辭辛苦，常從問技。

王師除在植物園與衛師爺學拳外，亦與植物園和當時新公園之拳師與其學生有所交流，如蔡田土老師、張克治老師、陳開珊老師之學生等等。當時王師聞有技高者，必親往而見之，欲意透過武學交流，以求相互成長。其中知名者，如拳擊好手張羅普等。又開創台始易宗之一代大師張峻峰，亦曾和王師有所交流，兩人以一敗一勝之績，結為友好，並交換拳藝，張峻峰先生授王師以八卦掌，王師授張先生以八步螳螂拳，蔚為武林一代佳話。

王師從衛師爺學習時，從不炫耀其所學。就學七年半中，未曾顯現岳家功夫。直到後期時，衛師爺方才發現王師岳家散手之絕技，亦當眾讚揚王師功夫：「以後你們要看散手，可以找王傑。」足見王師岳家散手之精深，及衛

21

師爺寬容大方之美德。王師至今仍十分推崇衛師爺所常說的兩句話以警惕自我，鼓勵後學：「江山代有才人出，武林永無第一人。」

現今，王師於景美興隆公園執教，每日於8點即到公園，與眾位師兄姐練習至中午12點方才休息，王師老當益壯，可比漢時馬援，三國黃忠。王師鎮日教拳推手，功夫未因年歲減損，反倒更有

王師與周毅老師閒坐

成長突破，吾輩小子，縱使青年力壯，亦難企及其一二。王師不僅散手精妙，能拿人於不覺外，其推手亦臻鬆柔之極，凡一有意念動發，皆逃不出其掌握；甫一動念，即被擊出丈外，此等功夫，世所罕見。外人每見王師能將年輕小子發出尋丈外，初疑為虛假，然一接手，無不應手而跌，瞠目結舌，方知眼前老者，實為一代高手也。後為系統性地推廣中華武學，遂成立台北振武學院。經年以來，無論南北各地，國內國外，皆有不少人士於興隆公園中交流學習。

王師授拳，滌除雜蕪，直切內家武學之根本。尋常練拳者，雖知王師功夫卓絕，卻難以理解王師教學之方式。據王師長子懷湘先生所言，過去王師教學，亦如一般拳

王傑老師與馮志強老師合影

2007 年 8 月 2 日台北市振武學院宗師王傑先
生與北京陳式太極拳宗師馮志強先生合影於北
京龍泉賓館

王傑老師與朱春煊老師合影

師，先教以樁步、次練腿法、行拳、拆招等等。但練到最後，拳架學了，樁也站了，卻沒有幾個人練得起來。後來，王師方以推手為根本，先得內家拳理要旨，再推而廣之，開創出現在的教學方式。

王師常說：「要練拳架是很簡單的，練個一天就可以學完一套。但是沒有功夫，這些拳套就沒有什麼作用。所以要先將推手練好，功夫才會上身。要將推手練好，先要將沾黏練好，聽懂勁才會出來！推手練的就是這個『聽懂勁』！」王師又曾言：「我的功夫，推手要算第三，擒拿第二，散手則是算第一。」言下之意，乃說明推手功夫難練難精，須將推手功夫練好，功夫自然就上身，若是推手功夫練不好，功夫上不了身，即使會個上百套拳也是沒有作用。

王師喜好結交四方佳友，並常為朋友排紛解難，故其交遊甚廣，其長子懷湘先生曾戲言之為「現代孟嘗君」。據懷湘先生回憶，以前每逢過年佳節，從初一到初五，家裡總是擺滿三四桌酒席，以接應絡繹不絕的訪客。王師眾友當中，也有不少武術名師和好手，現今與王師經常來往者，如同門左顯富老師、陳進生老師、摔角大師常東昇高徒蘇成老師，摔角大師潘文斗與常東昇之高徒周毅老師、程式高派八卦掌吳國正老師、大內八極拳金立言教官等等，皆為王師座上佳賓。

王師於民國九十六年七、八月時，應北京傳統武術訓練營及國外弟子Michael Martello所邀，遠赴北京參與第一屆北京傳統武術夏令營，教導國外友人岳家散手、推手等技。不僅技驚北京，亦在來學國外友人的心中，留下極

王傑老師在北京授藝

為深刻之印象。當時，與會人士如陳氏太極拳名師馮志強老師、白猿通臂拳張信斌老師、程氏八卦掌賈樹森老師、保定快跤于紹毅老師及少林拳孫汝賢老師等人，亦對王師散手之精妙與推手聽勁之靈妙大為驚嘆。後由其子王懷湘所引荐，與楊家太極高手朱春煊先生會面，兩人會面，一見如故，相談甚歡。此次北京之旅，使得岳家散手及推手名揚北京，是乃岳家散手自王師傳授後，第一次在台灣之外，公開推廣教學。

　　記得筆者剛認識王師時，王師年紀已有七十八歲，而筆者才二十二歲，正是氣力正盛之際，然與王師接手，無論散手、推手，皆為其輕鬆掌握，無法動彈分毫。至此，方知世傳內家功夫者，殆非妄言虛說，實真有其事，一時過往傳說，一一驗證，無一不然，方嘆典型尚在，遂欣然拜師，欲究其妙。從學既久，更知王師功夫深不可測，經

王懷湘先生北京授拳照

驗豐富老到，非吾等小子所能比肩相望，有仰之彌高，鑽之彌堅，瞠乎後已之嘆。

王師高學弟子中，雖亦各有所成，然至今能傳其技者，唯其長子王懷湘師兄。懷湘師兄幼承庭訓，先從王師學生學練洪拳，後方入螳螂、太極之門。師兄自小時，即與王師練拳，當用完晚膳後，即學練武術，直到晚間十點鐘。如此日復一日，耳濡目染之下，功夫行深，其武藝水平遠超他人。懷湘師兄亦不自滿，深自鑽研，參透諸家拳論，遂有深得。後遇太極名家朱懷元之子朱春煊先生，接觸楊家推手另一深妙精微法理，一時豁然開通，武學造詣突飛猛進，遂自成一格，有所獨到精微之處。

第二章
岳家散手源流概敘

一、前　言

　　王師所傳的岳家武學，主體是由岳家散手和岳家鶴拳兩項絕技所涵括。據王師所言，岳家武學相傳是由岳飛所創，然而據筆者所考證，此說顯非史實。岳家鶴拳，據筆者所考，並沒有完整的譜系出現於世，當世所傳鶴拳均源於永春方七娘所創，形式與岳家鶴拳相似，但並無出現岳飛之說；另有其他鶴拳派系，則拳法風格迥異於岳家鶴拳，則不列入考慮。至於岳家散手，一稱岳氏散手，據目前最早可信資料，則是河北雄縣劉士俊所傳。由於岳家散手歷史在近年來少為人所知，筆者在此將簡略說明一下岳家散手的傳說與信史方面的資料，並勾劃出近現代岳家散手的演變與發展。

二、岳家散手源流傳說

　　岳家散手是中華武術中極其珍貴的武技，然而岳家散手歷史卻是不見於典籍記載當中，不知其源流脈絡。目前所能確實考證之信史源頭，唯河北雄縣劉士俊而已。在劉士俊之前，岳家散手之源流直是撲朔迷離，不可深考。據許禹生所言，岳家散手乃源於達摩祖師：

　　岳氏散手者，其源出於達摩禪師，有坐功、站功、行功。舊法散手即行功也。岳武穆得之於麗泉山僧，其初九手，分為上盤三手、中盤四手、下盤二手。傳之既久，每手各化二十手，共一百八十手，更分左右應用，合為三百六十手。其站樁用川字地盆式，身法用半馬式，步法則以足由外向內鈎盤。練習時每進步劃一半圓圈，兩足互劃，殆即達摩師所創十八手中之鈎腿盤旋法也。①

　　許禹生的說法乃是一般對於岳家散手來源的通說。

　　然而，岳家散手根本不可能由達摩祖師所創。就目前歷史看來，達摩祖師雖於佛學上造詣深厚，但顯非通知武學之人。一般咸認為達摩僅僅有可能傳授少林僧一些瑜伽作為養生之法而已，但絕無傳授拳技之實。後世所謂《易筋經》、《洗髓經》等，乃成於明代之際，絕非達摩所傳。

　　又岳飛在傳說中，是從麗泉僧學得岳家散手。在部份資料中，又說岳飛曾習得達摩易筋經而獲神力，並創出雙推手之法②。這些都是將岳飛視為一名精通民間武術的

---

① 郭憲和（2004），pp.340～342。

② 郭憲和（2004），pp.340～342。岳飛創雙推手的說法是十分著名的說法，至少在清中葉時，就已流傳類似的說法。許多託名岳飛的拳種，如心意六合拳、形意拳、岳氏散手、以及流傳在湖北、湖南當地的岳家拳中，亦強調此說。陳鐵笙自稱所秘藏的《少林宗法》一書中，亦強調雙推手之法乃創至岳武穆。《拳術初步》中亦曾說：「宋岳飛以武術治軍，手擅雙推，槍傳絕技。」但是，雙推手又是什麼技法呢？在筆者所找到的資料中，有兩筆是比較清楚地說明雙推手之技，一是尊我齋主人的《少林拳術秘訣》，一是董秀升的《少

林五行柔術拳譜》，今分別引述如下。據《少林拳術秘訣》所載：
「胡氏平生得力之處，則在雙推手。胡氏深明一貫禪師之秘訣，於
朝夕練習此手。與他人異者，即演習時，必子午椿，且矮馬開步，
使運腰力，起坐伸縮，左右迴旋，兩手指掌相印合，如是則周身之
筋骨活潑，且力自氣海以達於肩腋，而吐放於指尖掌心間。迨練習
既久，一身無不得力處，如與敵遇，任擊何地而手足腰腿肩栩皆可
相應，此所謂生龍活虎、矯健不凡者也。胡氏於雙推手外，又變而
為陰陽牽緣手、長短分龍手、左右夾馬手、種種變化，雖覺不同，
而其主要，皆由雙推手轉變而來。」[尊我齋主人（1815），pp.95～
96。]據董秀升所寫之《少林五行柔術拳譜》：「第一節 揭手 練習
此手時，須下矮馬，兩足平排一尺餘，兩臂手自然各垂放兩邊，定心
寧志，細調呼吸，塌腰順氣，兩肩鬆開，正頭豎項，兩目神斂，胸直
微收，背式平正，兩胯內撐外抱，兩足掌前後登平，氣降丹田，如舐
上顎，呼吸以鼻，勿使喘促（以上乃練習此拳一定不易之格式，後做
此）。遂將兩手由丹田處，徐徐由下往右而自然轉出，漸由下往上
轉，兩手平與眉齊，兩手要與前腳尖上下相對，兩手距離一寸許，兩
目視定兩手中間，復再往左面。雙手相應，出猶如猛虎出林，兩爪排
出之勢。復將兩手由上往下，仍從左面轉下至丹田處，此為一周。
其兩手所過之路線，如一圓圈形，如是再轉再塌，量自己功夫練習
休息。如是而後，再往右揭。往右揭時，兩手仍由丹田處，往左轉
之，兩手高低與往左右時一樣，如揭至腿臂怠時，可稍事休息。」

「惟最注意者，練習時，萬不可用努氣掘力，仍如運使之法，
將勁由肩腋下運出，起坐伸縮，可以任意而運用之。但練習時，總
要以神會意，以意運氣，以氣摧勢，方可曲盡真法。此是不動步練
法，如活步練習時，必須用子午（兩足換下如長三形）下矮馬，步進
手出，步退手回，兩手之路線，仍與前一樣，總以手足相應，內外
一致。無論順走、斜走、轉走、十字換手足，呼吸仍不可粗率，意
氣總要相隨。所謂進而隨手之出入，去來任之自然，氣欲漏而神
欲斂，身宜退穩步宜堅，內外交修，手足雙練，內以練氣，外以演
勢，內氣充起，外勢得用，外勢愈演，內勁愈增，既能會之以理，復
能合之以法，既知調之以氣，復能運之以神。既不失之於上重，復
不失之於下輕；既不失之於前俯，復不失之於後仰；既不失之於左
偏，復不失之於右不正，六面相關，一氣運轉，始終不懈……。」

「第二節 推手 練習此手時，其全身之格式，兩手出入之高
低，與揭手時一樣。所分別者，揭手之兩手，係由下轉至上，方
吐其氣（此氣於丹田腋下吐出）往外揭出，其勢是由上而下之一

一代高手，而非僅是沙場上的名將而已！

　　然而，岳飛傳授岳家散手並非是可信的說法，岳飛本人雖是沙場名將，但是對於岳飛是否學過軍旅武技之外的民間武技，並沒有任何可信的歷史證據。在宋史上，僅提及岳飛曾學射於周同（亦有作周侗）：「岳飛……生有神力，未冠，挽弓三百斤，弩八石。學射於周同，盡其術，能左右射。」[3] 後來岳飛雖然投身軍旅，但也只有可能學習到軍陣上的武藝，如大刀或是大槍等等，不可能會花費時間在學習民間武藝。不過在部份資料中，開始將周同化為少林嫡派[4]，用以說明岳飛跟周同所學的，就是岳家散手或是少林絕藝。但這是毫無根據的說法，完全不足採信。

圈。此手係兩手由下往外搦時，即吐氣外出，至兩手推出時，要往上舉，猶如兩手托天之勢，其勢是由下而上之一圈，而兩手所遇之路線，亦如一圓圈形；至左右換推，其身法、步法、法（筆者按：此為排版缺字）、轉走、直走、亦皆與前一樣。習之（既）久，自能圓轉如意、起落得勢，一任練習之使用而無礙也。」

「考右二手，乃岳武穆之雙推手也。前勢以搦手名之者，分別上下練習也，如將此二手練至精熟，或按或舉、或按或切、或掌印、或指搞、或兩手前後互用、或兩手上下互用，上下相督，內外一致，總之陰陽氣勁並用而不亂，方盡其手之妙。學者於此二勢，須深注意，萬不可視其表勢平淡而忽之也。」[董俊（1934），pp.3～6。]其中，董秀升所述文字與尊我齋主人略有相似之處，如尊我齋主人寫道：「即演習時，必子午椿，且矮馬開步，使運腰力，起坐伸縮，左右迴旋，兩手指掌相印合……」董秀升則寫道：「先由坐步演習數月，待勢熟勁順，再開矮馬、活步，起坐伸縮、左右迴旋，總以兩手指掌相應合……如活步練習時，必須用子午（兩足換下如長三形）下矮馬……。」練法與言詞相近。據考《少林拳術秘訣》是在民國四年由中華書局出版，不知董秀升是參考自此書，或是其師李志英先生（傳授董秀升少林五行柔術之人）所口授，則不知矣。

③ 楊家駱主編（1998），pp.11375。

　　就上述民間說法而言，岳飛自麗泉僧學得岳家散手後，即教練於軍旅當中，用為近身作戰之用。然而，此等說詞其實十分地薄弱。在大規模軍事作戰之中，拳技其實並沒有太大的地位，真正具有地位的是弓術、火藥、大槍等藝。明朝戚繼光即說：「拳法無預於大戰之技。」[5]誠可謂中肯建言！在明代的《五雜俎》中亦有言：「武藝十八般而白打居一焉，今人小廝撲無對者，如小虎梁興甫亦足以雄里閈矣，但用之戰場，未必皆利。河南少林寺拳法天下所無，其僧遊方者，皆敵數十人。流賊亂時，有建議以厚賞募之，得精壯五百餘。賊聞初亦甚憚之，與戰佯北，伺其夜襲擊盡殲焉，則亦用之不得其宜也。故練兵不若選將也。」[6]可見拳技與戰陣之技有所區別，岳飛既為名將，焉非知其中關要？

　　再者，拳技雖在宋代已有拳套的出現，但是大多是雜戲表演，而非真實可用之武技。真正拳技較為成熟時，大略是在明代，當時即有「少林寺拳法天下所無」[7]的說法。這個說法一方面反應少林拳技當時地位，另一方面也反應了拳技或是白打主要成熟於明代之時。因此，岳飛傳授岳家散手的說法可說是極其薄弱且不可能之事。

　　既然如此，岳家散手又為什麼會託名為岳飛所傳呢？

---

④ 金恩忠在《少林七十二藝練法》一書中即言：「達摩禪師於講經說法之餘，出武術以授徒眾，遂成為達摩派，後稱少林派，其後唐有曇宗禪師，宋有周侗、金有覺遠上人，白玉峰大師等……」[見金恩忠（2002），pp.201。]

⑤ 戚繼光（明），pp.728－607。

⑥ 謝肇淛（明），pp.413～414。

⑦ 謝肇淛（明），pp.413～414。

雖然沒有任何可信的證據可以指出岳飛學習過岳家散手或是少林拳法等等民間武術，但是岳飛在中國武術中卻具有十分重要的地位，至少在明末清初時，就有不少拳技是託名為岳飛所傳，如流行於湖北、湖南的岳家拳、廣東的岳家教、岳氏斬手、岳氏戰拳、岳家散手、心意六合拳等等，皆託名為岳飛所傳。心意六合拳、形意拳、陳氏太極拳奉之為規臬的《九要論》，亦是託名為岳飛所著。近年來，在大陸甚至有人將《九要論》視為《武穆遺書》，尤為可笑！

然而，這終是不可小覷之現象，為什麼會有這麼多人託名岳飛為拳技之祖呢？筆者認為，有幾個理由：其一，中國本有「托古」的舊習，而岳飛在清初以前，又是民間所信奉的武聖，因此冠上岳飛之名，可說是稀鬆平常之事。如在明代即有所謂張飛神槍之類的說法，又有關公十八刀、子龍槍法等等以古代名將為名的武技。

其二，明末時，女真人入主中原，成立清朝。當時有許多文人志士，感痛於明亡漢衰，均以習武擅兵為能事。如顏元即通拳法、刀法和箭術，更在高齡五十七歲時，以刀法擊敗當時俠者李木天[8]；五公山人王餘佑刀法、箭術、兵事無一不擅，更著《十三刀法》流傳於世[9]；黃宗

---

[8] 據《顏習齋先生年譜兩卷》所記：「至商水，訪傳惕若論學，惕若服焉。以吳名士刺拜李子青木天，與言經濟，木天是之。先生佩一短刀，木天問曰：『君善此耶？』先生謝不敏。木天曰：『君願學之，當先拳法。拳法，武藝之本也。』時酒酣，月下解衣為先生演諸家拳法，良久，先生笑曰：『如此可與君一試。』乃折竹為刀，對舞不數合，擊中其腕。木天大驚曰：『技至此乎！』又與深言經濟，木天傾倒下拜。次日令其長子玳、次子順、季子貞，執贄從遊。」[李塨、王源（清），pp.522。]

義、黃百家父子與當時內家高手王征南交好，黃百家更從學於王征南。可知當時，圖於復明之士，多習兵事，更兼

---

⑨ 王源《居業堂文集》中之〈五公山人傳〉載有王餘佑之事，今引之如下：「五公山人，隱者也，隱於五公山，故號五公山人。山人王姓，名餘佑，字介祺，保定之新城人。負王佐才，年七十不遇，卒，門人私諡曰『文節先生』。

「山人幼偉岸，有大志。初從定興鹿太常善繼游，既而受業於容城孫徵君奇逢，學兵法，究當世之務。習騎射、擊刺，無弗工。甲申國變，歸隱，更與徵君往來講學，究經史，授生徒，教以忠孝，務實學，兼文武，遠近從游至數百人。薦紳先生往往構講堂，具安車，迎至受業。山人幅巾褐氅，鬚髮皓白，數往來上谷、瀛海、嵩岱間，兒童野夫見其過，輒隨觀之，曰：『王先生也！』爭相慰藉。山人時停車，問勞而去。家貧甚，府縣長吏求見多不得。四方豪俊日造門，典衣剉薦接之，有急更為措置，百數十金無難。

「初，山人父延善，縣諸生，尚義。天下亂，散萬金產結客。三子，長曰餘恪，次即山人，季曰餘嚴。山人出繼世父建善，建善以庚辰特用知山西臨縣，調繁河南魯山，遣山人歸。會闖賊陷京師，山人父帥三子及從子餘厚、餘慎與雄縣馬魯建義旗，傳檄起兵討賊。徵君亦起兵，共恢復雄、新城、容城三縣，擒偽官郝丕績等數人，斬之。未幾賊敗，大清師入，山人父為仇家陷，執入京。餘恪、餘嚴謀曰：『父死，吾兄弟何面目視息人間？仲繼世父，不可死，吾二人其死之！』乃赴難。夜馳至琉璃河，聞人唱《伍員出關曲》，餘恪憮然曰『阿弟誤矣！吾二人俱死，誰復仇者？若壯，可復仇，我死之！』乃揮餘嚴去，自赴京，大呼：「我起義生員王某長子也，來赴死！」遂父子畢命燕市。

「餘嚴歸，帥壯士入仇家，殲其老幼男婦三十口無遺。於是急捕山人兄弟，會保定知府朱甲、易州道副使黃國安力為解，乃免。山人於是奉魯山公隱於易之五公山。山人學無不究，與太原傅山、同郡張羅喆、呂申諸子日相切劇，又執贄於定興杜紫峰先生。常彙古人經世事為《居諸篇》十卷，《萬勝車圖說》一卷，《兵民經略圖》一卷，皆霸王大略、兵機利害也。又《十三刀法》一卷，《湧幢草》三十卷，文三十二卷。其為文，數千言立就。書法遒逸。而感慨激烈之致，一發於詩。與人和易，從容諒至論忠孝大節，談兵述往事，目炯炯如電，聲若洪鐘。或持兵指畫，鬚戟張，蹲身一躍丈許。馳馬彎弓，矢無虛發，觀者莫不震

武藝。當時民間百姓多奉岳飛為武聖，並在節慶中時常會演出岳家軍的戲碼。

由於岳飛乃是北宋的抗金名將，其抵抗異族侵略的形象極為生動，其形象自然為復明之士所採用，以之為名，傳授拳藝，實圖以復明之號。然而隨其日月長久，清廷一方面逐漸消滅反清復明人士，一方面也積極拉攏漢人，遂漸漸遺忘此意義。

既然岳飛創拳論不足為參考，那麼岳家散手究竟源於何時何人之手呢？這個問題恐怕無人可解，就目前所得資料來說，岳家散手較具有可信的歷史記錄是在清回光年間，河北雄縣劉士俊在北京設教，傳授岳家散手。自此之後，岳家散手才真正具有明確的信史可考。

據《雄縣新志》與〈劉仕俊傳〉所記載，劉士俊學岳家散手於道濟與法成僧，雖說師出有名，然而道濟、法成又自何人傳學，已不可深考；而其兩人又是何身份，做過什麼事，亦無從考察。因此，我們大可將劉士俊視為岳家散手歷史中，第一個可考的信史人物。

懍色動，嘖嘖曰：「王先生命世才也！」乃隱居四十年卒。以不求聞達死，死之時甲子正月。又二十年癸未，大興王源為之傳。
「王源曰：予久知山人名，特不詳其生平。後交李剛主，始聞其詳。而乃得讀其遺書，撫卷流涕曰：『此諸葛武鄉之流也！天之生此人也，謂之何哉？既已生之，又老死之。天乎！吾不解其何意也。』或謂文中子隱居教授，其造就之才，皆足以安民濟世，功何必自己出乎？乃吾觀天之生才日下，固未見後進中有卓卓具體用如前人者，其或山人之門有不同歟？然誦其詩，讀其書，苟能私淑於山人，以造就其才，則雖數十百年之久，固無異於親炙之者也，山人又何憾焉！」請見http://www.confucius2000.com/ziliao/wyywx.htm

三、岳家散手信史源流

劉士俊在清同光之際，於北京護軍營和東場教授拳技，廣授岳家散手與其所精擅的大槍術，其徒眾多，據稱有上千人之多。然而劉士俊授技極苛，非打不教，因此真正能下功夫者為少數，其中較著名而有實績者，為徐盛武、查納封阿、李德奎、蕭斌、紀緒（紀二）、紀德（紀三）、劉德寬等人。劉士俊晚年回雄縣故里時，收徒教拳，其中高明者，劉成有第一，劉崇正推第二。

自劉士俊以後，岳家散手的發展主要分為兩支來發展，我們可稱為「岳氏連拳」與「鷹爪翻子拳」。劉士俊晚年回歸故里，廣授拳藝，其中劉成有最為出眾。劉成有本身習有彈腿、少林拳、翻子拳等技，後又從劉士俊學岳家散手和大槍術等技。之後，劉成有收陳子正為徒，盡授其技。陳子正盡得劉成有絕技後，感於散手無套路，逐融合翻子拳與岳家散手，演為鷹爪連拳五十路，是為鷹爪翻子拳門，因此，陳子正乃是鷹爪翻子拳門一脈之創派宗師也。

劉士俊在北京一系，也有相同的情況產生。劉士俊之徒劉德寬為教授方便，特去蕪存菁，編為八路，可左右互換，一路既盡，轉身又接一路，連環不斷，是為「岳氏連拳」，又稱「岳氏八翻手」。據王新午所言，此拳有前八路、中八路、後八路，子母相生，連環不絕。另據王新午所言，除劉德寬編創岳氏連拳外，劉士俊弟子查訥封阿所編創之夫子連拳[10]，亦是源於岳家散手。除岳氏連拳之

---

[10] 楊敞（1918），傳記－pp.2～5。

外，劉德寬亦曾將岳家散手轉化入其他套路當中，像是八卦六十四掌。

　　據傳，劉德寬任教於護軍營時，教授軍人各式武藝，其中由於八卦掌以走轉為主，不利於大軍操練，故擇八卦散手與岳家散手精要，編創直行直進的八卦六十四手，不但便於教授，而且也豐富了八卦掌的技擊內涵，一時為北京練八卦掌者視為珍品。

　　岳氏連拳和鷹爪翻子拳的出現，乃是岳家散手歷史上重要轉捩點，而且就筆者認為，弊多於利！岳家散手套路化的過程，固然是散手不易記憶，進而編創連貫之套路，方便傳授與記憶。但是這也嚴重剝奪岳家散手對練之法，使得岳家散手逐漸失其特色，而漸漸失傳。現今，不僅岳家散手埋沒於歷史當中，不復記憶，連岳氏連拳和八卦六十四手也岌岌可危，此乃不能不防之事。

　　說到這裡，我們似乎還未說明岳家散手到底是種什麼樣的拳技。依照目前各種證據所顯示，岳家散手應是以擒拿為主體，而以捽打踢肘為輔的拳技。在現今可考的岳家散手型態裡，除卻已套路化的岳氏連拳和鷹爪翻子之外，陳子正弟子劉法孟所著述《鷹爪一百零八擒拿手》等書，可視為岳家散手之遺緒。另外，紀德弟子張達泉亦學有岳家散手。張達泉的學生繆福度曾留有岳家散手之影片，但與文獻上所記載似有所不同，應是紀子修或是張達泉融入太極功法而改之。張達泉留有岳家散手部份資料，可惜僅有名稱，而無實招，今列之如下：

　　散手之九法列後：

　　單鞭、迎風擺柳、分筋搓骨，此上三手也。

左右分手，杈花，粉蝶穿花，穿梭，此中四手。

抱月，海底撈月。此下二手[11]。

另外，紀子修學生汀潭楊敞之筆記，亦錄有岳家散手之名目：

披肩類：

1.披肩　2.披肩拳　3.披肩內拳　4.披肩外拳　5.披肩上拳　6.披肩下拳

扼腕類：

1.扼肱掌　2.扼肱肘　3.扼肱上掌　4.扼肱下掌　5.扼肱套步雙掌　6.扼肱套步雙掌　7.扼肱套步提膝　8.扼肱探陰掌　9.扼肱雙掌

扼吭類：

1.扼吭　2.沖吭　3.雙手揚肘沖吭　4.雙手進步扼吭　5.抑項推臀　6.扼吭抉眸

迎風類：

1.迎風掃葉　2.葉裡藏花　3.迎風擊幹　4.迎風捲葉　5.迎風折枝　6.耽風掘井

擒擲類：

1.擒舉腕掌　2.擲腕挂拳　3.擒腕揚肘掌　4.擒腕攬腰掌　5.擒腕攬肩掌　6.折肘擊胸肋　7.截臂　8.點睛　9.捩肱　10.折腕

十字手類：

1.十字手　2.十字點睛　3.十字踐足　4.十字蹦足　5.十字鐵拳　6.十字提膝

---

[11] 張達泉（不詳-A）。

無可歸類者：

1.擊肋　2.雙沖　3.雙掌　4.探陰　5.擊胸　6.按腕承類　7.挾臂拳抹眉　8.擒臂　9.蹴脛　10.撈月　11.理髮⑫

另外，紀德之姪吳彥清亦編有《岳家散手講義》講述招式用法。惜有文無圖，部份招式仍難領略。

今王傑老師，其父王公子南遇異人得授岳家鶴拳、岳家散手等技，是為目前岳家散手屈指可數的一代高手。然習練時，王傑老師年紀尚幼，已不復記該異人之姓名，否則當可順藤摸瓜，得知其岳家散手與岳家鶴拳之源流脈絡。

四、岳家散手之演革

岳家散手，據王師所言，以左右分之，共有三百六十手散手技法，王師此說與王新午、楊敞所言皆相似。岳家散手招式雖然繁複，但大致而言，岳家散手乃是以擒拿為主體技法，兼之以摔打踢抓等技為輔，形成一門技法多變豐富的武學體系。然而，岳家散手自劉士俊授於北京之後，並非一成不變、毫無創新的。在劉士俊之後的岳家散手不僅歷經了套路化的定型過程，並且在其武學體系和內容上也不斷提昇，這是任何體系必經的歷程。

這種演化歷程，有苦有甘，有好有壞，有如生物演化一般。我們無法保證每次演化都會產生進步，但是至少有所演變，方能有所進步。

故此，岳家散手雖源於劉士俊，但王師所傳的岳家散

⑫ 郭憲和（2004），pp.22～23。

手在風格上與劉士俊似有所不同。觀諸文獻所載，劉士俊功夫以外練硬功為主，故所練者，多是指抓握力、銅皮鐵骨為主。故流傳劉士俊之軼事中，多描述劉士俊之力氣與擒拿精妙而已。例如，白恩秀即描述劉士俊練功過程：

> 拳師劉仕俊，每夜子時起，以銅錢十串，抒於衣襟，旁放一壇，滅燈後，把同錢勻揚星散滿屋地上。然後，左手提壇口，腿走矮步，右手遍摸銅錢，摸到一個則以拇、食指力碾銅錢，旋倒交左手；左手仍力碾，迨右手復摸到另一銅錢時，左手始把先摸銅錢放入壇內。如是窮摸不止，直至摸完，且心中記數（免雜念）。若此，天天作，月月作，年年作，不厭其煩，是以每個銅錢，經常年碾摸，銅質鋥亮減薄，銅錢上字體幾都模糊不清。光緒初年遇一拳師，欲與仕俊較量，才一過手，一指被仕俊捏住，略用力一揉，以十指連心，痛徹骨髓。仕俊復一垂腕，某拳師因一指連帶全身，不由雙膝跪下認輸，因舉此事，略述仕俊二指禪之捏力耳[13]。

劉士俊之後，對於岳家散手我們其實瞭解不多，但是自陳子正所傳一系來看，亦是強調指抓握力等的鷹爪功夫為主。陳子正後人即有描述陳子正所練功法與特色：

> ……而鷹手拳不僅要練雙手十指刁擒之勁，更練全身的整體勁，要求氣達周身，驚起四梢，勁發於後踵，通於脊背，達於拳掌……擄樁功專

---

[13] 郭憲和（2004），PP.18～19。

練進退、閃展騰挪步法，十指叼擒摳指力，當十
指擒抓木人樁上時，特別強調要用意不用力，此
時要有將木人樁摳裂、捏碎的意念[14]。

由此可知，陳子正所傳功法中，仍是以強調指抓握力
為主，雖有導入當時流行的內家觀念，但是細究其實，仍
是以練習外功為主。

然而，王師所傳岳家散手，在武學體系上卻迥異於劉
士俊或是陳子正所傳。王師之岳家散手乃是鬆柔沾黏為
主，尚意不尚力。劉士俊與陳子正擒人手法，不能說沒有
巧勁，然而終究強調指抓握力，顯以力勝。然而，王師岳
家散手專以鬆柔沾黏為要，制人於不知不覺間，覺知而無
所反抗！蓋王師擒拿對方，非用力擒，而以沾黏聽住對方
勁力，進而順彼勁力，控制對方筋骨順逆，使對方無法動
彈，觸手即撲。

此外，王師所傳的岳家散手不僅保有原本之三百六十
手技法之外，更添進了岳家鶴拳之套路作為訓練之初功。
不過，岳家鶴拳在歷史上更是查無可查之拳種。

據考，鶴拳大致流傳於福建一帶，有所謂飛鳴宿食等
技法。清末更有方世培創縱鶴拳名揚天下。在華中一帶，
亦有類似鶴拳系的拳種存在，至少就部份人士所考，福建
鶴拳和華中武學似乎共享某種程度上的拳論與術語，似乎
可以作為探尋之線索。

不過，若單就岳家鶴拳形式手法來看，岳家鶴拳接近
縱鶴拳系，只是沒有鶴拳常有的三戰拳母而已。在形式
上，有三角馬，亦有S形行步走法，在部份動作上，有北

[14] 王國齊（2005），pp.36～37。

方拳系的影子，但是其鶴肢甩手，卻又是典型鶴拳之手法。王師經常說一句拳諺也是與鶴拳習習相關：「手如柳枝拳如彈，馬似車輪身如梭。」因此，筆者認為，岳家鶴拳應該是晚近所形成的拳路，並混合了南北方拳術之特長所形成，並非岳家散手體系之拳路。可惜，今日王師僅記得一套岳家鶴拳拳路，遺忘其他兩套，若是有資料留下，定當可獲得更多訊息。

因此，大致上來說，岳家散手自劉士俊傳下後，歷經形式和內容上的變革，有些演為套路，失去散手對練之精神，甚為可惜。但也有些轉化為類似王師手上的岳家散手，則實屬理論和訓練體系的一大突破，尤為可喜。

王師手上的岳家散手，不僅有岳家鶴拳作為拳套訓練之用，一方面既可彌補散手無套路作為初階訓練之用外；另一方面也融合各家拳藝與實戰經驗，充為己用，其主要融合太極、螳螂、岳家為一體，形成極為成熟且內容豐富的武學體系。在就歷史演化而言，這是岳家散手演革的一次重大改革，並徹底將岳家功夫向上提昇，形成更加精緻的武學。

五、結　語

王師所承繼的岳家武學在歷史可說是極為獨特的一脈武學體系，除了有著岳家散手的實戰體系之外，又更增添岳家鶴拳作為拳功之訓練，一方面豐富了武學體系；另一方面也在不破壞岳家散手的前提下，保留了岳家散手之特點。關於這一點，不知是當初授拳異人之高見，或是歷史巧合所造成，總之可說是為中華武術保存了岳家散手的原

始風貌，並提昇其理論和訓練體系。

　　然而，王師並不以此為滿，仍是虛心向學，跟從不同老師學習各種武術，並逐一去蕪存菁，融合了自身體會與經驗於岳家武學當中。這不僅大大提昇了王師本身的功體，同時也為了岳家散手增添新的生命與契機，使得岳家散手之擒拿能夠獨樹一格，有別於一般傳統的擒拿手法，成為以鬆柔沾黏、不用拙力之擒拿，足可在近代武術史料當中記上一章。

第三章
岳氏名家傳略

一、劉士俊

1・前言

　　劉士俊，這個名字對於中國武術界而言，或許是個十分陌生的名字。相信對於中國武術或是其歷史稍有涉獵的人，都會知道幾個人物，如形意之李能然，太極之楊露禪，八卦之董海川等等風頭響亮的武林高手。

　　相信大家也都知道，上述三人除了李能然主要活動地點在山西和其河北深縣老家之外，楊露禪和董海川都主要在京師活動。楊、董兩人在北京除了教導王公貴人以外，也培養了一群功夫深厚的弟子出來，成為八卦、太極弘揚於世界的重要人才。

　　然而，在楊露禪和董海川稱雄北京時，其實還有一個能與楊、董二人分庭抗禮的高手存在，這一號人物，除了憑藉著其精深的大槍術享譽北京之外，另一絕技就是當時盛極一時的岳家散手。此號人物即是劉士俊，江湖人稱「雄縣劉」，又稱為「大杆子劉」；前者以其故鄉為號，後者則以他功夫為號。以下，筆者將詳細考察這位幾近埋沒的武林高手。

2・版本考校

在目前可以蒐集到的劉士俊相關資料其實並不是相當的多。不過很幸運的是，也有一些劉士俊的傳記和部份資料被保留下來。目前筆者所蒐羅的劉士俊傳略資料，茲記如下：

(1)〈劉仕俊傳〉《鷹手拳》。本書作者乃是郭憲和，其父郭成堯乃「鷹爪王」陳子正之徒。〈劉仕俊傳〉即為郭成堯所作。

(2)〈鷹爪拳源流〉《鷹爪門拳術圖式》。此書乃題名隱僧所編著，念佛山人所提供的資料。其中寫有劉士俊; 劉成有和陳子正等人事蹟。

(3)〈雄縣劉武師傳〉《體育》。此篇文章乃是1918年京師體育社所出版的《體育》期刊所刊出的文章。作者汀潭楊敞，為劉士俊弟子紀德之學生。

(4)〈劉士俊〉《雄縣新志》。

(5)〈劉士俊〉《雄縣鄉土志》。

在各版本中，《雄縣新志》和《雄縣鄉土志》的記述相同，只有在文字記述稍有不同而已，乃是同一版本。剩下三個版本，則頗有說明之必要。郭憲和《鷹手拳》中的〈劉仕俊傳〉與隱僧所編的《鷹爪門拳術圖式》中的〈劉士俊傳〉記述大致相符，文體幾為等同。據隱僧所言：「本書也就是陳子正老師傅的遺著《拳術摘要》。」[1] 據王國齊所言，《拳術摘要》乃是1921年陳子正與學生劉鳳池、郭成堯、由述孔等人協助下出版。又根據〈鷹爪翻

---

[1] 隱僧〔1982〕，pp.3。

子拳〉《武術名家談武術》所言：「後子正之門徒劉鳳池，亦精文事，得子正之指導，著有《拳術摘要》一書，除〈劉仕俊傳〉外，附內舉拳譜與外家拳譜各一，梨花槍譜一……」這說明了郭成堯〈劉仕俊傳〉與隱僧的〈鷹爪拳源流〉很有可能就是陳子正口述，劉鳳池所寫的〈劉仕俊傳〉。

楊敞〈雄縣劉武師傳〉的內容，雖與郭成堯和隱僧的版本內容有許多不盡相同的地方，譬如在隱僧〈鷹爪拳源流〉中記有劉成有和陳子正之事蹟[②]；但是在楊敞〈雄縣劉武師傳〉中，則根本沒有提到劉成有和陳子正之事。這是因為楊敞乃是紀子修的學生，所記劉士俊之事，乃聽聞紀子修所言，自不及於劉士俊歸鄉之後。

不過在文字敘述上，郭成堯〈劉仕俊傳〉和隱僧的〈鷹爪拳源流〉卻多有相同。譬如：在記述楊班侯和劉士俊的友好互動時，在楊敞〈雄縣劉武師傳〉中，楊敞如此寫道：「適楊鈺以事至東廠，執禮甚恭，師延坐與談，楊言辭娓娓，不及武技，師數以語挑之，楊卒不動，從容辭去。時人謂師之豪爽，楊之謙抑，皆有足多者。」[③]

在郭成堯〈劉仕俊傳〉中則為：「值楊以事謁俊，執禮甚恭。俊屢以此相問，楊不為所動，從容辭去。二人友情由此融洽，時人皆慕俊之豪爽，楊之謙恭。」[④]

---

② 隱僧〈鷹爪拳源流〉中所記劉成有和陳子正之事，在郭憲和《鷹手拳》中，則被拆分為〈劉仕俊傳〉和〈劉成有傳〉，兩者文字和內容均雷同。

③ 楊敞（1918），傳記－pp.2～5。

④ 郭憲和（2004），PP.17。

在隱僧〈鷹爪拳源流〉中則是：「會楊以事謁後(俊)，執禮甚恭。俊數以語痛之，楊不為所動，從容辭去，二人感情由此融洽，時人皆謂俊之豪爽，楊之謙抑。」⑤

由上述可知，三個版本文字皆極為相近，所記事蹟亦有重疊。顯是當時陳子正、劉鳳池、郭成堯、由述孔在纂寫《拳術摘要》時，明顯有參考楊敞的〈雄縣劉武師傳〉，並補充劉成有和陳子正之事蹟上去。

此外，在各個版本中，有作劉「士」俊，亦有作劉「仕」俊者。楊敞、郭成堯均寫為「劉仕俊」；隱僧、《雄縣新志》和《雄縣鄉土志》中，均寫作「劉士俊」。蓋「士」、「仕」通字，自毋必在此多費考究之工。至於其他內容上的差異，筆者自會在之後，一一說明之。

在本章中，筆者所提到〈劉仕俊傳〉乃專指郭成堯的〈劉仕俊傳〉；而當筆者提及〈劉士俊傳〉時，則是指《雄縣新志》上的記載，特以此為澄清。

3・劉士俊早年習武經歷

劉士俊，一作劉仕俊（「士」與「仕」為通字），據《雄縣新志》與《雄縣鄉土志》所載，乃是河北孤莊頭人。劉士俊，生來體格雄偉，尤好武技，勤練不輟。據郭成堯〈劉仕俊傳〉所言：「家赤貧，曾以傭工糊口。自幼體格雄偉，勇力過人，擅長武技。晝雖勞瘁，夜仍練拳不輟，人皆奇之。年二十許，技擊已有心得。」⑥又據《雄

---

⑤ 隱僧（1982），PP.21。

⑥ 郭憲和（2004），PP.14～18。

縣新志》和《雄縣鄉土志》所載，「劉士俊，孤莊頭人，少習拳勇」[7]等語。可知，在劉士俊約莫二十歲左右時，技擊功夫已達到一定程度，故說「技擊已有心得」。

不過值得注意的是，在劉士俊從小到二十歲左右間，我們手上並沒有任何具體資料可以說明或指出劉士俊所練習的功夫為何，也不知道劉士俊師承何方。在部份資料中，有人認為劉士俊所練的原是「翻子拳」，但是並沒有任何證據可以支持這個論點。之所以有人說劉士俊原習翻子拳的原因，筆者認為有二：

其一，劉成有繼承劉士俊的武學之後，又結合翻子拳的拳藝一併授與陳子正，陳子正結合兩門武學而創立「鷹爪翻子拳」而聞名中國。因此，直到現在，仍有不少人以為鷹爪翻子門是劉士俊所創，甚至還掛名到麗泉僧上[8]。

其二，劉士俊的徒孫[9]，即有名的大槍劉德寬，擇其散手精要，創編了岳氏連拳的套路，此又稱為「八翻手」[10]或是「子母拳」。因八翻手本為翻子拳系的拳路，

[7] 秦廷秀等修，劉崇本等纂（1929），pp.533〜534；劉崇本編輯印（1905），pp.81。

[8] 「迨至欽宗之季，岳武穆禦金兵南渡，自創一百零八手（即鷹爪連拳五十路），授與部下……明朝時代，有麗泉僧者，得承真傳。惟麗泉僧本為翻子門名僧，因見鷹爪連拳中之手法可取，故以鷹爪翻子兼而練之……」[見李光甫（2004），pp.257。]基本上，這個說法有著兩個基本問題，首先岳飛創拳論並沒有任何證據，這在前面業已說明過了；其次，在過往傳說中，都是說岳飛得麗泉僧傳岳家散手法，上述說法明顯與過去傳說不符，應為傳抄之誤也。

[9] 劉德寬本為金槍徐六之弟子，曾從劉士俊問學，多有受益。但似乎並未拜劉士俊為師，故言為「徒孫」。

[10] 根據《滄州武術志》所載：「八翻拳，原稱八閃翻。亦稱八翻手、翻子。《八翻拳譜》云：『入門改換正八翻，內裡包藏八趟拳。』」

因此有人認為岳氏八翻手或是鷹爪翻子拳很有可能是劉士俊融合翻子拳與岳家散手之成品。然而，以上說法皆證據不足，無法成立。雖然在雄縣境內，確有以翻子拳聞名的拳師——李樹園、李樹檀兄弟[11]即是在《雄縣新志》上有名的翻子拳名家——但這不能作為劉士俊年輕時可能接觸翻子拳的鐵證。

其他有寫到劉士俊在當時所練的武藝，在許禹生〈體育研究社呈教育部請規定武術教材文〉中有所觸及：「清末季劉君仕俊者……幼嗜武技，一日在邑中蘑菇屯寺旁空地練習劈肩等式……」[12]然而，這項資料並無法充分說明劉士俊所練的功夫為何。同時在楊季子所寫的〈紀德傳〉中，雖有提到「劈肩」等招式[13]，但卻是歸諸於岳家散手裡，因此無法確定「劈肩」是否為劉士俊早年武藝或岳家散手。

[滄州武術志編纂委員會（1991），pp.69。]

⑪ 「李樹園，大留鎮人。少喜技勇，從師習八番拳，年二十藝成，尤精槍法。同治中，馬賊擾境，村人劉文奎、王慶元辦鄉團禦賊，得樹園之力為多。光緒初，留鎮苦梟匪踩躪，樹園憤其兇橫，每思自效。一日匪至，挺長矛擊之，殪其二，生擒一人，與之約曰：『保無再犯境，釋汝匪。』諾而去，卒不復至。長子儒珍亦善拳術，庚子拳亂作，父子同遇害。樹園性亢爽，尚任俠，既習拳勇，恒以急人之難，自喜其始以此成名，卒以及難。三子璞璇，宣統己酉拔貢。孫宗弼，革命軍參謀長。」

　「李樹檀，樹園弟，武術尤勝於兄。年二十餘，以保鑣往來南北兩京間。盜賊聞其名，相戒不敢犯。時無汽車，商賈挈重資外出，必假武士護行，謂之保鑣。樹檀在鑣局三四十年，未嘗失事；事竣餽遺亦不計多少，一時盜畏其勇，人服其廉。子席珍、含珍俱以武術顯。」[秦廷秀等修，劉崇本等纂（1929），pp.536～537。]

⑫ 郭憲和（2004），pp.340～342。

⑬ 郭憲和（2004），PP.21～24。

　　不過在楊敞所著〈雄縣劉武師傳〉中，曾寫到劉士俊在京師授拳時，為了教學之便，挑選六個功夫較好的徒弟教授不同拳技：「紀德、那清阿授彈腿；文奎、烏雲珠授信拳[14]；慶喜授通臂拳；存福授地躺拳，又隨學者所喜，授以虎縱等法……」[15]可見劉士俊除岳家散手之外，更兼有彈腿、通臂拳、信拳、地躺拳等藝。如此，劉士俊早年曾習「披肩」一式，有可能是通臂拳中操臂功夫。但可惜並無其他證據，可作直接佐證，因此筆者亦不能將彈腿、通臂拳、信拳等藝直接視為劉士俊早年所習的武藝。

　　根據《雄縣新志》與《雄縣鄉土志》所載，劉士俊後來遇到一名異僧，名曰道濟，經由道濟的指點，劉士俊的功夫更上一層樓，「後遇異僧道濟指授，技益精」[16]。到底這名異僧道濟，「指授」了劉士俊什麼功夫？在兩本縣志中均無記載，但一般皆認為即是岳家散手。在郭成堯〈劉仕俊傳〉中即描述了這個武林傳奇的過程：

　　　　村有某寺，每置擔休息其旁，遂練身手。恰
　　值寺僧道濟瞥見，喜其力猛腿快，不時喝彩。俊
　　愈振奮精神，傾其所能以示之。既畢，僧曰：

---

⑭ 信拳為「山西地方拳種，主要流傳於山西。其拳理講究『拳禪一體論』，『禪為根，拳為功』，在練好氣功基礎上，武功才能達到上乘。強調以步為先，步型有七星魚鱗步，輕踩龍行八步（走∞形），踢展剪步，連環寸步，挖行步，弧形步等；手法有八字，即轉、進、追、觸、崩、帶、黏、滾。手法要鬆柔圓活，陰陽相顧，身法中正安舒，樁法要求氣沉丹田，精神貫頂。套路有八趟，動作招勢有：跨虎拜佛勢、連環三甩掌、十字披紅、雙劈捶、七星勢等。」[中國武術大辭典編輯委員會（1990），pp.70。]

⑮ 楊敞（1918），傳記一pp.2～5。

⑯ 秦廷秀等修，劉崇本等纂（1929），pp.533～534。

「技雖佳，惜不足搏人耳！」俊知其輕己，請與較。僧不答，立而不動。俊急上步，反自仆倒，始大驚，因膝行請為弟子。僧曰：「孺子可教也。」復曰：「汝所習者，乃少林嫡派，非不能用，惜活手少，死手多，內家之精，汝未知也。」乃授以岳氏鷹手，一名鷹爪，以擄抓肘靠、分筋錯骨、點穴閉氣等技為主。其源出於麗泉僧，後以此術授「岳武穆」，故世以「岳氏散手」呼之。其為技也，剛柔相濟，簡而不雜，習之雖不嘩眾，應用實顯絕妙，惟僧只授九手即辭去，臨別曰：「此絕技也，汝善習之。」俊自此技冠冀州。[17]

在許禹生〈體育研究社呈教育部請規定武術教材文〉中，雖然沒有提到道濟這個名字，卻大致上說明了這個過程：「幼嗜武技，一日在邑中蘑菇屯寺旁空地練習劈肩等式，轉師寺僧，得岳氏散手法。」[18] 由是可知，劉士俊在道濟所學的，極可能就是他日後成名，在京師闖天下的絕技：岳家散手。

但是，劉士俊在道濟處僅得岳家散手九手而已，並未獲得完全手法。因此，後來又有法成僧傳技一事，許禹生寫道：「後避役至野寺，見殿磚皆有足磨凹痕，方疑訝間，適遇其師友法成，乃轉師事之，三年盡得其術。」[19] 楊敞則是寫道：

---

[17] 郭憲和（2004），PP.14～18。
[18] 郭憲和（2004），pp.340～342。
[19] 郭憲和（2004），pp.340～342。

時天下多事，里人多販硝磺禁物牟利，師亦與焉。一日為官兵追捕，同行者相散逸，達獨避匿野寺中，見殿甃階石，分有足磨凹痕，方疑訝間，一僧入問曰：「汝識我乎？」師茫然莫對，僧曰：「汝非曾習岳氏散手者乎？」始恍然識為師友法成者也。亟叩首稱弟子，留寺三年，盡得其術[20]。

許禹生和楊敞的說法略同，只不過楊敞說法更為詳細罷了。在郭成堯〈劉仕俊傳〉中，法成僧傳技一事，變得更加撲朔迷離，而且還有另一個徐姓鏢客也莫名其妙地混入其中：

時天下紛擾，鄉里多販賣硝磺以牟利者，俊亦與焉。一日為官兵追捕，匿於寺中。兵過復出，經寺前旅店，適有走鏢騾車數輛，住滿店舍。俊寄廊下，藉資休息。夜為蚊蟲所虐，卒難成寢，乃練拳窗下，拳過成風，震動窗紙，劃然有聲。寺僧隔牆窺見曰：「此專門手法也。」乃越牆問之：「汝識手乎？」俊不答。又問：「汝非道濟之弟子乎？」俊始悟為師伯名法成者，因即叩稱弟子。僧囑俊勸誡鏢車，宜乎早行，晚則有失。

鏢客徐某，以絕技自負，恐其恫嚇，乃獨身早行以探之。出店半里許，遇一人，青巾裹頭，背手立道間。驅之不答，抽刀與較。並未見其手

---

[20] 楊敞（1918），傳記－pp.2～5。

持何器，而己之手背竟已重傷，遂不能舉刀，乃返店中。問俊：「命汝告我者誰？」俊曰：「吾師伯也。」皆往拜之。見寺內武器咸備，心甚驚疑，少傾僧出問曰：「何尚未行？」徐據實以告。又問：「彼以何器勝汝？」曰：「未知。」僧復指壁間所拴藤條端為鐵者，問之：「汝識此器否？」徐方知擋路以露藝者，僧也。因叩首請教。僧命與俊較，久無勝負。僧喜，並留寺中，授以岳氏鷹手，各盡其妙。及授其器械，則因人而異。徐身小敏捷，遂授以刀；俊力猛體壯，乃教以槍。

　　留寺數年，各精其術，二人遂辭去。[21]

　　假若這個故事屬實的話，法成僧出手攔路的目的為何？這在通篇文章中並沒有說明。

　　筆者認為，很有可能是法成僧有意試一下徐姓鏢師的身手，看看是否能作為劉士俊練功的伙伴。因為岳家散手並沒有套路，許多擒拿手法若沒有透過與他人相互練習的過程，是很難有所成就的。因此，法成僧可能故意拉一個功夫與劉士俊相若的徐姓鏢師，先引他隻身探路，再現技敗之，引兩人一同找他，再自曝身分，使徐姓鏢師拜他為師，以便教導劉士俊。

　　上述故事無論真假，都必須留意一件事情：劉士俊在初遇道濟僧時，道濟僅授劉士俊九手。後來再遇法成，「三年盡得其術」，說明劉士俊可能在法成僧處盡得全部

---

[21] 郭憲和（2004），PP.14～18。隱僧〈鷹爪拳源流〉中所述，亦與郭成堯所言同。

的岳家散手。但是，根據許禹生和王新午所言：

> 「相傳宋岳武穆得散手法於麗泉山僧，其初
> 僅九手，其後每手各變為二十手，更分左右，衍
> 為三百六十手，謂即達摩祖師之所傳。其步名鈎
> 腿盤旋法，後人名之曰：岳家散手。」[22]

　　說明岳家散手本僅九手，後才增為三百六十手，這與
道濟傳授劉士俊岳家九手的說法有某種程度上吻合。要
知道岳飛本人雖是名將，但是岳飛本人是否向麗泉僧學過
岳家散手則是在歷史上不可考之事，筆者認為應只是託名
岳飛所傳。因此筆者認為，王新午和許禹生所說的岳家散
手演變歷程與劉士俊學習岳家散手過程是一而二、二而一
的。這也就是說，很有可能有人將劉士俊學拳歷程誤植為
岳家散手發展歷程，或是將岳家散手發展歷程誤植為劉士
俊學拳過程。

　　綜上所述，劉士俊經由道濟和法成的指點之後，學到
其平生兩大絕技，岳家散手及大槍術，使其之後立足京
師，打遍天下高手。

4‧劉士俊初入京

　　劉士俊從法成僧學得完全之岳家散手之後，便辭師歸
里，由於卓越的功夫，成為雄縣當地著名的武師，並曾
幫助雄縣令擒捉大盜白回回，聲名大噪。有位王府的總管
赴雄縣徵租時，聽聞劉士俊大名，便想聘劉士俊到王府裡
教拳授藝。但當時王府裡已經聘有四個拳師，為恐肇生事
端，總管便請求劉士俊到王府之後，能夠和平共處，不要

---

[22] 王新午（1942），PP.3。

試手較藝，壞了和氣。

劉士俊個性剛強，即說：「吾輩習武，苟勿較，烏知優劣，勝則稱職，敗當自引去耳。烏能苟且求噉飯乎？」[23]於是辭退了這份差事。

後來劉士俊家貧無以為生，於是離鄉背井來到京師，想以一身驚人功夫，闖蕩出一片天地。當時京師名家輩出，京師中不少達官貴人均以習武為樂，同時也聘請拳師到所管衙營教授拳藝，王新午即言：「其時王公貴胄，雖提倡武術，然每阿其所好，互爭短長，或聘拳師入府從習，或就所管衙營分聘教士卒。」[24]。因此當時京師可說是臥虎藏龍，不少拳師都想在京師一地，大展拳腳，就算不能獲得達官貴人的重用，也可以投身鏢局中，或是充任富賈家中的護院和教練，以此為生。

當時劉士俊初到北京時，雖有絕藝在身，但是孤身無名，只好拿根青竹秸在街頭賣藝。由於京師多能人，一開始引來不少人嗤笑，以為鄉下人沒見識，連像樣的槍也沒有，就拿根竹秸要賣藝。後來有些精於技擊的名家下場，要給這個鄉下人一點「教訓」。誰料到，下場與劉士俊較量的所謂名家，全部敗北而歸！

於是劉士俊聲譽陡振，並開始有人請劉士俊到府教學，「而徐六、蕭賓均延俊設場授徒於府中。」[25]「得徐盛武、查訥封阿，李德奎、蕭斌等。於是岳氏散手始流傳於京師。」[26]自此之後，劉士俊逐漸在京師立足，開創一

---

[23] 楊敞（1918），傳記－pp.2～5。
[24] 王新午（1942），pp.10。
[25] 郭憲和（2003），PP. 14～18。

片天地,「授徒千餘人」[27],與當時名氣正盛的楊露禪父子和董海川分庭抗禮,儼然成三巨頭。

5‧劉士俊南行

劉士俊到京師數年之後,有一名弟子因事到廣東,便邀請劉士俊同行,劉士俊欣然答應,於是便隨其徒一同前往廣東。《雄縣新志》即載:「後隨其徒某宦遊廣東三年……」[28]

這位徒弟「某宦」在縣志中並無述及姓名,但在隱僧〈鷹爪拳源流〉和郭成堯〈劉仕俊傳〉中,則明確提到其姓和出任官職:「適其徒王某,出任廣東道台,邀俊赴粵……」[29]查《清代官員履歷檔案全編》中,年代和姓氏符合者,唯有王德固[30]。王德固,河南省鹿邑縣人,道光十八年進士,咸豐七年出任廣東道御史[31]。就各種時間點

㉖ 楊敞(1918),傳記－pp.2～5。

㉗ 陳微明(1925),pp.2～3。

㉘ 秦廷秀等修,劉崇本等纂(1929),pp.533～534。

㉙ 郭憲和(2004),PP.14～18。

㉚ 據查,在郭成堯與隱僧的說法中,均提及此徒姓王,出任廣東道台。但查詢資料後,發現符合者僅有兩人,一人是王增謙,另一人即是王德固。然而,根據《軍機處檔摺件》,王增謙乃於咸豐二年十一月二十日上摺謝恩兼署廣東按察使督糧道;王德固則是於咸豐七年出任廣東道御史,故取王德固較為可信。其上述資料,查自於「清代檔案人名權威資料查詢」系統:http://npmhost.npm.gov.tw/ttscgi/ttsweb?@0:0:1:mctauac::/tts/npmmeta/GC/redblist.htm@@0.5388689892294634

㉛ 「王德固,字子堅,霽次子也。幼遭母喪,哀毀如成人。弱冠入邑庠。道光乙未舉於鄉。戊戌成進士,授刑部主事,再遷郎中,江南道監察御史,轉掌廣東道協理京畿道事務,歷署史禮二科掌印給事中,凡有所言皆切中,事理如條,陳期功、鬥、傷各奏,至今著。為令歸

而言，王德固應為郭成堯和隱僧中所言的「王某」[32]。因此，我們可以合理地推測，劉士俊應當在咸豐7年南下到廣東。

劉士俊之所以南下廣東，筆者認為有兩個目的。其一，王德固出任廣東道御史，南下之行必定聘請保鏢保其人身財貨之平安。劉士俊功夫高強，又是其授業恩師，請求隨行南下，自然有保衛之意。其二，劉士俊本身應該也有遊蕩天下、探訪高手之意，王德固之邀亦可說正中下懷。事實上，劉士俊到廣東之後，除授徒自給之外，也和當地著名武師交流。如劉士俊曾經遇到佛山的劉四和尚，其能疊銅錢百枚於地，舉大刀一斫，悉中裂為二，而地無刀痕，可見其刀法之剛猛和拿捏之巧妙。

據郭成堯與隱僧所寫，劉士俊在廣東曾巧遇昔日宿仇白回回！原來，白回回為劉士俊所擒之後，「旋解白至保定，卒無供詞，終被釋，流落廣東。期滿，充馬快而落戶焉。」[33] 兩人見面，自是分外眼紅，但由於「又拘同行情面」（不知此「同行」為何意，原文中並無明述），故收白回回之子為徒。後來，劉士俊要離開廣東之時，白回回

德，界連徐潁，奸宄出沒，請添設總兵官，尤見遠識，文多不載。咸豐九年，出知江西南安府時，悍賊石達開蹂躪江右，郡再不守。德固至，招集流亡，拊循士卒。部署未定，賊復猝至，距城數里，人皆危之。德固換城廣張旗幟作疑兵，而立徵南康練兵入守。賊知有備，颺去□守贛州兼署吉南贛寧兵備道，大計卓異，以道員在任候補，賞孔雀翎，旋擢授江西按察使，明刑弼教務舉其職。同治九年，陞四川布政司使。在官五年，減核度支，民困大蘇，而用亦未嘗匱。光緒元年，去職，卒於家。」[于滄瀾等（1896），pp.703～704。]

[32] 以上資料乃查自故宮博物院「清代檔案人名權威資料查詢」之系統。
[33] 郭憲和（2004），PP.14～18。

便想趁此機會，一報當年之仇：

> 俊欲歸，白曰：「故人將別矣，肯將絕技授
> 弟子乎？」俊曰：「可。」因命其子持槍與較，
> 藉以授技，白乘俊弓腰拾槍時，急以後飛腿蹴
> 其胯，俊回手猛戳之，應手而倒。其子見父氣
> 將絕，遂跪地哀乞。俊曰：「汝父不仁，暗施
> 毒手，若非遇我，必為斃命，此自作孽不可活
> 也。」其子泣下不止。俊不得已，乃挽其胸部，
> 理其關節，愈時始蘇。白起揖曰：「今而後知天
> 下有絕技矣！請化仇為友可乎？」俊性豪放，頷
> 諾之。後俊歸時，白偕子送十里，贈百金。仕俊
> 兩袖清風，堅不受金，旋相互灑淚而別[34]。

後來，爆發二次鴉片戰爭，英兵攻進廣州。劉士俊弟
子柳超[35]由於家境富有，為謀避亂，於是動員數百人運送
家產，用舟船送到廣東瓊州。為恐路上有失，柳超請求劉
士俊幫忙，劉士俊爽快答應，為之護送，一無所失。後來

---

[34] 郭憲和（2004），PP.14～18。

[35] 在郭成堯〈劉仕俊傳〉中無此記載，但在隱僧〈鷹爪拳源流〉則
是記載了：「士俊出廣州三日，為弟子柳超所挽住超家。」[隱僧
（1982），pp.19 。]在楊敞〈雄縣劉武師傳〉中，則沒有提到白回
回之事，但有提到柳超這名弟子，不過在時間點和離開廣州的原因上
略有出入。在隱僧的版本中，劉士俊在廣東待兩年之後，了結與白回
回之宿恨，便動身回京，出廣州三天，被弟子柳超挽留，後來暴發二
次鴉片戰爭，才幫柳超護送其家產。但在楊敞〈雄縣劉武師傳〉中，
則是先暴發二次鴉片戰爭，劉士俊與其徒一同逃離廣州：「值英兵據
廣州，四出搜掠，鳴鎗示威。師寓彈落如雨，人咸驚駭失措，師獨從
容治食。食已，謂其徒五人曰：『可行矣。』疾走如風，竟得脫險，
五人者同行，死二人焉。」[楊敞（1918），傳記－pp.2～5。]後來劉
士俊在逃出廣州之後，經過弟子柳超家，才答應幫忙。

和議已成，劉士俊直接由瓊北返還京師。

然而，根據隱僧所言，劉士俊在和議議定之後，並不是直接由瓊北返京，而是另有際遇。據隱僧所述，當時劉士俊由瓊州北返之時，途經河南，經過一寺，寺門外寫著：「較技一次，輸銀一錠。」當時劉士俊技癢欲試，但苦於囊空如洗，未敢輕入。在寺外徘徊兩天後，有二名少年，車馬輝煌，入寺較技。劉士俊在外等到他們出來之後，上前詢問，才知這兩名少年是四川武舉，僑居河南，今天特別來和寺僧們較技，豈料輸銀四錠，只好打道回府。劉士俊以語相激，復言能敗寺僧，惜無金錢等語。四川武舉即言：「如爾能勝，吾兄弟願出千金。」[36]於是便資助劉士俊與寺僧一較：

> 武舉舉俊與較，各以銀一錠，置案上，僧自負其技，且輕俊笨滯，令其徒先試。俊入場，挺身直立，似不知技者，徒近前猛擊，俊執擲丈外。又以兩錠合賭，請再較。僧乃擇高徒與較，又敗。僧自設場以來，未嘗有失，今連輸銀三錠，遂欲親較，以圖恢復。

> 俊曰：「老師傅藝高，請即以銀四錠為賭可乎？」僧允之。武舉見俊雖連勝其徒，或未必能勝僧，頗抱隱憂，勸止之，不聽。及入場，僧憚俊手利，恐為所執，乃繞俊轉之，如推磨者，俊故為暇豫，曲身作提鞋狀。

> 僧乘其不備，直前取俊要害，武舉見狀，失聲急呼殆矣！不意剎那間，俊即以綑手法束其兩

---

[36] 隱僧（1982），pp.19。

手，如提嬰兒者。僧急呼師，請饒命，俊遂釋
手。僧叩首稱師，欲留寺受教，武舉憤然直前
曰：「此吾師，非爾師也。」乃擁俊攜銀登車而
去，後隨武舉至四川，授徒三年，始北返。[37]

因此，根據隱僧所述，劉士俊由瓊州北返之時，又因
河南較技，而轉到四川授徒三年方才北還。因此，若僅只
根據隱僧所述，劉士俊離開京師的時間，約在五、六年左
右，而與楊敞、郭成堯與縣志上記述有所差異。關於這一
點，筆者將在之後作一併討論。

6・劉士俊初入京及南下的時間問題

由於資料的缺乏與衝突，又為了顧及閱讀的方便和時
間的連貫，筆者特別將劉士俊活動時間的考證分成三部份
加以處理，一方面可以不用一直被錯亂的年代衝擊，另一
方面也較能釐清整個時間順序，希望這樣的討論能夠有助
於讀者們的吸收。

關於劉士俊的生辰年月，目前並沒有任何的資料可資
說明。但根據目前所遺留的資料，我們可以作一大略的估
算，藉以明白劉士俊確切的活動時間和年表。

根據郭成堯與隱僧的〈劉仕俊傳〉和〈鷹爪拳源流〉
所記：「年二十許，技擊已有心得。」當時，劉士俊人仍
在雄縣，並正要開始和道濟學練岳家散手。因此，劉士俊
大約是在二十多歲時學練岳家散手。之後，劉士俊販賣硝
磺謀生，並在一處寺中同法成僧學全岳家散手和大槍術。
在郭成堯〈劉仕俊傳〉中，僅寫道：「留寺數年……。」[38]

[37] 隱僧（1982），pp.19～20。

但在隱僧和楊敞的說法中，都寫為「三年」。因此，若取隱僧和楊敞之說，劉士俊同法成僧學技三年之後，方才轉回雄縣。

回轉雄縣之後，劉士俊最有名之事，當屬擒捉白回回一案。但後來由於劉士俊無以為生，便起身趕赴京城，想要大展身手。據《雄縣新志》和《雄縣鄉土志》所載，劉士俊是在「咸豐間以技遊京師」[39]。不過，雖然我們知道劉士俊是在咸豐年間入京，但是劉士俊當時年齡已有多大，則是個未知數。依照之前所言，劉士俊大概在二十多歲的時候從學道濟，而又從法成僧學技三年後才回轉雄縣。如此推算，劉士俊當時進京時，有可能是界於二十五歲到三十歲之間。不過這一點只是暫時的推測，猶須進一步證據。

據目前資料指出，劉士俊入京時，「時楊班侯與董老公齊名」[40]。又根據陳天一所寫：「劉士俊先生，精於武術，尤精岳氏散手在燕京極負盛名。楊露禪與班侯、健侯常駐端王邸。董海川在肅王邸，教八卦掌。郭雲深在毓公府教形意拳。劉士俊在東營（六條胡同）教岳氏散手。班侯在西營（看香胡同）教太極拳。」[41]說明楊班侯和董海

---

[38] 郭憲和（2004），PP.14～18。

[39] 秦廷秀等修，劉崇本等纂（1929），pp.533～534。

[40] 郭憲和（2004），PP.14～18。

[41] 見陳天一（1981），pp.1。陳天一的說法，應當參考自王新午的《太極拳法闡宗》：「其時王公貴冑，雖提倡武術，然每阿其所好，互爭短長，或聘拳師入府從習，或就所管衛營分聘教士卒。於是露蟬與班侯、健侯常駐端王府，教太極拳。董海川在肅王府，授八卦掌。郭永琛（筆者註：應是郭雲深）在毓公府，授形意拳。雄縣劉什俊（筆者註：應是劉士俊）在東營（六條胡同），教岳氏散手。班侯在西營

川在當時已有相當大的聲譽。如此，劉士俊則很有可能比楊、董二人晚入京師。

至於有多晚呢？讓我們先看一下董海川和楊露禪父子進京的可能時間，以便我們更了解劉士俊入京的時間，順便稍微猜測劉士俊的出生時間。

根據《深縣誌》記載：「咸豐年間，郭雲深在京師任清宗室載純、載廉的武師。遇八卦掌名家董海川，二人比武三日，未分勝負。」[42] 而《國術名人錄》也記載了董海川在「清咸豐年間，因於鄉間抱不平，以命案逃，後於京都肅親王當差。」[43] 這至少表明董海川有可能在咸豐間就入京師了。

然而，楊露禪和楊班侯又是何時入京的？根據路迪民和趙廷銘的考察，楊露禪有可能在道光二十五年（1845）經武汝清的介紹到天義醬園張家教拳，而楊班侯有可能在咸豐四年（1854），即是楊班侯約十七歲時進京[44]。當時楊班侯和楊健侯雖然尚未成年，但是功夫出眾，已有不少王公貴冑欲聘之教拳：「然二人年未至冠，已成能手，名震京師。有貴冑聞之，聘班侯為師，館於其家，月饋束修四十金，甚敬禮焉。」[45] 根據隱僧和郭成堯的說法，當時楊班侯的名氣已十分壯盛。因此劉士俊極有可能在咸豐四年後，方才入京授藝。

劉士俊在咸豐年間於京師授藝時，收了徐盛武、查訥

（香兒胡同），教太極拳。」見王新午（1942），pp.10。

[42] 孟祥寅主編（1999），pp.561。

[43] 金恩忠（1940），pp.129～128。

[44] 路迪民、趙廷銘（2006），pp.27～30。

[45] 陳微明（1925），pp.2～3。

封阿，李德奎、蕭斌、王德固等人。後來，王德固出任廣東道御史，邀劉士俊同行。考王德固於咸豐七年出任，故劉士俊應當在咸豐七年，也就是西元1857年來到廣東。

不過在此，有幾個問題必須好好討論一下。首先，根據郭成堯和隱僧的說法，「後二年，其徒枉死任上，俊欲歸……」，也就是王德固到任後兩年即死去。但是王德固事實上並未死去，王德固實際上逝世於光緒元年[46]。其次，就郭成堯與隱僧所言，劉士俊在到廣東兩年之後，才暴發了英軍攻佔廣州之事。但是據考，「值英兵據廣州」之事，應為二次鴉片戰爭，爆發於咸豐七年（1857），英法聯軍攻陷廣州。因此，劉士俊應當在咸豐五年（1855）南下廣東方是。但是劉士俊若從王德固南下，也應當是在咸豐七年之時，此又與郭成堯與隱僧之說相衝突。

上述各家說法的衝突，在不破壞各家說法完整性的前提之上，筆者認為有兩種可能解釋：其一，郭成堯與隱僧所言「其徒王某，出任廣東道台」之說法有誤。因此王德固並非劉士俊之學生，則更無死於任上之不符史實之說法；或是其二，郭成堯與隱僧所言「後二年，其徒枉死任上，俊欲歸」有誤。

實際上，王德固擔任廣東道御史的時間並不長，其主要任務乃是稽查甲米、稽查儲濟倉，同時還要協理京畿道事務，直到咸豐九年才轉任江西南安府知府。因此，咸豐七年到咸豐九年正好是兩年之期，因此郭成堯與隱僧之說，可能在時序上和原因上有所顛倒所致。但是由於資料

---

[46] 于滄瀾等（1896），pp.703～704。

上不足，我們姑且保留上述兩個時間點，即：劉士俊可能在咸豐五年或是咸豐七年南下廣東。至於王德固是否為劉士俊學生，其可能性雖大，惜無更進一步資料可資佐證，僅權充為情況證據罷了。

接著另一個問題即是，劉士俊到底在南方待了多久時間，方才轉回京師？根據《雄縣新志》的說法，「後隨其徒某宦遊廣東三年，復遊京師教練禁旅。」[47]可知縣志說法乃是三年。照此推算，根據到廣東的不同時間點，我們可以推算如下：

(1)若於咸豐五年（1855）到廣東，則應於咸豐八年（1858）回京。

(2)若於咸豐七年（1857）到廣東，則應於咸豐十年（1860）回京。

但是，這裡又出現了一個問題，即是隱僧〈鷹爪拳源流〉中，所述及的河南寺僧一役，以及隨四川武舉到四川教授岳家散手一事。據隱僧所述，劉士俊曾四川授徒三年，如此從頭來算，劉士俊於咸豐五年到廣東；兩年之後，暴發二次鴉片戰爭，劉士俊助其徒柳超，護送物資到瓊州，待得和議已成，方才由瓊北轉回京師。和議已成，應當指咸豐八年所簽訂的天津條約。因此劉士俊有可能在咸豐八年即回轉京師，此與縣志說法吻合。但是，據隱僧所言，劉士俊並未直接回到京師，而是又隨四川武舉到四川授徒三年。因此，根據隱僧版所言，劉士俊在南方的時間，前後有六年時間左右，大約直到咸豐十一年（1861）方才轉回京師[48]。

---

[47] 秦廷秀等修，劉崇本等纂（1929），pp.533～534。

因此，根據上述所言，我們可以將不同版本劉士俊南行的時間表，分述如下：

(1)據隱僧版本所言，劉士俊約莫在咸豐五年南下廣東，待了兩年之後，遭逢二次鴉片戰爭，復助其徒柳超運送物資到瓊州。然後，約於咸豐八年由瓊北返京。途中於河南與寺僧賭技，復隨四川武舉在四川授徒三年，約於咸豐十一年左右回京。

(2)據郭成堯的版本，劉士俊在咸豐五年南下廣東。兩年後，由於其徒死於任上，隨即返京。因此，當為咸豐七年返京。

(3)據楊敞的版本所言，劉士俊在廣州遭逢二次鴉片戰爭時，於英軍攻佔廣州之際，逃出廣州。復助其徒柳超運送物資，和議已成之後，也就是咸豐八年之後，方北還京師。但楊敞並未提及劉士俊因何南下，以及何時南下，僅說：「後師以事赴粵……。」[49]

(4)若是將「其徒王某」視為王德固的話，整個時間點要延後兩年，即劉士俊於咸豐七年南下廣東，助其徒柳超運送物資到瓊州。待和議已成，於咸豐八年回轉京師。但此與縣志上遊歷三年之說未盡符合。

(5)若同時將王德固和隱僧所述河南、四川之事同時納入考慮的話，則劉士俊由瓊州北返，經河南與寺僧較技，復與四川武舉到四川授拳三年。如此，劉士俊可能於

---

[48] 照理而言，隱僧〈鷹爪拳源流〉與郭成堯〈劉仕俊傳〉應為同一版本。但是郭成堯〈劉仕俊傳〉則將河南、四川一事刪去，不知是否由於版本差異，或是郭成堯考證之後的結果？在此，姑誌之，以待後來考證。

[49] 楊敞（1918），傳記‧pp.2～5。

咸豐八年到四川，授拳三年後，於咸豐十一年回轉京師。這時間雖然比縣志上所言多出一年，但亦是在可容許錯誤的範圍裡。

上述各家說法中，郭成堯的咸豐七年之說，應當可以刪除。郭成堯〈劉仕俊傳〉乃取自陳子正《拳術摘要》的說法，當與隱僧〈鷹爪拳源流〉說法相等。但是，郭成堯明顯地未將二次鴉片戰爭和援助柳超一事加以記述，而此二事於楊敞和隱僧版本皆有所述。蓋英軍攻佔廣州乃是中國近代著名戰事之一，劉士俊既身處其境，印象應極為深刻，故英軍攻佔廣州和柳超一事，應是確有其事。

我們可以將郭成堯〈劉仕俊傳〉之說忽略，當作其寫作上之取捨，故可不用隨其陳述推測時間。因此，當宜刪去咸豐七年返京之說。

另外，楊敞有提到劉士俊回京後：「居京九年，廣公出官西安將軍，師亦旋里，專以授徒為事，年八十始卒。」[50] 廣科於光緒三年（1877）出任西安將軍，如此逆推回去的話，劉士俊應當在同治七年（1868）回到京師。但此與廣科擔任正白旗護軍統領的時間不合，故應當作為大概之說法。如此，劉士俊有可能在同治五年或是六年間方才回到京師。不過這個時間太長了，即使算劉士俊於咸豐七年（1857）南下，到同治五年（1866）時，近乎九年，是各家說法中最長者，與各方記載均有相當大之出入，故楊敞之說應可忽略。

根據上述各種說法，則我們可得知，劉士俊可能於咸豐五年或是咸豐七年到達廣東，這一部分時間差為兩年。

---

[50] 楊敞（1918），傳記・pp.2～5。

但是，劉士俊返京時間點，則有咸豐八年和咸豐十一年之說，二者時間誤差有三年左右。關於劉士俊南行之時間，由於並沒有堅實的證據可供指證，所以並無法加以證實哪一種版本方是正確，只能保留各家說法，以待更新證據佐證之。

7・劉士俊二進京

劉士俊回到京師之後，是先住在弟子金槍徐六的家中，「主弟子金鎗徐六家。」[51] 後來即一名廣姓官員，邀請劉士俊在六條胡同，教授武藝，並因此造就出劉士俊聲名的最高峰。

不過，這裡有幾個問題要加以澄清。首先是關於這名廣姓官吏的姓名。在郭成堯〈劉仕俊傳〉中，記為「廣萬」；在隱僧和楊敞的版本中，則稱為「廣科」[52]；在《雄縣新志》中，則提到「咸豐間以技遊京師，為國戚廣公詔所識拔，命於正白旗演武廳教練。」[53] 因此，目前有「廣萬」、「廣科」、「廣詔」等三種說法。據郭成堯與隱僧所言，廣姓官員後出官西安，楊敞更直接說是出任為

---

51 楊敞（1918），傳記・pp.2～5。隱僧〈鷹爪拳源流〉亦是作如是說：「至京住弟子徐六家……。」［隱僧（1982），pp.20。］

52 楊敞〈雄縣劉武師傳〉：「時護軍營統領公爵廣科喜技擊，謀以此課部曲，延師為設一廠於六條胡同，名東廠；同時延永年楊鈺授太極拳於香兒胡同，名西廠。」［楊敞（1918），傳記・pp.2～5。］隱僧〈鷹爪拳源流〉則寫為：「時步軍統領，公爵廣科，嗜技擊，謀以此課部下，延俊設場於六條胡同，名東場。董老公數年前，即授徒西場，兩家對峙，共著盛名。」［隱僧（1982），pp.20。］然而，隱僧關於董海川授拳於西場之說，則與多數資料不符合，故宜刪。

53 秦廷秀等修，劉崇本等纂（1929），pp.533～534。

西安將軍。經查證，有廣科於光緒三年四月二十三日出任西安將軍[54]。又廣科曾於同治五年到六年間，任職正白旗護軍統領，又是咸豐帝奕詝的妹夫[55]，與《雄縣新志》和其他資料相符合，故應為「廣科」方是。但是廣科非姓廣，而是姓鈕祜祿，名廣科，乃滿州鑲黃旗人，後卒於光緒五年。

其次，據《雄縣新志》上所記載，「咸豐間以技遊京師，為國咸廣公詔所識拔，命於正白旗演武廳教練。」如此，所謂「國咸廣公詔」應為廣科之誤，故於單就縣志來看，劉士俊似乎於咸豐時即為廣科所識拔。然而，據縣志上所言，劉士俊乃是被命為「正白旗演武廳教練」；但是廣科乃是在同治五年到六年間擔任正白旗護軍統領。此一說法和時間點，皆與楊敞、郭成堯與隱僧說法相合。因此，《雄縣鄉土志》與《雄縣新志》之說，應為誤植，故改正之。因此，劉士俊應當於同治五年和同治六年間，受廣科之聘，於六條胡同[56]開設東場；而在當時，廣科同時

---

[54] 魏秀梅（2002），pp.657。

[55] 廣科之妹即是與西太后慈禧共同垂簾聽政的東太后慈安（1837年—1881年），亦即孝貞顯皇后，乃是咸豐帝奕詝的正宮皇后，鈕祜祿氏，滿洲鑲黃旗人，廣西右江道三等承恩公穆楊阿之女，亦即廣科之妹。

[56] 據查，六條胡同，應為東城之東四六條胡同。據查，東四六條在清代時，為正白旗所屬。據《京師坊巷志・卷四》所載：「六條衚衕，井一，有日本國使館。采訪冊元公第在六條衚衕。謹案：公為聖祖三子，誠隱郡王諱允祉之後。宸坦識略襲三等信勇公，在六條衚衕。案：振武將軍、靖邊大將軍傳爾丹襲信勇公，其曾祖直義公（直議公）費英東封爵也，今公定昌散秩大臣。」[朱一新等（清），pp.287。]

也延請楊班侯於香兒胡同[57]開設西場，教授太極拳藝。

　　另外，亦有人說當時劉士俊是在神機營裡頭當差。據吳圖南《太極拳之研究》所言，當時還是貝勒的載漪在天義醬園張家見到楊露禪父子教拳甚有成效，便想將楊露禪父子接去端王府[58]教拳。但是張鳳岐不肯放人，便與載漪產生爭執。後經多羅醇郡王奕譞協調，奕譞勸張鳳岐說：「你與漪貝勒為一位老師發生爭執，這樣不好，我跟你談談可不可以這樣辦：每月由初一日到十四日，老教習在瑞王府，由十六日到月底在你這裏；老教習的兩個兒上半月在你這裏，老教習回你這裏時，他們則去瑞王府。這樣不就兩全其美了嗎？」[59]由是解決了這場糾紛。後來，載漪迎得楊露禪為師後，楊露禪又被聘為神機營總教習，吳圖

---

[57] 據查，「香兒胡同」在北京有兩處，一處是在北京宣武區，一處則是在東城的香餌胡同。香餌胡同，明朝屬教忠坊，時稱香胡同。清朝後稱香兒胡同。香餌胡同是東西向的，東起東四北大街；西至交道口南大街，與菊兒胡同相接，現屬張自忠路北歷史文化保護區的北端。楊班侯自為正白旗護軍統領所召，自無可能跑到北京宣武區去。故應在東城之香餌胡同。據《京師坊巷志・卷四》所載：「香兒衚衕，鑲黃旗覺羅學在北。宸坦識略一等續順公第在香兒衚衕。案：國初沈志祥封續順公。」[朱一新等（清），pp.279。]

[58] 端王載漪在咸豐十年(1860)入嗣「瑞王府」，先襲「貝勒」，而在光緒14年(1888)始加「郡王」職。而所謂端王是光緒20年(1894)因「以述旨誤」才出現的。因此，有些說法說楊露禪進端王府教拳是種誤說，而是應當入「瑞王府」教當時仍是貝勒爺的載漪。而吳圖南在《太極拳之研究》中，則也誤用了「端王府」，但卻正確地稱當時載漪為「漪貝勒」。[另見路迪民、趙廷銘（2006），pp.27～30；吳圖南、馬有清（2003），pp.41]另在徐珂《清稗類鈔・技勇類》篇中，亦有相關之事：「載漪粗鄙甚，本冊立為瑞親王，受命後，讀瑞為端，孝欽后聞之，即仍其誤，迴易瑞為端。」[見徐珂（1983），pp.149。]

[59] 吳圖南、馬有清（2003），pp.40。

南寫道：「那時神技營（筆者註：應為神機營）裏有許多著名的教習如：雄縣劉仕俊（練岳氏散手），練形意拳的郭雲深，練八卦掌的董海川，摔跤的周大惠（右翼）、大祥子（左翼）等人。」[60]如此，楊露禪、楊班侯和楊健侯父子到「多羅貝勒府」教拳之時，根據路迪民和趙廷銘的說法，大約是同治七年（1868）[61]左右，並進入了神機營，而當時劉士俊正值於神機營裡教拳。

　　然而，吳圖南的說法雖有部份中的，但也有不少的問題存在。首先，吳圖南說載漪：「他管理三旗事務，管的是香山八旗、圓明園八旗、外火器營八旗。」[62]又說：「載漪本身原來會些拳術功夫[63]，他也管理當時的神技營（應為神機營）。」[64]這段文字乃是介紹「端王」載漪，而不是介紹當時的「多羅貝勒」載漪。載漪生於咸豐六年（1856），於同治七年（1868）時，也方才十二、十三歲左右，何能擔當此大任？

　　事實上，載漪真正掌管神機營的時候，應為光緒二十年左右：「……命端郡王載漪、敬信練旗兵，以滿洲火器營、健銳營、圓明園八旗槍營暨漢軍槍隊充選。載漪尋管

---

[60] 吳圖南、馬有清（2003），pp.40。

[61] 路迪民、趙廷銘（2006），pp.27～30。

[62] 吳圖南、馬有清（2003），pp.39。

[63] 據徐珂《清稗類鈔·技勇》所寫：「載漪驫鄙甚，本冊立為瑞親王，受命後，讀瑞為端，孝欽后聞之，即仍其誤，迺易瑞為端。嗜拳藝，孔武有力，能一手舉百餘斤物。凡花拳繡腿、一流人物，悉以重金延致。間有崔符餘尊懼攖文網出其門下，以為護身符者。有一僧得少林派真傳，亡命江湖間十餘年矣。後亦依附之，頗蒙倚任。光緒庚子拳匪之變，死於火。」[徐珂（1983），pp.149。]

[64] 吳圖南、馬有清（2003），pp.40。

神機營。」[65] 因此，當時身為「多羅貝勒」的載漪根本沒有掌管神機營，更無實權安排楊露禪父子入神機營當差。這一點，乃是吳圖南將後事當作前事因來解釋，自是未能詳實考證之故。

當時，真正掌管神機營的人是多羅醇郡王奕譞，此人即是光緒帝載湉之父，以及末代皇帝溥儀的祖父。因此，載漪或有建議和推荐之能，但絕無任命之權。因此，倘若吳圖南所述之事為真，則我們可以視為奕譞調停當作一種政治手段，表面上是調解張家和載漪的紛爭，實際上也是奕譞爭取到楊露禪的機會。因此，楊露禪父子應當有可能在同治七年進入神機營，但並非是載漪任命，而是有可能為奕譞直接任命之[66]。

其次，吳圖南說當時神機營裡有不少的教習「雄縣劉仕俊（練岳氏散手），練形意拳的郭雲深，練八卦掌的董海川，摔跤的周大惠（右翼）、大祥子（左翼）等人。」吳圖南這個說法，顯得不盡不實，多有誇張。首先，郭雲深在北京的授拳範圍並不廣，目前所見資料中，也只有王新午所言：「郭永琛（筆者註：應是郭雲深）在毓公府，授形意拳。」[67] 並無沒有任何資料曾經說及郭雲深在神機營當過差。董海川則長在肅王府，亦沒有聽說過在神機營當過差。因此，吳圖南的說法顯是將當時京師有名的武師們寫在一起，而不管他們是不是真的在神機營當差！因

---

[65] 清史稿校註編纂小組（1988），pp.961。

[66] 據吳氏太極拳馬岳梁的說法，當時是有名「時貝勒」之人，推荐楊露禪到神機營教拳。但是這方面並無確切的佐證資料，只能與吳圖南說法一同保留之。

[67] 王新午（1942），pp.10。

此，對於吳圖南記劉士俊在神機營當差一事，筆者則是持保留態度，不欲多加推斷。

這一點，會牽涉到後來吳圖南說及劉士俊與楊班侯的比武公案，當自在該節中加以剖析。

總而言之，劉士俊接受廣科之邀請，在六條胡同開設東場，或是說在正白旗演武廳教拳之事，當無可懷疑。對於吳圖南所說神機營當差一事，則是顯無確切證明資料。因此，筆者認為劉士俊雖然有可能與好武的載漪有一定程度的友好關係，甚至是師徒關係。但說劉士俊曾在載漪底下或是神機營當差的消息，可說是子虛烏有之事。

不過，不管劉士俊是否曾入神機營，至少當時劉士俊的名字，也常跟楊班侯、董海川相提並論，成為當時赫赫有名的人物。因此，也有不少人想與劉士俊、楊班侯、董海川一較，藉此一役成名。當時有一名山東武師，負技來京。先在當時盛名最高的楊班侯和董海川兩人拳場附近，設場賣藝，並口出狂言，想激怒楊班侯和董海川與之較藝[68]。當時楊班侯和董海川的徒弟們忍不下這口氣，便將此事告訴楊班侯和董海川兩人，楊、董則回答道：「彼無名之輩，勝之不武，不勝為朋輩笑。彼雖驕狂，不值一試也。」[69]於是，終未嘗一較。

後來，這名山東客見楊班侯和董海川不欲較技，便將主意打到劉士俊身上。於是山東客便將拳場移到劉士俊拳場附近，仍然口出狂言，欲引劉士俊出手一較，豈料劉

---

[68] 根據郭成堯〈劉仕俊傳〉與隱僧〈鷹爪拳源流〉中，皆將此事置於劉士俊去廣東之前。然而，考慮到當時楊班侯名氣壯盛，應當非咸豐年間之事，而比較有可能發生於同治年間，是以略作調整。

[69] 郭憲和（2003），PP. 14～18。

士俊不為所動。劉士俊的弟子們深知劉士俊個性剛強豪爽，亦對此感到好奇，詢問劉士俊為何不出手教訓這位山東客：「師素勇敢，今何畏怯？況彼藝未必勝師，何退讓為？」[70]劉士俊回答說：「不見楊、董尚忍不屑與試，而況予乎？」[71]

後來，這名山東客見劉士俊遲不肯出面一較，認定劉士俊膽小怕事，行徑更是囂張，不僅將拳場愈來愈往劉士俊的拳場靠過去，話也愈說愈猖狂，終於引得劉士俊忍耐不住，出手教訓這名不識天高地厚的山東客：

> 後以某場愈靠近言愈張狂，俊乃著衣往窺，值某正練彈腿，運行如飛。俊蹲其旁，忽以痰吐其足上，某怒斥之。俊曰：「非我痰吐汝足，實汝足踢吾痰耳，請為汝拭之可乎？」
>
> 某不應，遽以飛足踢俊首。俊從容乘勢以雙手執其足，拋擲場外，某竟橫越人群而撲地矣。俊令眾人閃開，指斥之曰：「余即劉仕俊也！技劣若爾，竟敢口出大言，可謂班門弄斧矣。倘爾不服，請再一較。」
>
> 某已身受微傷，面有愧色，勉謂俊曰：「十五年後請再相見。」踉蹌入場，搶械而去。俊歸，其徒問曰：「師何不入場一較，而必如此擲之耶？」俊曰：「我吐痰以激其怒，怒則氣浮；言遜以姿其驕，驕則大意，故一舉勝之。俟彼氣餒，再斥以正言，則必屈服矣。」門人謹領

---

[70] 郭憲和（2003），PP. 14～18。

[71] 郭憲和（2003），PP. 14～18。

其技，更服其智。楊、董聞之亦稱快而讚賞焉。

居京數載，聲譽愈振。[72]

乍看之下，劉士俊似乎贏得不是十分光彩，但其實深符兵家之道。劉士俊著衣往窺的舉動，乃是先行觀察敵情，要能知己知彼，方能百戰百勝。這看似投機取巧，實則乃百勝之術。在觀察之後，劉士俊已知對手底細，是以先以吐痰激怒山東客，再與之角鬥。誰知山東客個性蠻橫，竟出腿逕踢劉士俊頭部！若是一般沒有練過功夫的人，可能就因為這一腿就丟了性命。因此，劉士俊方不留情面地出手仆之，並以正言訓斥，使山東客在情、理、武上皆不容於當時，故只好引恨而去。

由此可知，劉士俊並不是只會爭強鬥狠之人，在他豪邁剛直的個性中，其實是粗中帶細的。

8・劉士俊之武技

劉士俊平生著名的功夫，唯大槍和岳家散手也。劉士俊的岳家散手，皆以指力、掌力攝人，故力氣絕倫，非尋常人所能敵。根據《永年縣志》記載：「當時有雄縣劉某，精技擊，善硬功，體幹魁梧，赳赳然武夫也。嘗以掌擊巨石立碎，以兩指挾制錢十枚，捏之皆碎，兩臂之力，何止千斤。」[73]〈劉仕俊傳〉亦載：「至其手接飛蠅、拳斃牛馬，尤為餘事。」[74]這說明劉士俊手上功夫驚人，是為鐵沙掌和鷹爪之類的硬功。

通常這類硬功皆需日復一日地苦練，否則威力雖然驚

---

[72] 郭憲和（2003），PP. 14～18。

[73] 永年縣地方志編纂委員會（2002），pp.934。

[74] 郭憲和（2003），PP. 14～18。

人，手觸可碎石，指捏可折錢，但若有一時日荒費，則容易前功盡棄，維持不易也。傅永均即曾聽聞其師白恩秀描述劉士俊練功之過程：

> 余幼年從拳師白恩秀學太極十三式時，白老師提起「練功須有耐性」，說：「拳師劉仕俊，每夜子時起，以銅錢十串，拎於衣襟，旁放一壇，滅燈後，把同錢勻揚星散滿屋地上。然後，左手提壇口，腿走矮步，右手遍摸銅錢，摸到一個則以拇、食指力碾銅錢，旋倒交左手；左手仍力碾，迨右手復摸到另一銅錢時，左手始把先摸銅錢放入壇內。如是窮摸不止，直至摸完，且心中記數（免雜念）。若此，天天作，月月作，年年作，不厭其煩，是以每個銅錢，經常年碾摸，銅質鋥亮減薄，銅錢上字體幾都模糊不清。[75]

可見劉士俊功夫行深，且精奮不懈，毋怪乎「凡技擊家均不敢與較，以其膂力過人，恐有傷亡。」[76]即如楊班侯亦對其手上功夫欽服不已：「當時擒住手時，有如狗咬云。」[77]

劉士俊在教授岳家散手時，因散手沒有套路，常與弟子們透過實際切磋以教之：

> 清吏廣萬（筆者按：應改正為廣科）請俊在東場授徒，其必先以手招弟子曰：「來！來！」令來者作鷹手狀，若不用力，不還手，即不教

---

[75] 郭憲和（2003），PP. 18～19。

[76] 永年縣地方志編纂委員會（2002），pp.934～935。

[77] 陳微明（1925），pp.2～3。

也。二人作勢，轉瞬即仆。則易一人來，復仆，
仆之再易，易四五人。屢仆者即知新手法之梗
概，然後方得解其中真正使法。凡跌仆之人，多
受微傷，以是體弱憚苦者，相率而去，而得心應
手之技，所傳無幾，乃一憾事也。[78]

楊敞在〈雄縣劉武師傳〉中亦載：

　　師授徒時，每日晨午教練乙次，每次約二小
時，勤而有恒者，僅十餘人。室中地磚歷二月必
重舖之，因為足磨凸凹不平也。師每將就授新手
法，輒先以手招弟子曰：「來。」即直一人應聲
出，向師作角手狀，轉瞬而仆，又易一人前，復
仆。他人屏息凝神，審其用手之方，致力之法，
數人被擲，而新手知梗概矣。故弟子逆料是日，
將授新手法，必預將室中几案移空，以防傷觸。
然每授一手法，恒有數人微傷，體弱憚苦者，
相率引去，故弟子百餘人，而常習者僅十之一
云[79]。

由此可知岳家散手習之甚苦，而劉士俊教拳之嚴也。
蓋擒拿手法，沒有透過兩人實際演練切磋，是絕無可能
練出成效的。再加上當時京師八旗子弟已非昔日悍兵，皆
為王公貴人，勞動不得，連楊露禪都不得不將太極拳改拳
使其易學。劉士俊個性剛強，又喜從實作中練習，故「弟
子不下二百人，常習者不過三十人，能得妙者，僅十餘
人。」[80]

---

[78] 郭憲和（2004），PP.14～18。
[79] 楊敞（1918），傳記・pp.2～5。

就連大槍劉德寬也對劉士俊這種教學法有點吃不消，楊敞所載劉德寬軼事即有寫道：「（劉德寬）嘗從雄縣劉公處問手，公拍其胸略重，後久不至，劉公問曰：『何劉大個子久不來耶？』劉遂復常至問難。」[81]

這個情形直到民國時期，仍是差不多，王新午即言：「時同學多專太極拳，憚八翻手之艱苦。」蓋當時北平體育社多文人參加，以圖強健體之效，而非專業武師或是立志習武者，是以「惟都中風氣尊太極拳，以散手無拳路、不美觀，習者憚其艱苦，鮮卒業者。」[82]

至於劉士俊大槍術來源，在《雄縣新志》中並沒有明確提及師承，但在〈劉仕俊傳〉中，倒明白說是法成僧教劉士俊大槍術的，「俊力猛體壯，乃教以槍」[83]。大槍術，或是大杆子乃是劉士俊畢生兩大絕技之一。在《雄縣新志》及《雄縣鄉土志》中並沒有提到劉士俊練過何種拳術，倒是對他的大槍有所說明：「……並精楊氏八母梨花槍，於戚南塘《紀效新書》尤有所深究。」[84]〈劉仕俊傳〉亦點明：「其槍法可與明戚繼光所著《紀效新書》相對照，一字不爽。當知僧之槍法，確是楊家八母梨花槍，戚繼光繼之，及至俊又得其真傳，可稱絕技焉。」[85] 楊敞亦說：「師於各種器械皆精，尤以五鎗著。五鎗者，圈鎗、纏攔鎗、穿指穿袖鎗、黑白鷂子鎗、獅子滾繡球鎗。

---

80 隱僧編著（1982），pp.21。

81 楊敞（1918），軼聞・pp.1～2。

82 郭憲和（2004），PP. 21～24。

83 郭憲和（2004），PP.14～18。

84 秦廷秀等修，劉崇本等纂（1929），pp.533～534。

85 郭憲和（2004），PP.14～18。

世人總目為梨花鎗云。」[86]

這一點可見諸劉士俊徒孫張達泉所抄錄〈鎗譜〉，此為紀子修口授，所錄即是戚繼光之《紀效新書》中的〈長兵短用說篇第十〉[87]。

劉士俊初入京城時，也是靠大槍術擊敗不少人，「仕俊以家貧赴京師。持青竹秸賣藝，市人多笑之。其時都下名家輩出，精技擊者多下場與較，悉敗，俊聲譽陡振。」[88]劉士俊亦對其大槍術十分自豪，他曾說：「吾持竹秸，汝持杆子，如能以杆將竹秸崩折，而汝手臂不受損傷者，即是汝之技成。吾持杆子，汝持竹秸，點傷汝手，再折竹秸者，謂吾不會使杆子。」[89]其門下弟子依法與劉士俊比試，皆如劉士俊所言，屢試不爽。劉士俊不少弟子也以大槍聞名，如金槍徐六，大槍劉德寬，劉成有等等。

劉士俊在雄縣時，曾與當地巨盜白回回有過激烈的一戰，名留史冊：「縣有巨盜回人白姓者，勇武絕人，吏莫敢捕。士俊單騎搗其巢擒之，患遂息。」[90]這段故事在〈劉仕俊傳〉中，有著十分精采的描述：

> 保定某藩司家被盜，損失甚巨，並留有標記，大書「白回子所為」。白為雄縣巨盜，飛椅走壁如履平地，屢犯重案，吏莫敢捕。此案發生後，藩司令雄縣限期嚴拿，並派游擊三百助剿。雄縣令素服俊勇，敦懇助拿，俊曰：「吾之

---

86 楊敞（1918），傳記・pp.2～5。

87 見張達泉（不詳-C）。

88 郭憲和（2004），PP.14～18。

89 郭憲和（2004），PP.14～18。

90 秦廷秀等修，劉崇本等纂（1929），pp.533～534。

技，可以擊近，而不能致遠。白某疾如鷹隼，捷若猿猴，恐非我所能擒也。然既承公邀，當竭力為之，成敗實不敢欺。」遂同馬快車隊到白之住寺，飭兵圍百步以外。俊單身入寺，立戶外，謂白曰：「汝事犯矣，縣令命我相請，弟子腿慢身遲，勢薄力單，實非君之敵手。惟汝肯距以八尺以內，而逃出吾杆子者，吾甘代爾赴保定請罪，以謝高明。穿垣逾牆，非英雄也。」白於室內應之曰：「可。」一言甫畢，躍門而出，左持藤牌，右握單刀，縱身若飛，直立俊前。俊甚驚嘆，因憶而不令輕施之技，事急不得不用，乃大呼曰：「白某注意！」白應聲而倒，遂被擒。[91]

在這段文字中，劉士俊知道白回回功夫不弱，而其輕功尤為上乘，擒之不易。故先用話牢住白回回，使白回回出面相較，讓白回回身處在大杆可攻擊的範圍內，再用大杆子敗之。此計雖是兵行險著，但是也顯示出劉士俊對於自身大槍術之自傲與實功。

此外，劉士俊在北京闖蕩時，京師久染武風，武術名家著實不少，也挑倒不少登門挑戰者，今舉其軼事如下：

其一：

有曹光建[92]，鄭州人，為鏢師多年，自山東

---

[91] 郭憲和（2003），PP. 14～18。

[92] 在郭成堯〈劉仕俊傳〉與隱僧〈鷹爪拳源流〉均作「曹光健」；楊敞〈雄縣劉武師傳〉則作「曹廣健」。曹光健一事在隱僧〈鷹爪拳源流〉描繪地更加戲劇化，據隱僧所述，曹光健因渺一目，故人稱「瞎曹」，乃為董海川摯友。董海川因嫉妒劉士俊徒眾日多，故請曹光健前來與劉士俊較量。

返京，號稱「無敵」。嘗與人曰：「劉仕俊雖會
幾手，然短於腿下功，由是知其無大能也。」蓋
俊慣用鷹手，善抓搏，而董、楊等輩以腿見長，
彼故出此言，以激其怒。俊聞之微哂曰：「奚用
幾手，一手擊彼，足矣。」

後相見交手，曹閃展飛躍，經久不敢直前，
俊擇衣襟之土以餌之。曹以有綻，飛起一腿，然
未及俊身已踣然傾倒。曹乃叩首，甘為弟子。後
曹隨俊至其故里，代教少年五虎各會，乘暇向俊
問手，三年始去，至今狐村仍知「瞎曹」之名。[93]

其二：

光緒初年遇一拳師，欲與仕俊較量，才一過
手，一指被仕俊捏住，略用力一揉，以十指連
心，痛徹骨髓。仕俊復一垂腕，某拳師因一指連
帶全身，不由雙膝跪下認輸，因舉此事，略述仕
俊二指禪之捏力耳。

劉士俊雖然功夫高深，力挫群雄，但是在通篇〈劉仕
俊傳〉中，作者均有意無意透露出一個訊息：即是劉士俊
雖然手上功夫驚人，但是身法步法雖嫌遲滯！如在與白回
回相較時，劉士俊自言：「吾之技，可以擊近，而不能致
遠。白某疾如鷹隼，捷若猿猴，恐非我所能擒也。」對白
回回他也明言：「弟子腿慢身遲」等語。之後劉士俊路經
河南，與當地寺僧較技時，亦有「僧自負其技，且輕俊笨

---

[93] 郭憲和（2003），PP. 14～18。

滯……」[94]等語。曹光健亦曾言：「劉仕俊雖會幾手，然短於腿下功，由是知其無大能也。」[95]彼等諸人白回回、河南寺僧、曹光健等人，雖都敗於劉士俊之下，然而其中言語確實中的，只是這些人與劉士俊功夫相差過遠，無法對其弱點下手。這一點或許是劉士俊始終無法擊敗楊班侯之緣故！

9‧劉士俊與楊班侯比武始末

劉士俊雖然勇武過人，但天外有天，人外有人，高明如劉士俊，亦遇上強中手，此人即是楊氏太極二代傳人楊班侯也。但是劉士俊和楊班侯究竟為何交手呢？當時京師雖說是臥虎藏龍之所，但是名家之間，自貴身分，很少真的四處與人挑戰。高手相對，亦很少真的像武俠小說所寫的，非要拼到你死我活不可，此乃地痞無賴的打法。更何況劉士俊與楊班侯同為廣科所召，見面三分情，衝著廣科的面子，也很難真的非要分個高下勝負。因此，如非真有嚴重衝突，否則兩人很難鬥得起來！既是如此，兩人最後終不免一戰，這又是為了什麼呢？雖然我們無法確切知道其中詳情，但依據目前所有的資料亦可得窺一二。

據吳圖南《太極拳之研究》中所述，楊露禪初入神機營即被命為總教習。當時神機營的教習見到楊露禪演練太極拳時，以為楊露禪名不符實，不像是練武之人：

　　……但新請的這位總教習不是練武的。因為武術要打飛腳、擰旋子，他卻是軟綿綿的，雖然

---

[94] 隱僧編著（1982），pp.20。

[95] 郭憲和（2003），PP. 14～18。

動作如行雲流水綿綿不斷，但看不出什麼技術來。有的人要挑釁，但又不敢針對總教習，因為他官職大（那時大一級壓死人的），於是就想在楊班侯身上打主意[96]。

而楊班侯在未入神機營時，名氣已經相當響亮，「然二人（班侯、健侯）年未至冠，已成能手，名震京師。有貴冑聞之，聘班侯為師，館於其家，月餽束修四十金，甚敬禮焉。」[97] 入神機營時，楊班侯年已三十一歲，功夫更為深厚。當時如以摔跤聞名的大祥子即試過楊班侯的功夫，而為楊班侯所敗。載漪為平息這場紛爭，便要大祥子與周大惠拜楊班侯為師。諸如此類之事，也不斷提高楊班侯的名氣。

經此一役，楊班侯的名氣日益昇高，劉士俊與楊班侯既是同受廣科所請，當然也有意一試楊班侯的功夫，但是都被楊班侯「打太極拳」，給緩了下了，「時楊班侯與董老公齊名，其徒聞俊技高，誓相見一較。值楊以事謁俊，執禮甚恭。俊屢以此相問，楊不為所動，從容辭去。二人友情由此融洽，時人皆慕俊之豪爽，楊之謙恭。」[98] 楊班侯之友亦曾問楊班侯與劉士俊相較誰高誰低，楊班侯也僅謙遜地回答：「劉公勝我，弗如也。」[99] 這些資料在在顯示楊班侯不想多惹是非，只願息事寧人。劉士俊個性雖然剛強豪爽，但也非逞兇好鬥之人，見到楊班侯執禮甚恭，

---

[96] 吳圖南、馬有清（2003），pp.40。
[97] 陳微明（1925），pp.2～3。
[98] 郭憲和（2003），PP. 14～18。
[99] 永年縣地方志編纂委員會（2002），pp.934～935。

再加上劉士俊年紀大於楊班侯十來歲左右[100]，自是武林前輩，也不好非要與小輩爭個高下，也只能讓比試一事擺在一旁。

雖然如此，楊班侯與劉士俊畢竟走上決鬥一途，只能說是人禍所致；而其更根本的原因，乃是劉士俊和楊班侯兩人，都是剛強好勝之人！要不是劉士俊長於楊班侯十來歲，再加上有人在其中居中協調，兩人可能早一較高下。然而，究竟兩人是如何由友好演變到非得公開比武呢？據吳圖南《太極拳之研究》所記載，劉士俊和楊班侯首度正面交鋒，是在「端王府」（應為多羅貝勒府）裡，兩人應載漪的要求而互扎大槍：

> 一事平息又生二事，雄縣劉（劉仕俊）大槍扎得很好，天天拿槍在端王府後花園的月牙河邊上練。楊班侯也在那邊練槍。

> 一天漪貝勒看二位教習練槍，當時正值春天，楊柳爭春，小橋流水，景色十分秀麗。漪貝勒一時興起說：「你兩位扎扎對槍好不好？」二位說好，於是就扎起來。可是扎了半天都是你扎我躲，我扎你躲。

> 漪貝勒看得不耐煩說：「二位扎點好的有沒

---

[100] 楊班侯生於道光十七年（1837），根據路迪民與趙廷銘所述，楊班侯約在十七歲，也就是咸豐四年（1854）進京[路迪民、趙廷銘（2006），pp.27。]據陳微明所述：「然二人年未至冠，已成能手，名震京師。有貴冑聞之，聘班侯為師館於其家，月餽束修四十金，甚敬禮焉。」[陳微明（1925），pp.2～3。]依此，陳微明說法則與路迪民等之所述相符。劉士俊在未進京之前，至少已有二十五歲以上，如此推算，劉士俊大概長楊班侯十來歲，甚至二十來歲左右。

有？」楊班侯說：「貝勒爺要瞧好的，我們重新扎。」這時候雄縣劉想藉此機會把楊班侯贏了，也挫一挫他父親楊露蟬的銳氣。二人一格槍，雄縣劉用大槍一攔一拿，跟著往前就一扎。

說時遲那時快，楊班侯當他用槍攔時，自己的槍隨他一轉，劉一拿時又隨他一轉，等他一扎槍，等他一扎槍時，楊班侯用槍在他槍桿上一點，雄縣劉站立不住，向後倒退兩步，身體一歪一脫腳就掉進月牙河裡。因為是春天，月牙河裡水不多，劉抱著大槍由河邊爬上岸，楊班侯趕快過去道歉，並請他回房換衣服。

劉走了以後，溥貝勒叫楊班侯看看雄縣劉去。溥貝勒說：「他一定捲行李要走，你去看看，務必把他挽留住，因他有他的用處。」

楊回房一看，劉果然收拾行李要走。楊婉言解釋，費了一番脣舌，等說的彼此融洽了，溥貝勒又請二位教習吃飯，這場風波才又算平息下去。[101]

對劉士俊而言，其大槍術是平生絕技；在京師時，又以大槍聞名，而得「大杆子劉」的稱號。

劉士俊與楊班侯較槍失利，顏面難存，加上其個性剛毅，自是非走不可！後來雖經楊班侯勸留與載漪調停，終是心存疙瘩[102]。

[101] 吳圖南、馬有清（2003），pp.41。
[102] 在此，筆者保留了吳圖南的說法，但仍要重申劉士俊極有可能並未在神機營與楊班侯一同當差。更何況照理來說，劉士俊與楊班侯應該有

後來，劉士俊與楊班侯之間又發生一場爭鬥，並且是公開比武。這次就不比在多羅貝勒府裡了。在多羅貝勒府中，畢竟是兩人之間的較技，只有幾個人知道，加上載漪的面子，兩人很難有所正面衝突。但是這次的公開比武，卻是在眾目睽睽之下比試。自此之後，劉楊二人亦可說是徹底決裂。這次比武的過程與原因，據陳微明〈太極拳名人軼事〉中記載：

> 雄縣劉某者（劉士俊），忘其名，練岳氏散手，有數百斤之氣力，授徒千餘人。有人兩面挑撥，班侯志甚傲，聞之不平，遂相約於東城某處比試。一時傳遍都城，聚而觀者數千人。二人至場，雄縣劉即出手擒住班侯之手腕，班侯用截勁抖之，劉跌出，狼狽而出。班侯由是名聲大著。
>
> 班侯歸見其父，揚揚得意，眉飛色舞，述打劉之形狀。露禪冷笑曰：「打得好，袖子已去了半截，這算是太極勁嗎？」班侯聞言，自視其袖果然，乃嗒喪而出。班侯云：當時擒住手時，有如狗咬云[103]。

可能在更早之前就有接觸。蓋廣科最早應當在同治五年聘請劉士俊和楊班侯，並開設東西拳場，最遲也會在同治六年，因為之後廣科將調任為奉宸苑卿、管理溝渠河道事務大臣等職。因此，兩人會面應當比同治七年還要早方是。

[103] 陳微明（1925），pp.2～3。陳微明敘述與陳炎林在《太極拳刀劍桿散手合篇》中的記述相同：「班侯年壯時，曾與一外家拳師鬥，其人武孔有力，擒班侯腕，不使化去，班侯用冷勁發之，名師不支，被擊出。班侯意殊自得，歸述其事於迺父，露禪聞而譏之曰：『勝固可喜，惜兒袖已撕裂矣！此尚得謂為太極勁耶？』班侯視己袖，果裂，乃嗒然而退，後致力愈勤焉。」陳炎林（2001），pp.8。陳炎林乃是田兆麟之

另外在《永年縣志》中則是記載了劉、楊比武的不同版本：

> 楊（班侯）在王府為師，名噪一時，劉某忌之。一日，楊與友飲於市，友問曰：「公孰勝於劉公？」楊笑曰：「劉公勝我，弗如也。」適劉之徒過側聞之，反其語而告其師。劉憤謁楊，不遇。

> 及楊歸家，家人語之，楊遂訪劉於寓……而楊特伸一臂於案上，令執之。劉力握楊腕擬折之，楊輕舉其臂，而劉之足離地者已尺許。楊作白鶴亮翅式擊之，劉踣於丈外。

> 劉不服，更與之約。及期並至，適下階，楊前劉後，劉乘勢握楊額，楊一手按劉手，作閃通臂式，將劉從其項上擲於階前三、四丈許。劉慚，更與楊約，較杆術於某戲院，

> 及期楊至，而劉竟失約。當時觀者如堵，楊作壁虎功於樓上以謝之。遂訪劉於其寓，寓主人謂曰：「昨已攜其徒潛歸矣。」楊之名由此益著。[104]

徒，田兆麟曾先後受學於楊少侯與楊澄甫，其太極功夫高深，尤善散手擒拿等法，人稱之為「千手觀音」。陳炎林對於楊班侯之認識，極有可能來自於田兆麟，而田兆麟則可能得自於楊少侯和楊澄甫昆仲。楊班侯技敗劉士俊可說是楊班侯一生中極為重要的事蹟。因此，許多楊氏後人都知道這回事。蓋劉士俊並非沽名釣譽之輩，其人確有真實功夫，否則如何在京授徒百餘人（陳微明所說千人之數，稍嫌誇張；楊敞則是記為兩百餘人，為較為合理之數）。只是楊班侯技高一籌，只能說強中自有強中手也。

[104] 永年縣地方志編纂委員會（2002），pp.934～935。

在上述兩段故實當中，皆指明劉、楊兩人公開比武，實因於有人兩面挑撥，使得劉楊兩人決裂，公開比試。在陳微明的敘述中，是楊班侯聽信他人挑撥，進而與劉士俊相約比武。在《永年縣志》中，這個挑撥之人點明為劉士俊之徒，而且是劉士俊主動找楊班侯，而楊班侯也主動找劉士俊比試。無論故事始末如何，皆顯示了一件事情，就是兩人互敬為賓的情況已不復見。

在富二爺的描述中，楊班侯是個心高氣傲之人，對於劉士俊之戰，顯得雀躍欲試，並在擊敗劉士俊之後，顯得「揚揚得意，眉飛色舞」。

在《永年縣志》中，初看楊班侯是個謙沖和禮之人，但面對劉士俊的登門求戰，卻顯得毫不容情，「楊作白鶴亮翅式擊之，劉踣於丈外。」最後一戰，是個不可避免的結果，先有載漪一時興起和小人挑撥，人禍是也；後因兩人皆剛傲不屈，其性格使然也！

在《永年縣志》中，劉士俊和楊班侯共比武兩次，第三次劉士俊「不戰而逃」，與陳微明的記述有所出入。在《永年縣志》中，劉士俊完全成為偷襲和無信之輩，完全不見在〈劉仕俊傳〉中氣蓋一方的豪俠形象。這自是《永年縣志》是記載楊班侯為主，而〈劉仕俊傳〉以記述劉士俊為主，兩者均有誇大和美化之嫌。

10・劉士俊與楊班侯比武時間考證

不過在這裡，另一個比較有趣的問題是劉士俊和楊班侯比武的時間點。據富二爺所言，楊班侯勝出劉士俊後，「班侯歸見其父，揚揚得意，眉飛色舞，述打劉之形

狀」，為楊露禪所譏，說明當時楊露禪仍在世。據一般說法，楊露禪大約是在同治七年入多羅貝勒府，而於同治十一年與世長辭，算算楊露禪在多羅貝勒府的時間亦不過是三、四年時間。因此，劉士俊與楊班侯比武時間點，很有可能是在同治七年（1868）到同治十一年（1872）之間。

　　然而根據《永年縣志》所記載：「光緒年間，楊（班侯）在瑞王邸為教師，當時有雄縣劉某者……」[15]顯示劉士俊和楊班侯比武是在光緒年間，但其時楊露禪至少逝世一年餘[16]，不可能有譏諷楊班侯之情事出現。

　　上述情形如果假設劉楊兩人約在同治十一年（1872），即是楊露禪逝世那一年，則至少與光緒元年（1875）還相差三年。三年的時間，就個人和歷史記憶而言，還算是可以容許的誤差。但根據《永年縣志》的說法，劉士俊在與楊班侯相約比武之後，即背約潛歸。但是根據白恩秀、許禹生、王新午、李英昂等人的說法，劉士俊在光緒初年

[15] 永年縣地方志編纂委員會（2002），pp.934～935。

[16] 關於楊露禪逝世之年份，據陳炎林所寫之〈楊家小傳〉，楊露禪死於同治十一年（1872）。路迪民和趙廷銘在〈楊露禪瑞王府授拳說〉中，則認為楊露禪逝世年份，應當可延到同治十三年（1874）。另外，根據《李派太極譜文獻三篇》中，楊露禪之得意弟子王蘭亭之〈序〉，文中乃言明楊露禪則是死於光緒初年（1875）。然而，其中最怪的，還算是楊澄甫在《太極拳體用全書》中所作之〈自序〉，其中楊澄甫談到自己小時候曾經看過楊露禪，並虛心接受楊露禪的教誨。但楊澄甫出生於光緒九年（1883），其時無論上述任一說法，楊露禪早已仙逝多年，怎麼有可能看見楊露禪率領大家練太極拳，並教誨愛孫？楊健侯所生三子中，楊兆熊（即楊少侯）出生於同治元年，二子楊兆元生辰不詳，因此確信只有楊兆熊曾經見過楊露禪而已；早夭之楊兆元或有機會。總之，筆者在這裡，仍是取用一般說法，即是楊露禪應於同治十一年逝世。

應當還有在京師活動：「光緒初年遇一拳師，欲與仕俊較量⋯⋯。」[107]許禹生等人的說法可與《永年縣志》相合，但與陳微明的說法不合。

若是如此，在考慮到各家時間點的可能性之下，劉士俊極有可能在光緒初年時，尚在京師活動。如此，李瑞東一派傳述楊露禪高徒王蘭亭說法，或許可以採信：「老師已於光緒初年逝世矣。」[108]然而，畢竟沒有充足的資料可資佐證之。因此，仍是取陳炎林的說法較為可信，蓋陳炎林乃田兆麟弟子，田兆麟為楊少侯和楊澄甫的得意弟子，對於楊家之事可以推定應知之甚詳。

但是，這裡又出現了一個問題，根據《永年縣志》的說法，劉士俊在敗於楊班侯兩次之後，隨即「攜徒潛歸」。關於這一點，皆與各方面資料所形容的劉士俊作風和性格相似。

蓋劉士俊個性極為剛強，豈肯在敗北之下，仍有面子和心情留在京師。想當年在雄縣時，劉士俊婉拒王府總管的聘請時，即道：「吾輩習武，苟勿較，烏知優劣，勝則稱職，敗當自引去耳。烏能苟且求噉飯乎？」[109]想劉士俊南行之遊，會遍天下豪傑，從無敗北，嘗對弟子言：「行經九省，未曾見一拳師。」[110]想想如此自負之人，又怎會在敗給楊班侯後，還有面目留在北京？

但是，若從楊敞〈雄縣劉武師傳〉、郭成堯〈劉仕

---

[107] 郭憲和（2003），PP. 14～18。

[108] 轉引自路迪民、趙廷銘（2006），pp.27。

[109] 楊敞（1918），傳記・pp.2～5。

[110] 楊敞（1918），傳記・pp.2～5。

俊傳〉及隱僧〈鷹爪拳源流〉來看，三者皆指出，劉士俊是由於在北京的政治靠山廣科出官西安將軍後，方才轉回雄縣故鄉授徒，終其一生。考廣科是在光緒三年（1877），出任西安將軍。如此，即使參考李瑞東一派的說法，將楊露禪逝世之日延到光緒初年，亦有兩年之差。因此，現下只有兩種可能性：

其一，楊露禪譏諷楊班侯之事，乃是楊家反躬自省之舉，並非事實；其二，劉士俊在敗給楊班侯之後，可能受人慰留，而這個人很有可能即是廣科，因此劉士俊方才又待了幾年。直到廣科出任西安將軍，離開京師之後，劉士俊方才回到雄縣故鄉。

因此，由於資料衝突和稀少，筆者無法斷言哪一種說法較接近史實。不過，若從各方面資料來看，應當第二種說法較具有可能性，不過，仍尚待更有力資料加以證實。

11・劉士俊晚年

劉士俊在返回北京教拳之後，據楊敞所述，「居京九年[111]，廣公出官西安將軍，師亦旋里，專以授徒為事，年八十始卒。」[112]因此，劉士俊應當於光緒三年四月二十三日（1877年6月4日）[113]之後，離開京師。總記劉士俊在京所授弟子，其中留名者有徐盛武[114]、查訥封阿（〈劉仕俊傳〉作查「納」封阿）、李德奎（〈劉仕俊傳〉作「季德

---

[111] 這個說法的可信度不高，在前文中業已有所討論，筆者在之後將再進一步探討。

[112] 楊敞（1918），傳記・pp.2～5。

[113] 魏秀梅編（2002），pp.657。

[114] 徐盛武，疑為金槍徐六。在〈劉德寬傳〉中會加以討論。

奎」）、蕭斌、紀緒、紀德、善慶、慶喜、存福、文奎、烏雲珠、那清阿、瑞祥、吉陞、德利、曹光建、劉德寬（雖非弟子，但有從學之實）等等。

劉士俊返鄉之後，雄縣人都十分禮遇這位功成名就的鄉親，而劉士俊也竭盡本身所能，教練鄉親子弟，以期自身功夫流傳後世子弟。雄縣內功夫高明者，如劉成有等，皆從劉士俊學岳家散手與大槍術。劉成有本是有名的翻子拳名家，在三十歲時[115]，劉士俊返鄉，劉成有獻技演之，為劉士俊所點撥，知其不足，遂從劉士俊學拳，繼而成為劉士俊家鄉授徒者中，屬一屬二的高手，「族人多習其技，後劉成有第一，劉崇正次之」[116]。

劉成有後傳其子劉啟文與其甥陳紀平。陳紀平即陳子正，民國初年赫赫有名的國術名家「鷹爪王」是也。因劉成有本有翻子拳功底，故其子劉啟文和其甥陳子正都練有翻子拳術和岳家散手。後來陳子正逐漸融會兩家拳藝，將本無套路的岳家散手融入翻子拳當中，而成為鷹爪翻子拳，並於黑龍江第一中學、黑龍江第一師範學院以及上海精武體育會中傳播此一拳藝，堪稱一代大師。

劉成有子劉啟文雖無名於當世，但其徒劉法孟著作尤多，且宣揚國術，不遺餘力，至今海外仍有其徒子徒孫傳

---

[115] 劉成有獻藝表演的時間，應為劉士俊回鄉之時，也就是應當在光緒三年左右之事。據隱僧所述：「成有蓋士俊族孫，劉德全之族姪也。初學技於飛腿楊景山，繼受業於劉德全，三十年後，始受業於士俊。」[隱僧（1982），pp.23。如此，據隱僧所言，當為三十歲，或是比三十歲較大，何者當是？郭成堯〈劉仕俊傳〉顯取前者；但若就文句來看，後者亦有可能。

[116] 郭憲和（2003），PP. 14～18。

播鷹爪翻子拳拳術。

據〈劉仕俊傳〉中描述，劉士俊晚年時，還有人特意登門挑戰[⑰]：

> 俊七十有八時，有山東某，忘其姓氏，至俊門下曰：「我邀遊天下十三省，未遇敵手。聞公曾在京教東場，歷遊蜀粵，名震一時，當必有驚人之技，何妨出示相較。」俊性亢直，不甚欺侮，忘其年邁，竟躍至庭前與較。越一時許，某僅飛騰閃移，不敢前。又少傾，俊氣喘汗流，似不能支，退至牆隅，藉資稍息。某急步直前，徑取要害，不料右肘脫臼，全身跌出數尺之外。乃躍起嘆服曰；「真絕技也！耿耿於懷，十五年功，又付諸流水矣。公在，當不復出。」負傷去，移時返回曰：「吾即十五年前在京賣藝者也。」俊始恍悟。休息竟日，語人曰：「設在五年前[⑱]，焉能遭此險。噫！吾老矣，無能為也。」

見此文所記，可知劉士俊至七十八歲高齡，個性仍剛強好勝，勇力絕倫。然而終究年紀已長，力不從心，差點為山東客所敗，幸有岳家散手護身而免於落敗；但勝得辛苦，也令劉士俊大有「英雄遲暮，不復言勇」之心。最後，劉士俊在與這位山東客交手過幾年後，以八十歲的高齡與世長辭，「八十尋卒，弟子遍鄉里，喪服扶梓，勒碑

---

⑰ 隱僧〈鷹爪拳源流〉中亦有所述。

⑱ 隱僧〈鷹爪拳源流〉則是寫作：「設在十四年前，焉能遭此險。噫！吾老矣，無能為也。」[隱僧（1982），pp.22。]

葬於雄縣南郊焉。」[119]一代高手，就此溘然長逝，多少英雄，盡歸黃土。

12‧劉士俊活動時間的最後探究

據郭成堯與隱僧的說法中，劉士俊在晚年歸鄉授徒之後，於七十八歲時，曾有一山東客來到雄縣要與劉士俊挑戰。劉士俊因其年邁，只好以計誘而敗之。據此山東客所言，他就是劉士俊在十五年前所敗之人：「吾即十五年前在京賣藝者也。」[120]這件事的可信程度很高，因為身為劉士俊家鄉傳人的陳子正實無多添這一筆「英雄遲暮」的形象。加諸劉士俊既為雄縣當地之豪傑人物，陳子正又是其再傳弟子，甚至陳子正也很有可能親受劉士俊點撥。因此，劉士俊晚年這一役，應當是十分可信的。唯有一個地方可資小小討論一番。讓我們回想一下，當時劉士俊在京師擊敗山東客之後：「某已身受微傷，面有愧色，勉謂俊曰：『十五年後請再相見。』」[121]在十五年後，這位山東客還真的信守當初承諾，不辭辛苦來到雄縣與劉士俊一較！

不過，俗話說得好：「君子報仇，三年不晚。」當初山東客許下十五年的報仇時間，依當時練武風氣和習慣而言，算是十分不可思議的。當時，跟著師父練拳，最慢也只有五、六年的時間就該把功夫練到有成。快一點的，三年就可以出師了。因此，如果山東客只是為了練好功夫

---

[119] 郭憲和（2003），PP. 14～18。

[120] 隱僧（1982），pp.22。

[121] 郭憲和（2003），PP. 14～18。

去打倒劉士俊的話，十五年在當時算是一段長到不可思議的時間，又不是小孩子長大練武報仇，是不用花上十五年的。

另外，我們從劉士俊的年齡來思考，當時劉士俊是七十八歲，而山東客又自稱是十五年前與劉士俊在京師較藝之人。十五年前，劉士俊已經是六十三歲的老人家，在當時算是十分高壽的年紀。山東客雖敗於劉士俊，但對一個六十三歲的老人說出「十五年後請再相見」這種話，若不是這名山東客存心耍詐，想趁劉士俊年老力衰時動手；要不然就是這名山東客說話不經大腦。

因此，根據上述討論，比較有可能的解釋應當是，這名山東客到雄縣找劉士俊挑戰之後，極有可能說出「吾即十五年前在京賣藝者也」等語；但是在十五年前與劉士俊較量之後，並沒說出「十五年後請再相見」這句話。因此，應當視為小說家筆法而所做的更動。

不過，倘若劉士俊晚年這一役確實發生，年紀和時間都沒有錯誤的話，那我們可以由此推測一下劉士俊在京活動的時間。十五年前，劉士俊六十三歲，與這名山東客交手。因此，說明當時劉士俊於六十三歲高齡仍在京師活動。根據郭憲和與隱僧的說法，劉士俊是在廣科出任西安將軍時離開京師，也就是在光緒三年離開京師。也就是說，劉士俊有可能與這名山東客交手的時間點，應為光緒三年（1877）之前。

此外，根據郭成堯與隱僧所述，當時這名山東客是先去找當時聲譽最高的楊班侯和董海川，楊、董不理，之後才將主意打在劉士俊身上。如此，可說明當時楊班侯和董

海川皆在世，而劉士俊也有不小的名氣。如此，極有可能是在劉士俊在東場授拳之後。因此，山東客最早應當於同治五年（1866）與劉士俊交手。

山東客與劉士俊交手時間有沒有可能再早一點呢？假若山東客是在劉士俊於南下之前交手，假設是在咸豐七年（1857）時，則劉士俊當時已六十三歲，於光緒三年離京（1877）時，已有八十三歲了，劉士俊則應當早已入土為安了。因此，山東客應當是在劉士俊二進京時，與之交手。根據筆者之前的討論，劉士俊二進京的時間點有咸豐七年、咸豐八年以及咸豐十一年之說。若依此事來看，則咸豐七年和咸豐八年皆不可能。如此，讓我們檢視一下咸豐十一年的說法。若咸豐十一年時（1861），劉士俊已有六十三歲，於光緒三年（1877）時，劉士俊也已高齡七十九歲，當時劉士俊早已返鄉授徒了。因此，山東客不可能於咸豐年間與劉士俊交手，最晚也要到同治之後。

若是我們將楊敞的說法考慮進去，劉士俊在同治七年入京，然後於光緒三年離京，「居京九年，廣公出官西安將軍，師亦旋里……。」[12]如此，則會將時間推後到同治七年。不過，由於楊敞的說法與廣科擔任正白旗護軍統領的時間有所落差，故筆者不引以為證。如此，劉士俊與山東客交手的時間點，大概落在同治五年（1866）到光緒三年（1877）之間。

承上述之推論，我們可以略估一下劉士俊可能的出生時間、死亡時間：

(1)假設劉士俊於同治五年（1866）虛歲六十三

---

[12] 楊敞（1918），傳記・pp.2～5。

歲，則應當生於嘉慶九年（1804），卒於光緒九年（1883）。

(2)若光緒三年（1877），劉士俊虛歲六十三歲，則劉士俊應當生於嘉慶二十年（1815），卒於光緒二十年（1894），虛歲八十。

根據上述假設，筆者再加入「廣州逢難」與「離京」，加以整理如96頁表：

這是我們在假設劉士俊晚年一役真實性的前提上，所作出的推論結果。不過，若是讓我們考量到各種狀況證據的話，劉士俊六十三歲之齡，應當愈接近光緒三年，方才愈正確。此話怎解？

記得《雄縣新志》上，劉士俊在咸豐間進京授拳。這一點均得到隱僧和楊敞的證實，至少在咸豐七年的時候，劉士俊人的確在廣州。因此，劉士俊至少必須在咸豐七年之前，就到京師發展。假設劉士俊在咸豐初年（1851）即進京，則根據假設(1)，劉士俊初進京時，當為虛歲四十八歲；根據假設(2)，則劉士俊當為三十七歲。對於一個想進京謀生，靠拳頭吃飯的人來話，四十八歲是個過大的年紀，而三十七歲雖嫌已過中年，但還是屬於可以接受的年紀。

另外，就楊班侯和劉士俊年齡差距來看，楊班侯生於道光十七年（1837），根據假設(1)，則楊班侯與劉士俊相差三十四歲；根據假設(2)，則楊班侯與劉士俊相差十七歲。如此，假設楊班侯與劉士俊是在同治十年（1871）進行的，根據假設(1)，劉士俊高齡虛歲六十八歲，而楊班侯則是虛歲三十五歲。這樣比武是場十分不公

假設劉士俊六十三歲之時間	出生時間	廣州逢難	離京時間	逝世時間
假設1	同治五年（1866）	嘉慶九年（1804）	咸豐七年（1857），劉士俊虛歲五十二歲。	光緒三年（1877），劉士俊虛歲七十四歲	光緒九年（1883）
假設2	光緒三年（1877）	嘉慶二十年（1815）	咸豐七年（1857），劉士俊虛歲四十三歲。	光緒三年（1877），劉士俊虛歲六十三歲	光緒二十年（1894）

平的比武，而且也明顯與當時江湖規矩和禮節不符。根據假設(2)，則劉士俊在同治十年為虛歲五十七歲，而楊班侯則是虛歲三十五歲。如此，根據假設(2)，劉士俊雖說已步入老年，但仍是有足夠能力和體力與楊班侯一較高下。

當然，上述推論是以郭成堯與隱僧記述毫無偏差為準，若中有誤差，應當不超出五年左右。有可能少記或多記了兩、三年，但大抵上應該會在十年到十五年之間。十年以上和二十年以上之誤記，應當不太可能發生。

不過，在此筆者想提出另一個不同的時間點。這個時間點並非依據任何資料，而僅是根據常理所作之推斷。筆者認為，上述時間都有太早之嫌。想想一個出外謀生的人，依照當時社會習慣，如何能在接近中年之時，還出外到京師謀生？

又根據郭成堯、隱僧與楊敞等人所述，劉士俊於

二十歲左右遇道濟僧，後又從法成僧學技三年，方才返回故里。因此，劉士俊比較有可能在二十五歲到三十歲左右時，方才出外到北京謀生。假設劉士俊於咸豐初年（1851）入京，則劉士俊出生時間應當會在道光二年（1822）到道光七年（1827）之間。如此，劉士俊離京返鄉之年紀約在虛歲五十一歲到五十六歲之間。不過，這個年紀返鄉授徒，又似乎有點太小了一點。

綜合上述全部討論，筆者假設劉士俊比較可能出生於嘉慶二十五年（1820）左右。假設劉士俊在咸豐初年進京，則劉士俊進京年紀為虛歲三十二歲，然而於光緒三年（1877），也就是劉士俊虛歲六十八歲時離京返鄉，最後卒於光緒二十五年（1899）左右。這個時間點在各方面都比較說得過去，不過可惜並沒有任何的實證證據可以佐證，僅提供出來供大家作個參考。

13・結語

細屬劉士俊一生，畢生習武不輟，家貧也練，富裕也練，不管人生起落如何，劉士俊練武之勤，好武之心，未曾一日增減，真乃武痴也。可惜由於種種因素，竟使劉士俊之名逐漸不為人所知，而其畢生絕技岳家散手及大槍術也幾近煙絕，終少為人傳。

現今存在的相關拳路中，數岳氏連拳、鷹爪翻子拳、及八卦六十四手等，尚還保有岳家散手的部份內容，然而去典已遠，終有形似實非之嘆，此乃中國武術之一大損失也。劉士俊在地下，應當感嘆此技不傳也。

二、紀　德

紀德（1845～1922）[12]，字子修，姓吳札拉氏，滿洲正白旗人。生於道光二十五年（1845）。紀子修個性直爽，自小喜歡武技，年少時曾和回教徒王某學習彈腿及花拳，身手矯捷勝過其他師兄弟們。同治四年（1865），紀子修年值弱冠，入清廷護軍營當衛士，當時劉士俊設教北京，紀子修從雄縣劉士俊學岳家散手，「習之九年，技乃大成。」紀子修功夫精到，更會虎縱及過車等功夫。虎縱乃跳躍如虎；過車者，臂能承車。有一天，紀子修在北新倉，有米車經過市街，紀子修臥地以臂當輪，輪過而臂不傷。旁邊圍觀群眾，均驚為天人，稱紀子修之臂為鐵臂，是以「鐵臂紀」之名，不脛而走。

同治六年（1867），紀子修以技擢護軍校。紀子修與楊班侯弟子凌山交好，故又從楊露禪學太極十三勢。勤練不輟，遂將太極拳之綿柔與岳家散手之剛匯整為一體，剛柔並濟，功夫更上一層，楊季子即言：「故推手發勁，堅實縝密，當之者或如箭之離弦，或如魚之脫網，被擲尋丈以外，如觸電然。既不能抗，亦對能避，蓋熟極而化。神乎，其技也。」[14]紀子修既從劉士俊與楊露禪學技，不僅拳技散手無一不能，更深得大槍術之堂奧：「每當場弄舞，神宇間矜持而圓轉如意，見者若忘其持械然。及與敵遇，則制勝於幾微之間，因敵之瑕，以為己利，槍柄略旋，敵械已落，竟測其勁自發。

---

[12] 中國武術大辭典編輯委員會（1990），pp.465。

[14] 郭憲和（2004），PP.21～24。

識者，謂得水張槍法之髓。水張者，道光時山東張氏[125]，賣水於北京，槍法無敵，都中習槍者皆其門下，故云。」[126] 紀子修之槍法，應直接承自於劉士俊。紀子修之徒張隆祥、張隆興（張達泉）曾筆記紀子修所傳槍譜，乃是《紀效新書》中的〈長兵短用說篇第十〉、〈長槍總說〉等，可知為劉士俊所傳槍法。

　　紀子修後入神機營為技藝教習。光緒十七年，奉檄為科布多屬之瑪尼圖拉翰卡倫特侍衛。當時中俄兩國相交，將校之間也時常有所接觸。俄人以其身材高大體壯，認為中國人身材短小，氣力不足，輕視中國武技。當時俄國有一名精於武技的將校，其指力驚人，能隔好幾層衣服戳傷人。有一天，該名將校提出請求要和紀子修比試，以誇示其勇力。紀子修推辭不了，只好與該名將校比試。甫一動手，紀子修一個披肩式即將該名將校打倒在地。該名將校不服，立起仍揉前進擊，紀子修以雙沖式，兩臂下壓，乘其抵抗時擊之，該名將校立即飛起，作拋物線墜落在榻上，頭觸皮幕有聲。

　　經此一打，該名將校十分欽服紀子修的功夫，並贈鎗作為紀念，兩人把手言歡，共結友誼。紀子修五年任滿回京。宣統元年，賞戴花翎。民國六年升任參領。

　　民國五年，紀子修、吳鑑泉、許禹生、劉恩綬、劉彩臣、姜殿臣、孫祿堂、楊少侯等人共組北京體育講習所

---

[125] 據張達泉學生戴英所言，紀子修曾從「神槍」張大發學槍法。張大發疑為張達泉之父，乃河北人氏，與山東張氏有所不合。然郅書燕説，或是一人也。故誌之。

[126] 郭憲和（2004），PP.21～24。

（後改制為北京體育研究社），提倡研究國術，並與四方高手相互切磋拳技，一時蔚為風氣，從學者甚多，如王新午、陳泮嶺、張廣居、陳苣洲等人，都是北京體育研究社中出來的新一代武術名家。當時各學校多增設拳術一科，紀子修任高等師範學校、醫學專門學校、京師第一中學校、北京體育學校等教授，對學生循循善誘，有教無類，許多學生均樂與之學武。

　　紀子修在北京體育研究社中，雖是年齡最大、功夫最老之前輩高手，但為人好學不倦，若知對方功夫精到，必從之學。當時有宋書銘者，年紀大約七十多歲，是袁世凱的幕賓，自稱為宋遠橋的十七世孫，精宋遠橋所傳之太極拳，號為「三世七」，以共三十七式而得名，又名長拳。三世七拳式與太極十三勢大同小異，然而趨重單式練習。紀子修、吳鑑泉、許禹生、劉恩綬、劉彩臣、姜殿臣諸人聽聞宋書銘精太極拳，多前往拜訪並與宋書銘推手，「皆隨其所指而跌，奔騰於其腕下，莫能自持。其最妙者，宋氏一舉手，輒順其腕與肩，擲至後方尋丈之外。」[27]於是紀子修等人皆叩首拜宋書銘為師。當時紀子修年已七十多歲，與宋書銘年齡相若，亦甘心為宋書銘之弟子。宋書銘惜拳如珍，不欲廣傳，與紀子修等人相約此拳珍秘，切不可傳人。紀子修即說：「予習技，即以傳人。若秘之，寧勿學耳。」[28]足見紀子修坦率大方、不敝帚自珍之胸襟。

　　紀子修學武若狂，立誓終身不娶。據陳泮嶺先生所言：

27　王新午（1942），pp.12～13。
28　王新午（1942），pp.12～13。

紀德老先生，身材瘦小，練的是童子功，不肯和妻子同房，他住的地方，不讓他妻子進來，換洗衣服，都從隔牆丟過去，他的父母曾逼著媳婦架梯進入紀德房間，而紀德跑出來，將他妻子禁閉在裏面，他父母妻子都對他沒有一點辦法，而紀德老先生獻身武術竟是如此犧牲。[22]

由此足見紀子修好武之心，已臻至痴狂，亦為一武痴也。

紀子修除太極拳、岳家散手之外，又精於形意、八卦等技，此見於陳泮嶺之回憶：

陳先生學成歸來，到紀德老先生他們處去辭行，彼此都有一段濃厚的感情，他們都來送陳先生上火車。紀老先生叮囑陳先生回去還要多下工夫，同時右手微動如形意拳中的馬形，作送客狀。其他人笑著說：「紀老師送你的禮了。」陳先生當時並無感覺，回河南後才覺疼痛，過三日後才消失，可見老一輩人他們的工夫了。陳先生除向紀德老先生討教形意、八卦、太極之外，岳氏連拳，乃紀德老先生所傳[30]。

紀子修沒有家室之累，一身功夫都全數傳授其弟子。可惜多數功夫精到者都先於紀子修過世，惟有幾名弟子傳其拳術，如陳泮嶺、張達泉、楊敞、王新午、吳彥清等輩。當時北平多文人，咸尊太極拳之柔和，而憚忌岳家散

---

[22] 雷殊曼（不詳）。

[30] 雷殊曼〈陳峻峰先生軼事〉，引自http://taichi99.myweb.hinet.net/index1.htm

手之艱苦，故習之者少，少有人完全練全。紀子修之兄紀緒（紀二）亦為劉士俊門下高徒，為正陽門門領，功夫亦頗得劉士俊之真傳。然而紀緒個性孤介，不樂與人，故無所傳技者。

紀子修於民國十一年春二月歿，年七十有七，一代高手，就此長辭。

三、劉德寬

劉德寬（1826-1911）[131]字敬遠[132]，滄縣何官屯人。劉德寬從師田春奎，即江湖人所稱之田九八式[133]是也，學六合拳法與六合大槍。又曾從「雙刀」李鳳崗學習六合門拳械。田春奎和李鳳崗俱是六合門之人，據《滄州武術志》所載：

> 六合拳法傳於滄境約在明萬曆末年。時有一
> 稱張明之俠士，路經泊頭鎮西清真寺八里莊，忽
> 然得病。村民曹振朋將其接至家中，為之請醫送
> 藥，精心照料，使其逐漸痊癒。張見曹每晨必刻
> 苦練功，甚喜。為報其搭救之情，特授六合拳法
> 數載，曹振朋獲六合拳法真諦……曹振朋傳其子

---

[131] 《滄州武術志》中記載劉德寬生年為1793年－1880年，誤！馬明達在其著作《武學探真》中明確說到其父馬鳳圖曾於宣統時探訪過劉德寬。故應以本文所述年代為對。《滄州武術志》基本上算是一本錯誤百出的武術志。連大名鼎鼎的神槍李書文竟作為李「樹」文！其錯可知！今據《中國武術百科全書》補正之。

[132] 一作「鏡」遠，應為「敬遠」，故正之。

[133] 筆者認為，田九乃是指田春奎，而八式應為「把式」之訛音，乃是指教拳為營生的把式師傅。

曹壽，曹壽又傳予泊頭鎮石金可、石長春、張茂龍等……滄州李冠銘亦受業於泊頭鎮，其師一說曹壽，一說楚文泰[134]……李冠銘藝成返滄，傳其侄李鳳崗，授徒王殿臣、劉玉庭等……田春奎[135]相傳為石金可十八弟子之一，在滄州傳予佟存，佟存傳子佟忠義[136]。

另外，根據部份人士的說法，劉德寬的六合大槍是跟金槍徐六學的，如在《中國武術百科全書》〈劉德寬〉一條中，昌滄即說：「……從徐六習六合大槍。」[137]另在〈劉仕俊傳〉中，也提到劉德寬和徐六之間的關係：「因德寬本徐六弟子……」[138]據楊敞〈大鎗劉德寬軼事四則〉所載：「劉德寬學鎗於金鎗徐六……。」[139]因此，劉德寬應該即是徐六弟子，並從其學槍。不過，劉德寬是否跟徐六學六合大槍，又或徐六是否為六合門之人，則是無所可知。

不過，這裡筆者有個小小的疑問，即是根據郭成堯與楊敞的記載，均提到劉士俊弟子中有金槍徐六這號人物，據郭憲和〈劉仕俊傳〉所載，在咸豐時期徐六即為劉士俊之學生：「而徐六、蕭賓均延俊設場授徒於府中。」[140]然

---

[134] 楚文泰為石金可十八弟子中最年長者，精大槍術。[滄州武術志編纂委員會（1991）PP.31]

[135] 《滄州武術志》本作「田奎春」，但據其所言，應為田春奎，故改之。

[136] 滄州武術志編纂委員會（1991）PP.31。

[137] 中國武術百科全書編輯委員會（1998），pp.547。

[138] 郭憲和（2003），PP. 14～18。

[139] 楊敞（1918），軼聞一pp.1～2。

[140] 郭憲和（2003），PP. 14～18。

而根據楊敞的說法，在咸豐時期，劉士俊在北京收徒有：「乃授徒，得徐盛武、查訥封阿，李德奎、蕭斌等。於是岳氏散手始流傳於京師。」[41] 再加之劉士俊顯對這名弟子十分倚重，在南行北返之後，主要是住在金槍徐六家中。因此，金槍徐六即有可能是徐盛武。另據化振凱的說法：「人們都說劉德寬的槍法是跟徐尚武學的，徐不教徒弟，徐病了，劉德寬照顧他到死，徐就把這個槍法教給了劉德寬。」[42] 如此，「徐尚武」當為徐盛武之誤，如此幾乎可以確定金槍徐六即是徐盛武也。然而，徐盛武久在京師活動，劉德寬應當自在來到北京的時候，方才從徐六學槍。因此，在滄州之時，劉德寬的主要功夫仍應是以六合門拳械為主。

劉德寬六合門功夫精熟之後，為求生活，亦受其師鼓勵，遂上京謀生：

> 因其技藝精熟，去北京永勝鏢局[43] 從事鏢業。鏢局規定新人進局需先試手，幾試皆勝，大鏢頭甚喜，定劉為二等鏢師。因大鏢頭與二鏢頭貌合神離，二鏢頭遂生忌心。一次，鏢局接萬兩白銀之重鏢去濟南，大鏢頭選兩名一等鏢師押鏢，亦令劉隨往。鏢車至滄州，日暮，住北門客店。銀兩搬進店房，兩鏢師合衣入睡。劉初涉鏢行，倍加小心。日間，他發覺有一騎驢者尾隨，恐有不軌之意，遂夜潛車下。深夜，果有人向店

---

[41] 楊敞（1918），傳記—pp.2～5。

[42] 化振凱（不詳）。

[43] 一作永盛鏢局。

房吹薰香，薰昏二鏢師，搬出銀兩置於車上，正要得手，劉將車打翻，一杆大槍，震驚盜鏢人，急忙跳竄。此伙盜鏢者是二鏢頭所引。劉護鏢立功，大鏢頭升為一等鏢師[144]。

劉德寬既身為鏢師，自不免要學習鏢局裡的功夫。走鏢和一般練武不同，須得十八武藝樣樣精通，不管陸上功夫，如刀槍劍棍都必須熟練之外，水上功夫如分水刺等等亦須精通。除得學練輕功，竄樑走壁，還要學暗器等等雜家功夫，以應走鏢生活。有時候，在跟綠林豪傑打交道時，也會學上幾手綠林的功夫，故劉德寬還善用飛鏢、彈弓、袖箭、甩頭等術，又曾從綠林好漢學得暗器月牙鏢[145]和十八魁手法[146]等功夫。

---

[144] 滄州武術志編纂委員會（1991），PP.418。

[145] 劉德寬得月牙鏢之事，十分傳奇：「劉嘗授技關東某軍，一日營中獲一馬賊，營官命劉率人監守。夜深，劉謂他人曰：『汝輩可去，留吾一人可也。』他人去後，賊謂劉曰：『同是江湖上人，何必相苦過甚，能釋吾縛稍憩否？』劉從之。賊語劉曰：『虛生半世，而末技勿傳，殊為憾事。今與子有一夕緣，願出以相示。』言次，摸索腰間出鏢三隻，隨手上擲，皆植立屋樑上，其距離與入木深淺咸相若。劉初不料其藏有暗器，忽睹其摸索腰間時，急取彈弓彎滿待發。賊見狀曰：『子毋慮，吾暗器止此耳。』劉應聲曰：『吾為子取此三標可乎？』彈丸三發三標落地。取視則三尖六刃，與尋常失標式迥殊。賊因語曰：『此名月牙標，敢以此贈子。』因促膝暢談至天明時。賊語劉曰：『吾輩丈夫決不相累，盍縛吾。』遂處死刑。劉得鏢攜歸，其弟子至今猶習之。」[楊敞（1918），軼聞－pp.1～2。]

[146] 據楊敞所載劉德寬軼事，劉德寬乃從一賊人學得十八魁手法：「劉嘗護院於北京黑芝麻胡同某宅，一夕出院巡視，入己臥房，見有一賊，劉急持械阻其去路。賊曰：『勿爾，我來借路耳。』劉歇坐與談，漸及拳技。賊曰：『子藝固佳，惜一手只有一手，尚不能盡隨機應變，因應裕如之妙用耳。』因授之十八魁手法，談論歡洽，自是每夕必相過從焉。」[楊敞（1918），軼聞－pp.1～2。]

　　後來劉德寬押鏢到河南，看到一名精方天畫戟的張姓老者，想跟張姓老者學練方天畫戟，遂辭去鏢局職務，下河南尋訪張姓老者。幾經周折張姓老者收劉德寬為徒，劉德寬盡得方天畫戟之妙術。劉德寬將方天畫戟與六合大槍融於一體，其槍法稱雄叫絕，有大槍劉德寬之稱[147]。

　　清同治末期，應內蒙貴族曼親王之聘至北京，當其府內護院，後入清軍神機（技）營當差。時值楊露禪、董海川、劉士俊設教京師，武術之風正興於北京。劉德寬素喜武術，在京時探訪名家無數，立志採各家所傳，遂從董海川學八卦掌、從楊露禪學太極拳、復又從劉士俊學岳家散手及大槍術。當時劉德寬為金槍徐六之弟子，雖曾問技於劉士俊，但並非劉士俊之弟子。不過，劉士俊本人也極喜歡劉德寬，據楊敞所載，有一次劉德寬向劉士俊討教之時，劉士俊出手拍其胸略重，劉德寬因而久久未向劉士俊討教。劉士俊覺得奇怪，就問說：「何劉大個子久不來耶？」劉德寬聽到消息，才又再向劉士俊問技[148]。

---

[147] 楊敞〈大鎗劉德寬軼事四則〉則是另一種版本：「劉在湖北，常單騎四出訪友。一日在宜昌一旅店打尖(途中午餐謂之打尖)倚槍於門。忽見一十餘歲小兒挾書自外入，取槍舞弄，身手嫻熟，劉因呼與共語，且約持竿一較。兒竿連著劉身數處。劉思學技半生，乃為小兒所侮，嗒然若喪，牽馬徐行，且行且思。忽悟此行本為訪友，此兒有此身手，盍不一究原委，欣然返店，詢諸店夥，知兒姓上官，為店東之子。店東因以教授武技為業者。劉乃居店七，伺兒下學，即以果餌招兒，詢其所學，始知其父長於方天畫戟，其路凡六，其訣四十有八。劉居日久，盡得其法，益設法結驩其父。其父聞劉善槍，欲觀其舞弄，劉以從兒所習之戟法獻，其父驚訝，詢悉其故，遂以心傳相授。劉乃盡得其祕，計居店四閱月，費去五百金餘云。」[楊敞（1918），軼聞－pp.1～2。]

[148] 楊敞（1918），軼聞－pp.1～2。

劉德寬問技於劉士俊時，每見不能破解之手，即設法激劉士俊說：「某人某手真不可及。」劉士俊性素亢直，即曰：「汝試比與我看，究竟有何奇處。」劉士俊稍作示範，劉德寬即知其梗概，可知劉德寬用功之心[49]。

根據劉德寬第三代弟子楊芳田[50]所說，劉德寬亦從劉奇蘭學形意拳，與「單刀李」李存義同為師兄弟。因此，劉德寬本人實為兼修數家拳術與兵械，目前計有：六合門拳械、八卦掌、太極拳、形意拳、岳家散手、六路戟法以及其他雜家功夫等等拳藝。

據化振凱所記述，當時劉德寬聽說董海川精於八卦掌，便慕名前去拜訪。董海川看過劉德寬練完大槍之後，說：「你練的不錯，可惜不能扎人。」劉德寬以大槍聞名，自不服董海川所言，請與董海川一試，董海川允諾。劉德寬遂提槍扎向董海川，董海川用手指捏住槍尖，勁力通過槍桿把劉德寬打倒。劉德寬欽服於董海川的功夫，便拜董海川為師。董海川又道：「你的根基不錯，但應換一下練法和用法。」於是劉德寬接受董海川教誨，以原有六合槍的精髓，結合八卦掌轉圈之特點，槍掌相融，因此名為：「八卦槍」。劉德寬八卦槍的功夫，據說練到能在穿衣鏡上扎蒼蠅[51]。

劉德寬所流傳的軼事並不多，金恩忠《國術名人錄》所記劉德寬諸事，實與姜容樵《當代武俠奇人傳》中多有

---

[49] 楊敞（1918），軼聞一pp.1～2。

[50] 據楊芳田所言，劉德寬從學於劉奇蘭，後傳其子劉國俊，劉國俊傳齊景山，而齊景山傳至楊芳田本人。[吳占良（2006）。]

[51] 化振凱（不詳）。

類似，雖說是根據掌故寫成，但文近小說，總有不倫不類之感。在其他流傳的軼事中，並沒有什麼劉德寬英勇的事蹟，倒是有不少人以打敗劉德寬而有名氣。譬如在郭雲深軼事中，有一號稱「鬼八卦」的武術名家焦洛夫即曾用大桿子大敗劉德寬。另外在霍慶雲記述李書文軼事時，亦曾有李書文槍敗劉德寬之事。

以上掌故，其真偽難考，姑且置之。不過，雖然劉德寬所流下的軼事似以敗績為多，但也突顯出劉德寬在大槍上的深功，否則也不會以此說事了。

在洪敦耕《武林瑣談》中記述一件劉德寬的軼事，亦頗有趣味。話說在隆冬夜裡，劉德寬和徒弟趙鑫洲正圍爐取暖，忽然有一人越牆而入 身輕如燕，要與劉德寬比槍法。劉德寬與來人以夾煤塊的鐵箸代槍，相互刺扎。不數合，來人不敵，即起而告別。臨走時，來人突用手捏劉德寬的左肩一下，隨即轉身逸去。其人走後，劉德寬忽感左肩劇痛，方知左肩已為來人所捏脫，一夜不得安眠。待至破曉，趙鑫洲急忙出門尋醫，甫出門即見來人蹲坐在屋簷上，趙鑫洲乃請其醫治劉德寬。來人欣然答應，隨趙鑫洲入屋，以手一捏劉德寬左肩，使其復位。劉德寬一躍而起，與來人相視大笑，並置酒相待，促膝長談，方知來者原為飛賊，以劫富濟貧為樂。來者不願言其姓名，但願與劉德寬共結金蘭之好，劉德寬亦慨然允諾[82]。此事可見劉德寬槍法高明，而飛賊的輕功和卸骨術亦是上乘。更難得劉德寬不計飛賊暗施卸骨術，慷慨相待，而飛賊亦非小人，不僅大方醫治，更由衷欽服劉德寬槍法精湛。

---

[82] 洪敦耕（2004），PP.27。

　　清末民初之際，眾人皆知孫祿堂集形意、太極、八卦三家之長，融會成一體，卓然成為一家，蔚然為一代宗師。孫祿堂之後更著書立說，在理論上結合三家拳理，匯為一理。據孫祿堂《武學錄》中所記載，孫祿堂在民國元年到四年：「回京後，先生在法政學校教授武術。其間，與京津各派名家共議形意、八卦、太極、通背四門合一。」[153]顯示孫祿堂也極力突破門戶之見，在實務和教學上打破門派之別，互通有無[154]。

　　然而今人皆知孫祿堂三拳合一之事，卻不知劉德寬在打破門戶之見的行動上，要比孫祿堂早上許多。在清光緒二十年（1894），劉德寬與八卦掌名師程廷華、形意拳名師李存義、劉緯祥、耿繼善等結盟，倡議八卦、形意、太極結為友門，交流拳技，互授弟子，具體表現出當年武術前輩摒棄傳統陋規，推崇開明新風的創新思維。劉緯祥在《行意拳譜》中亦載有此事：

> 距今四十年前，余與同盟兄弟太極拳家劉德寬、八卦拳家程廷華、行意拳耿繼善、李存義，會於北京後門，共議合太極、八卦、行意三門為一家。自即時起，此三種拳術，即不分畛域，削除界限，練此種拳者，可以兼學他拳，並且可以互相授受，後更羅致他門□乎。故每集會數十人，互相研究、互相角技，直打破分門分派之陋

---

[153] 孫祿堂著，孫劍雲編（2002），pp.370。

[154] 後來，因為師友之故，張策與孫祿堂較技，張策落敗。張策負氣出關，使四門合一之事破滅。[孫祿堂著，孫劍雲編（2002），pp.370。]

見。夫拳術專家,濟濟一堂,共謀策進,可謂盛
舉。吾國拳術家之互相講通,當自此始,亦一極
可紀念之事也[155]。

　　武術史家馬明達先生之父,馬鳳圖先生,曾在宣統元
年探訪過劉德寬,對於劉德寬的功夫與革新思維均十分
欽服:「宣統元年,他(馬鳳圖)曾向北京以大槍享名的
劉德寬先生請教槍法和劉氏獨擅的戟法(其實是鈎鐮槍
法),劉氏在武術屬於主張融會各家的革新派,見解高出
時輩,對先父很有影響。」[156]

　　可惜劉德寬似乎不通文墨,或是無暇提筆,目前並沒
有見過任何劉德寬的武學著作,也可能由於劉德寬本人教
育程度所限,無法將自身拳藝形成一套有系統的拳學或是
著作,這都是十分可惜的一件事。

　　雖然劉德寬的武藝傳承並沒有一個完整的系譜出來,
但透過不同的形式,現在也流傳著不少劉德寬的拳藝,
譬如八卦門中本無槍法,現今的八卦槍都是劉德寬手
澤[157]。另外,劉德寬也結合岳家散手和八卦掌,編創出
技擊性強的「直趟八卦」,或稱「劉氏八卦」、「八卦
六十四手」。據李子鳴一派的說法,這路掌法是劉德寬在
神機營當差時,為了教練八卦掌而編創。由於八卦掌皆以

---

[155] 劉緯祥、韓超群(1934)。

[156] 馬明達(2003),pp.158。

[157] 據程氏八卦掌傳人孫志君所言,現今程派的「八卦戰身槍」即是程
殿華參考劉德寬的槍法而改創:「程殿華槍法出眾,他以劉德寬的
六合大槍風格為基礎,結合自己短槍的特性,創編了一趟具有獨
特風格,挑扎合一,三分槍七分棍,長槍短用,實戰性強的『八
卦戰身槍』。」http://sunzhijunbagua.2008red.com/sunzhijunbagua/
article_304_4517_1.shtml

轉掌為主要功夫，並不太適合教練軍隊，因此劉德寬編創出直線運動的八卦掌套路，並且融入岳家散手技法，使得八卦掌技擊更是如虎添翼。

這路掌法由於技擊性高，結合了岳家散手與八卦掌散手於一體，在北京八卦掌中亦是影響廣泛。在北京地區流傳的直趟八卦掌，影響較大、較具代表性、風格特點迥然不同的有二種套路，一種是八卦掌名家郭古民、李子鳴二位先生承傳下來的（劉德寬傳梁振圃，梁振圃再傳郭古民和李子鳴）；另一種是太極拳名家楊禹廷、王培生（學於高克興）二位先生承傳下來的。

另外有由劉德寬傳高文成，高文成傳其子高子英，高子英再傳其子高繼武及弟子楊寶、程志民等等。當年劉德寬常年住在高文成家傳藝，來學者眾多，據高子英回憶，常來家中向劉德寬學習的有趙鑫洲、程有龍、郭古民、吳德連等。此外，劉德寬也將岳家散手創編成易於練習、記憶的套路，即是「岳氏連拳」，又叫「八翻手」。

另外，相傳有「八卦太極拳」之祕傳，據說是楊露禪與董海川所秘創。楊露禪傳授夏國勛（楊露禪女婿）；董海川傳程廷華、劉德寬。因為程廷華於中年時期，於1900年八國聯軍戰爭中犧牲；夏國勛為人低調謙遜，不掠楊家之風。故在第三代傳承上，是以劉德寬扮演著傳承主軸。劉德寬再傳李元智、吳俊山；夏國勛則憫於故人之情，傳授程海亭八卦太極拳。

目前總計由劉德寬傳下的功夫有，直趟六十四掌、七十二招、擒拿、岳氏連拳、散手、六趟戟法、八趟槍法及黑白鵰子槍、鏈子錘、鉤鐮劍、六合刀、八卦紫金刀、

青龍刀、形意八卦掌、八卦太極拳、八卦功法等，今雖不聞劉德寬之名，但其影響，卻未必比當世知名者低。劉德寬一生習武，雖未留下具體的文字資料，但是透過傳習形式，卻也流傳不少功夫下來。劉德寬較著名的弟子有，鄧雲峰、高兆鳳、杜鳳朝、趙殿元、趙鑫洲、吳俊山、李元智、劉國俊、劉彩臣、劉恩綬、許禹生、郭古民、江德灣等等。

四、劉成有

劉成有為劉士俊之族孫，劉德全之族侄也。劉成有初學於飛腿楊景山、董憲周[58]，後又受業於劉德全，於三十歲左右又從劉仕俊學岳家散手與大槍術。劉成有從劉德全學武時，體弱多病，劉德全即教以內功，排定時刻，晝夜不息，以強其筋骨，壯其神氣。經過幾年，功效顯著，體質轉壯，拳功亦大有進步，劉德全方才盡授拳技。

劉成有天性活潑，嗜拳如命，又好技擊之術，刻苦鑽研，砥礪功夫。劉成有雖身材短小，但是身手矯捷如猿，力可挽強舉石：

> 論軟功則能縱立雙磚於地，蹲縱數次於其
> 上，立磚不稍傾倒。再，雙足並立，曲身向後，

---

[58] 董憲周在〈人物・藝術〉《雄縣新志》中有傳：「董憲周，字碩甫，開口村人，幼讀詩書，及長喜技擊，遍延名師於家，必盡其術而後已。藝成，威名震河朔，相從習藝者，不下數百人，得其一二即可為村坊之保障。同治六年，馬賊入境，鄰村多被蹂躪，是村獨無恙，蓋先聲奪人，有自來矣。憲周性慷慨，好濟人之急，遇鄉鄰困乏，常出財周之，不吝以故，人尤德之。光緒十五年冬卒。三十一年，族人樹碑表其墓。」[秦廷秀等修，劉崇本等纂（1929），pp.534。]

俾頭頂吻接足跟，若曲環然；又能指捏椽頭，捲身上房，毫無攀附聲息。硬功則能坦胸挺腹，迎利刃而不創人；以只臂橫亘道上，三千斤重車軋之，而無毫折。此皆德全善教，而成有練功之純也[159]。

劉成有二十多歲的時候，因事去房山縣，遇到一位拳師，該名拳師輕視劉成有年輕，以為劉成有功力尚淺，想要和劉成有試手切磋。劉成有一開始謙辭，不想與拳師交手，但該名拳師執意相邀，劉成有無奈答應。不過數回合，該名拳師即被劉成有所擊倒在地。

劉成有三十歲左右時，劉士俊從京師返鄉，劉成有獻技表演。劉士俊讚嘆劉成有功夫純熟，惜其技藝未臻精妙。劉成有聞言不服，直前與劉士俊較技，剎那間，為劉士俊所執，如嬰兒委地。劉成有既知功夫修練未足，於是立刻叩首拜劉士俊為師。劉士俊亦喜收劉成有為弟子，盡授其技。劉成有得技後，功夫更上一層樓。

劉成有既得劉士俊傾囊相授之絕技，技擊功夫更深，並喜與人較技。當時戚姓友人邀陪新婿，正好遇到一位負有盛名的拳師，談笑之間，頗為輕視劉成有。劉成有起身與該名拳師較技於室內，該名拳師於室內狹小無法出手，為劉成有所逼迫。復邀劉成有於室外庭院交手，仍為劉成有所逼迫。後來經多人勸解，該拳師方才認輸作罷。經此，人人都說：「能人背後有能人。」

劉成有承繼劉士俊槍法和岳家散手，其性格亦承繼之，教人功夫，非打不教。許多人怕打，因此也少有人與

[159] 郭憲和（2004），PP.19～20。

劉成有討教。劉成有在傳拳上，也務求廣傳拳技，不珍而自藏，曾與其得意弟子陳子正殷殷相告如下：

> 吾所得於吾師者，悉已授汝矣。汝不可一日
> 懈汝功，務使劉家真技粹集汝身，然後再相授
> 受，使中華俊傑享健體樂功之效，為神州武技界
> 放出異彩，此我願也。切勿染江湖拳技惡習，
> 身懷絕技，或秘而不傳，或傳而不盡，或黨同伐
> 異，或妒賢嫉能，皆為武林之罪人，汝慎戒之[16]。

能承繼劉成有拳技者，有其子劉啟文，其甥陳紀平。陳紀平，即在民國初年，赫赫有名的鷹爪王陳子正是也。

五、陳子正

陳紀平，字子正(1878～1933)。河北雄縣李林莊人，為劉成有之甥，陳子正小時候與村中小孩相鬥，從未輸過。常爬樹遊戲，能兩足攀其樹幹，全身倒懸與人閒談，毫無懼色！其手足敏捷，膽氣之盛，劉成有見而奇之，收為門徒，繼承其拳藝。劉成有教拳時，都於對打中見機而教，許多人因而不敢與劉成有問教。陳子正個性堅毅，兼之身手矯健，向學心切，雖傷不懼，十餘年如一日，終得劉成有絕技。

陳子正深得劉成有真傳，習得少林拳、翻子拳、岳家散手、大槍術等絕技。爾後，苦思將翻子拳術、少林拳與岳家散手融為一體，編創成連拳五十路，形成鷹爪翻子拳之拳系。陳子正鷹爪功夫甚深，長年練習擴樁功，將三寸木樁擴抓成一寸木杆，木杆上指痕爪跡交錯縱橫，其苦心

---

⑯ 郭憲和（2004），PP.19～20。

練功，可見一斑。

民國五年（1916），陳子正應黑龍江好友劉徽伯、王寅卿的邀請，先後於黑龍江第一中學、黑龍江第一師範學院任教。陳子正乃是黑龍江省中，第一個將武術課引進教育體系的武術教育先驅。民國六年（1917）冬天時，抵北京民國十年（1921），陳子正於學生劉鳳池、郭成堯、由述孔、孫成之等學生協助下，編輯出版《拳術摘要》一書。

民國七年（1918）時，陳子正應上海黃任之、沈信卿、伍狀飛、吳志青等人所邀，至上海公共教育場表演鷹爪拳術，大受歡迎。次年（1919），上海精武會幹事盧煒昌、陳公哲、姚蟾伯等人，通電邀請陳子正再度親赴上海，傳授武術。陳子正既到上海精武會，即兼任副會長，專教鷹爪拳術。上海大學、中國公學、廣肇公學、聖約翰大學等，皆因慕陳子正之名而聘請執教。

當陳子正執教於聖約翰大學時，有一位劉典章教授，乃是湖南名士，精通文藝而喜好拳術。劉典章聞知陳子正大名，前往精武會，偽裝為初學者，謙遜地向陳子正請教，實則暗施絕技進攻。陳子正觀其進退敏捷，已知其為此中老手，乃以鋤腿法破之。劉典章三進三躍，不得其門而入。當時圍觀者無不駭然，皆嘆服劉典章進攻之猛，而讚陳子正破劉之妙也。劉典章深服陳子正功夫，曾撰書一聯，持贈陳子正，上寫：「奔雷閃電稱神技，捲鐵舒胸著勇名。」陳子正謙受劉典章之對聯，並與之結交。

當時又有一美國大力士想要和陳子正交手，但提出不得用「手抓」和「掌打」的規定。比賽時，陳子正僅用一

個腿法，就將對方踢下台去。這時另一大力士提出再賽，提出不得使用「腳、抓、掌」。比賽時，陳子正用「懷中抱月」搏倒對方，使洋人深服其技藝⑥。

民國十年（1921），陳子正遠赴香港精武體育會授拳，並先後任教於香港大學、皇仁書院、孔聖會的國術專班。民國十一年冬（1922），赴新加坡精武會任教，並於擂台上僅用半回合，就擊敗一名英國拳擊家，被授予「印度尼西亞（印尼）短劍」一把，劍上刻有「中國拳王」四字⑫。

民國十四年（1923），漢口精武體育會成立，陳子正偕其侄陳國慶到漢口教拳，後又到廣州精武會教拳。

民國十三年春（1924），上海中央精武會成立師範班，以造就國術師資，陳子正應邀任教。其中李明德、陳展璞、梁子鵬、張俊庭、李佩弦、薛顛初、陳貴立、陳光昭等人，勤練不輟，刻苦學習，為專攻鷹爪拳術之傑出者。

民國十七年夏（1928），陳子正北返，藉資休息。十月旬，應南京中央國術館之邀，參加首次的國術擂台賽。後因其技藝超群，張之江館長親筆題書「國術大師」四字，贈與陳子正。南京國考後，由黃維慶、李明德主編，陳子正遂將「五十路連拳」和「十路行拳」於《精武》刊物先後登載。自此，世人皆稱之為「鷹爪王」。

據童旭東所記載孫存周⑬軼事中，曾有陳子正與孫存

---

⑥ 中國武術百科全書編輯委員會（1998），pp.554。
⑫ 中國武術百科全書編輯委員會（1998），pp.554。
⑬ 孫存周為清末民初的武術大家孫祿堂之次子。

周交手之軼事，這是陳子正縱橫一生中，鮮有的敗績。民國十七年，南京國考結束，隨即在浙江、上海等地又舉辦類似的國術遊藝會。在上海遊藝會結束會後，上海名流杜月笙、黃金榮、張嘯林等人設宴款待各派名家，當時陳子正與孫存周亦應邀參加。陳子正久聞孫祿堂父子大名，有意一試孫存周的功夫。在宴會開始前，陳子正與孫存周握手，陳子正暗施鷹爪一抓，孫存周僅僅手一滑，便解脫出來，化解了陳子正一抓。

　　宴會快結束前，陳子正有意再試孫存周，拿著橘子走過來，一邊說「吃橘子、吃橘子」，一邊將橘子塞給孫存周。孫存周伸手來接橘子，陳子正隨勢抓捏孫存周脈門。孫存周要害被拿，情急之下，順其力旋動小臂，竟將陳子正送起二尺多高，落地時還將飯桌打翻。後來，據說陳子正曾感嘆地說：「這麼多年，不怕我抓的，只有一個孫存周。」[164]

　　民國十九年冬（1930），陳子正北返，因關東三省鄉間土匪蠢起，陳子正決定在鄉里間修造牆垣，防衛鄉里。誰知天意弄人，陳子正胃病驟發，遂卒於北平德國醫院，一代大師，與世長辭。

---

[164] 孫叔容等（2002），PP.8。

第四章
岳 家 鶴 拳

一、述明岳家鶴拳

據王師所言，岳家鶴拳本有三套，然日久年深，王師
已忘卻其他兩套，僅餘目前所傳頭套而已。岳家鶴拳在文
史資料當中均無記載，故實無可考證。惟觀岳家鶴拳形
式，頗近縱鶴拳之型態，然招式運用，卻隱有北方風格。
從步法上來看，三角馬與進退步，頗似福建縱鶴拳和南拳
拳系，然而拳式中的行步與撤步，卻又與北方長拳相同。
在招式上，有甩手、單插掌、雙插掌等等，乃是鶴拳之特
殊手法；但拍臂疊肘、摟手圈捶斧刃足、採手劈砸崩拳等
等，藝近北地，雄渾大方。

在運動方式上而言，一般鶴拳和南拳，皆以直行直
進，格局緊湊為其特點；然岳家鶴拳開展大方，且有 S
型行步，靈活自如。由此可知岳家鶴拳不可單純視為鶴拳
之分支，而應該視為融合南北兩地拳藝的套路。

王師亦曾說及岳家鶴拳與福建鶴拳之異處：「一般鶴
拳都有三戰為其拳母，然而岳家鶴拳並沒有三戰的套路。
而且，鶴拳三戰都是直行直進，動作短小緊湊。然而岳家
鶴拳，運動靈活，兼具敏捷性和變化性。對方打來，步法
一動，即丟了我的蹤跡，一晃眼，打得他迷迷糊糊。」隨

著各項資料之湮沒，想要真正考察出岳家鶴拳之來歷，可說是難上加難。然而大抵上，可知岳家鶴拳實兼有南北兩地之特長，並獨自發展為一門兼具技擊性和訓練效果的拳路和武學體系。

二、基本功訓練

「拳無功則藝不精」，然則所謂拳功[1]者，非是咬牙切齒、氣力殆發之力量培養，亦非拉筋劈腿、身軀柔順之柔功。前者乃是磨力之法，用於強身健體、壯實筋骨；後者用以調養身體、筋柔體順，此兩者乃是培養身體之體質，實為養生導引之法，然終與拳術有所不同。譬如我們能夠透過瑜伽、導引、舉重、慢跑、游泳等等運動來調養身體，然而想要藉由這些運動來通曉武學之道，則畢竟在觀念和實踐上有所不同，不可混淆。故一般武術訓練之拉筋劈腿以及力量訓練等等，僅有培養壯健身體之功，然並非以此為武學之基本功夫。這些養生、健身之法，雖和拳藝互有所補，但始終不可等同而論。

基本功乃是拳藝之初階功夫。然而筆者所說的「初階」，不是說這類功法之粗糙簡陋，或只是簡單的基礎運動，而是說這基本功實乃貫串整個拳藝之中，作為武學的核心與根本，恰如參天古樹，必有強大壯碩的樹根深深向下紮根，牢牢抓緊大地，方能使這顆古木經年霜雪而不

---

[1] 王師曾私下表示說：「一般人說『功夫』，其實應該是說『工夫』才對。『工夫』是指做一件事情要花費一番時間和精神努力方能完成的意思。如我們常說「花了一番工夫」即是適例。練拳所講的『工夫』也是指這個意思。」但為了配合目前的一般認知和用字習慣，筆者在本文中仍是使用「功夫」這兩個字。

倒，終年常青而不死。如果將鑽研武學的過程視為古木的成長歷程，基本功就如同這古木的千年老根一樣，不僅作為向上發展之磐石，亦是作為抵擋各式考驗之盾牌。孫存周先生說得好：「把基本功練通了，渾身都是拳。」[②] 所謂渾身都是拳的意思，乃是呼應形意拳歌訣中的「渾身是手手非手」之外，其主要意義乃是將身上拙力、鬥力的意念和身體習慣都轉換乾淨，讓體內外徑路變得四通八達，一旦對方觸及我身，渾身皆能發人。筆者嘗與友人試驗，友人以擒拿或是各種反筋背骨之勢抓擒我之肢體，只要我全身鬆開，活路自現，身不動而意動，人往往仆跌而出。此非用力所能致之，非得鬆開身體，方能開通徑路。所謂「手」與「拳」者，亦不過虛妄也。

　　傳統岳家鶴拳的基本功包括甚多，但是部份訓練方式有其尚待商榷之處，恐誤人子弟，走偏了路，在此僅介紹幾種較可行的訓練方式：

1・甩手

　　岳家鶴拳之甩手，與縱鶴拳之水肢相似，惟動作稍有不同。縱鶴拳之水肢甩出後，手心向上，而岳家鶴拳之甩手則是手心向下，然而其基本原理卻是相似，皆要以將全身放鬆，雙肩鬆開，沉肩墜肘，鬆腰落胯，兩足湧泉向下一踏，將勁力自下而上給甩上來。此手法稱為「水肢」，雖是附和五行之說，然則其神意亦如潑水抖羽一般，將身上之水藉由全身一踩一抖之勢，向四面八方，盡皆甩去，如狗落水之後，將全身一抖，抖去身上水珠一般。

---

② 孫叔容、孫婉容、孫寶亨等著（2003），pp.14。

甩手之意，初以為將兩肩鬆開，去其僵滯之力。然究其實，則是如同字面上所述一般，要將「手」給「甩開」，棄之不理。所以「甩手」者，乃是「甩」掉「手」，進而手不妄動，周身應和之，此之謂「整」。縱鶴拳創始人方世培先生功夫高絕，平生以水火兩手聞名，其水肢發人，中者如中惡，可知其功夫之精深[3]。現今許多練鶴拳或是縱鶴拳之高手，皆以水肢作為入門之基本功，筆者認為除了方世培的緣故之外，亦是水肢可以充分使人體會到接地力、身勢法要、勁力等等之特點。甚至在《鶴拳拳論》中，所述拳理要道時，皆是以水肢作為舉例，可知水肢之地位，實有超乎其他四肢之上。

(1)定步甩手

定步者，兩足站三角馬，不丁不八，兩膝微內扣，隱有夾意，兩胯鬆開又似往內裏去。兩肩放鬆墜落，肘墜如山，雙手掌心向上，五指自然捲曲，置於丹田處。臀尾

---

[3] 在徐珂《清稗類鈔·技勇類》中，有方世培軼事，題名為〈方世培斃牛〉今錄之如下：「方世培，福清茶山人也。練拳技二十年，法曰縱鶴，運氣周其身，又聚周身之氣透雙拳而出，出時作吼聲，久久，則並聲而無之，但聞鼻息出入而已。手分金木水火土以禦人，惟水出時，被中者如中惡，而世培之身則已飛越尋丈外，幾不可見矣。

「世培之徒徧閩中，其最知名者為王陵。陵嘗以掌抵柱，柱皆為之撼動，有所謂大身化小身法者，中人無不敗。陵恆以此法與拳師試，皆莫當。一日，求與世培較藝，世培陷其樊中，在法當仰跌，世培忽駢三指置陵胸，陵肝鬲間如沃沸湯，聲息皆渺，如死人，世培笑曰：『孺子初不自量。』即出小丸藥合水使飲之，立蘇。茶山多落花生，居人恆種之，以為產，徧畦隴常有牛來食之。世培出戶驅牛，牛弗行，鞭之，亦弗動，乃以拳抵牛，牛疾奔，至嶺上死。俄而究牛之所由來，則伯氏之牛也。剖牛腹，則肝長可二尺許，是殆肝臟為拳所傷耳。自是，世培以死牛故，名乃益噪。」見徐珂（不詳）。

微收，身宜正直，頭如頂千斤磨，然全身似如飄羽浮水，輕而攸然。吸氣落胯，全身一鬆，兩肘穩如泰山，兩足輕踩，想像重心落下至湧泉，略與地齊。

吸氣不斷，湧泉重心緩緩下落入地，臀尾微收，脊椎節節貫串，猶如一線由臀尾向頭頂上抽出，將脊椎抽整，全身往上微微用意站起。雙手向內，虛畫一圓，掌心向下，雙手離開丹田，略與胸肋骨下緣切齊。

隨即，將氣一吐，兩足將重心瞬間踩落入地，腰胯一落，雙手猶如炮彈般向左上和右上分別彈開，猶似將手背上之物，極力甩去一般，此際掌心仍向下。

(2)活步甩手

活步甩手者，則是將甩手動作，或進步，或退步，或往前後左右甩之。

在訓練之初，不可強力甩之或是發勁，因為後天用力習慣未改，所動已是用力，若強力甩之，或勉而甩之，或強而發勁，皆是用力之法，而非用勁之方。是以初練者，不可用力，不可發勁，不可較力，不可強練，用以脫化舊力，更生新勁。是以鬆柔者，惟眾拳術入門之基也，殆非虛言。今日許多人皆以發勁為要，以勁力為準，殊不知若不得其法，不明其理，不有其能，所用皆是用力，一味發勁而盡失其真，甚而得意興盎，以為得其傳也。若是如此，則大謬矣！所以，非致鬆柔者，未能言發；若致鬆柔者，則發亦小道，殊無可觀。

甩手動作，在《鶴拳拳論》亦有專文說明，今將其文轉錄之：

論氣力法使氣通四海任君自由天下分第一

先人有言：人之英雄皆於氣力足，若氣力不足，英雄何在？論現在之人學技藝者，所有皆是用力；已用力，此謂不得其法，不明其理。人無氣為死屍，山無氣為絕地，一要氣，二要力。若得此法，切不可傳此書，後人怎不能傳此氣力？夫拳之眾，惟氣無形，有者步勢也，無形者呼吸也，二氣呼出丹田之力，吸收氣海之勢，發手用呼，使力雄殺；收手用吸，使力回鼻。收落咽喉，至胸前門華蓋，吞住氣海，出由丹田；動鳩尾，命門上華蓋咽喉推百會，淺兩肩，發至手掌心，此乃二氣交蒸。發力而不能喘，此乃氣順。不能捲掘全身之力，所謂勁在氣，不在力。人不知其法，上落下抄，偏身剛硬，枳緊力隔於上，使氣不能流通，此剛硬不可用，如口不能言，諸節此鬆雙矣。夫丹田氣之力源命門百會二穴之功，百會乃以一身之樞，命門乃以一身之主。發勢明胸貫頂，用百會提起口笑骨通自命門逼腰，此呼吸發勢之也。墜守，腳放鬆，心放寬，力放落，丹田沉緊命門，兩腳之彎節之力放定，盆墜回後馬，此吸收之力也。呼吸二氣出氣轉氣，後自週而復元，命門自緊，丹田分上下，胸開兩邊，氣後肩井出去至手尾平和，使二氣得之交蒸，豈非命門一身之主哉？然不知呼吸上下二氣隔斷，安有氣力之理？應乎呼出發勢頭後大椎骨坐插用力，使命門無不應驗，命門之路出氣，氣必丹田內，上隔心，提起氣必消也；丹田墜落

腰眷，反號氣必離也；咬齒之力，氣必存在於全身，此皆不識其法，不明其理，致有所弊，後學君子細推究其中妙理可也。[4]

論出腳力從湧泉貼地分第三

五指平和卒地，由解谿重落，節起隆至脾關，直到魂門。由隔關上腋，後肘臂腕直出手尾。前面從氣海落關元直放膀胱，由脾內面落承山，至湧泉殺地，百會提起，地閣墜落俞府至幽門，直到氣海，不可輕重，切要平直，此所謂元主靜不主動。後命門由陽關至長強骨坐落，環跳放鬆，由腳邊臏節墜落至腳心，百會從缺盆墜大堆至神道，直直到命門，止不可直落，若是直落，前後不能相應。[5]

此鶴拳拳論，雖是藉水肢而談，然而其中拳理卻是貫通各家拳藝，由此可以明白理一法殊的道理，明白一家拳術，而可兼通各家拳藝，此非妄言虛想，而實是理無分別。

2 · 雙推手

雙推手之法，南北各地皆以為岳武穆所傳，故世人又稱之為岳氏雙推手：「相傳岳武穆研習達摩易筋經而獲神力，乃創雙推手之法。」[6]在岳家散手的體系中，也常出

---

④ 台灣武林編輯部（2004），pp.172。
⑤ 台灣武林編輯部（2004），pp.173。
⑥ 郭憲和（2004），pp.340~342。

現雙推手之存在，甚至紀子修之弟子張達泉轉錄其言：
「又有紀子修老師遺論，此岳氏散手者又名雙推手。」[7]
直將岳氏雙推手認為岳家散手。不過，在王師所傳岳家散
手中，並沒有雙推手的技法存在，而是存在於歷史無可考
的岳家鶴拳之中。不過，雙推手之法不是只有存在於岳家
武學當中，在許多拳術中，都可以見到雙推手之招勢，如
八極、心意、形意之虎撲、八卦掌之雙撞掌、太極拳之
按、三皇炮捶之父子三拱手[8]等等，都可以見到雙推手的
技法存在。

　　然而，雙推手作為一種實戰技擊的手法，常為人所懷
疑其實用性和價值，這是因為雙推手技法犯了「雙手齊
出」的毛病，譬如在〈手法總論〉《拳術初步·卷二》中
即言：

　　　　拳術一道，本宜用單手最妙，蓋因用一手打
　　　出，尚有一手可以救援，故求宜用雙手。雙手齊
　　　出不但為拳術所忌，且亦違背勁路，因提勁於

---

[7] 張達泉（不詳-A）。

[8] 據曾拜過會友鏢局掌班焦鳳林的張起鈞先生所言：「這『父子三拱
手』乃三皇砲拳門的看家絕招，招式並不在拳蹚之內，而是單獨苦練
的對敵絕招。其式大致是，兩掌向前上方一伸，然後左右轉下，兩
掌會聚小腹之處，以兩掌之掌底向前一拱，此式之妙處在不論敵人
出手出腳從何方打來，都逃不脫他這三百六十度大圓圈的一摟，只要
你功力好，這一摟，輕則化解了敵人的攻擊，重則抓住了敵人的手
腳，然後一拱即將某推出打倒，因此三皇砲拳門，拿它當作以不變應
萬變的對敵絕招。」由此可知，雙手齊出不一定在技擊中特別不利，
否則「神拳」宋邁倫（會友鏢局的鏢師，精三皇炮捶，功夫精到，人
稱「神拳宋老邁」，會友鏢局中不少鏢師都曾從之學三皇炮捶。宋邁
倫在長期實踐中，發展出「父子三拱手」的絕招。）也不會創出這一
手。見張起鈞（1985）。

一手之時，其勁必專；提勁於兩手之上，其勁必分，單發則勁強，雙出則勁弱。然少林掌、岳家拳中有多用雙手齊出者，故亦不便缺如。圖中姑並述之，閱者勿以門外漢見誚是幸[9]。

在黃百家《內家拳法》當中，明確地表示「內家拳」忌雙手齊出之動作，後世倪清和所著《內家拳拳法篇》一書，也宗黃百家的說法。這兩人的論點經常為人所用，並以此懷疑太極、形意、八卦、鶴拳等等拳術，並非內家拳術。然而，筆者認為，這個說法大有問題！首先，黃百家或是倪清和所指的「內家拳」，是指王征南一系之拳術，或是武當拳術等等，而非一個明確已成型的內家拳術概念。因此，所謂「內家拳」者，乃是稱呼王征南那有別於少林拳術之拳藝，而非一個普遍適用的「內家」概念。

再者，雙手齊出不一定是技擊中特別不利，而是端看當時情況而定。譬如舉八卦雙撞掌為例，當對方右拳擊來，我左手下劃撥開，沾黏對方右拳，同時我右手斜擊對方太陽穴；對方左手來架，我右手下劃撥開，同時對方胸前露出破綻，我立即上步雙撞掌擊之。

不過，上述只是說明了雙推手並非沒有技擊作用，光憑這一點，並不能解釋為何在歷史完全沒有聯繫的拳種[10]

---

[9] 金一明（2002），pp.1~2。在本書點校中，校者為「雙手齊出」作一申論：「這是很奇怪的論調，『雙手齊出』雖然是拳術八反之一，但是真正能制敵卻是在此，此是合勁，合勁難練，不是勁路不對。」筆者的觀點略與之同，不過，筆者個人認為，雙手齊出之勁易練，故能為入門找勁之法，而非「難練」也。

[10] 筆者認為，太極、形意、八卦、鶴拳、八極等等拳術，在發展脈絡上，並沒有太大的相關性。舉太極拳例，我們從太極拳的招式來看，

都存在著雙推手的技法，甚至經常被視為一種絕技。因此，雙推手技法在不同拳派歷史裡的存在，不是一件單純的偶然事件，而很有可能有其拳理和結構上之理由。筆者認為，雙推手不管在訓練上或是技擊上都有其特點存在，正因為這些特點，使得雙推手技法在各家拳藝中遂漸扎根並茁壯起來。然而，到底雙推手有什麼拳理和結構上的特點，使得它在拳術中具有如此獨特的地位呢？筆者認為有以下幾個特點：

(1)結構運動上來說，雙推手雖名曰「推」，然則在結構運動上，雙推手不能存意在「推」，亦不能用「手」，而是以全身放鬆，腳步往前踩踏，以全身運動之整勁將對方放出；猶如火車行駛一般，整列火車只有底部在動，而其他整個結構並沒有妄動，比較容易檢視和調整運動的方式。正因為雙推手並沒有「推」的動作，容易使我們驅動周身齊應之勁來運動，而非用雙手猛推，故在習慣的轉化和淬鍊上來說，尤能改善我們日常用手力的習慣，進一步體認到步法身勢在拳術中的意義。

(2)結構上來說，雙推手的結構除了容易調整之外，

可以發現太極拳與通臂拳、太祖長拳等等長拳系拳種，有著相似的技法、觀念和用語。形意拳則是與心意六合拳、少林心意把等等有著明確的血緣關係。八卦掌來比較複雜，但多數動作我們可以視為自創一格。鶴拳承自於南少林拳系的五祖拳或是五形拳，進而逐漸脫離五祖拳、五形拳，而獨立演化為一系。八極拳歷史不明，但許多動作和招式，皆與少林短打拳術相通，應演化自少林短打拳系。由此可知，這幾個拳種，橫跨南北和不同拳系而各自形成雙推手的技法，並十分強調雙推手之重要性。因此，筆者認為，雙推手應該有超越歷史因素的理由，而使它自己本身得以成為各家拳藝之招式之一，並廣受重視。

也容易出勁。因為就雙推手的結構來說，雙手齊出後，圓背涵胸，沉肩墜肘，雙手隱含前按之勁，此謂之「前後」；雙足往前踩踏之動，與頭頂拔背之勢合為「上下」。此上下前後在結構串為一體，聚合為圓，故在結構比諸其他招式更為渾圓一體。

(3)勁路上，雙推手發勁為整、為合，故《拳術初步》所言，有所不當。這是因為《拳術初步》的言論仍未跳脫出日常用力習慣的迷思，因此方才認為「勁於兩手之上，其勁必分，單發則勁強，雙出則勁弱」。然而，就拳理上來說，勁可分可合，雙手齊出時，非勁分別自兩手出，也非單純是兩手之力合而為一。自勁路上來說，皆是周身齊應之勁，無論是單手或是雙手，都是周身齊應之勁，並沒有「單發則勁強，雙出則勁弱」的問題存在。因此，雙推手之勁力並不會因為雙手齊出而有減少，反倒更為強健俐落。

大略說明過雙推手之特點之後，筆者進一步說明雙推手的操作方式，亦如同甩手一樣，雙推手之功有定步，有活步，初習者以活步為先，次而定步。一般訓練皆常以定步為先，而活步次之，然而筆者認為，為了改除日常用力習慣，我們必須先拋棄並轉換固有的舊習。因此，雙推手之所先從活步開始練起，乃是為了有效地改換掉我們的舊習，並建立起新的運動習慣出來。

(1)活步雙推手

兩足站三角馬，不丁不八，兩膝微內扣，隱有夾意，兩胯鬆開又似往內裏去。兩肩放鬆墜落，肘墜如山，兩手五指自然張開，掌心略斜30度隱往正前方一點兜去。胸

開明勢，圓背活腰，頭宜正直，重心落至兩足湧泉。

接著，前足往前一邁，向下一踩，後足跟步自隨，全身皆放鬆不動，由兩足行進帶動，猶如火車行進一般。惟兩手肘在前足前踩之時，往後滑去，似有一線牽繫住手肘，使其在全身移動時，猶置原位。當後足跟步，全身不動時，牽繫兩手肘之線猶似斷去，兩手肘自然隨慣性往前滑去，回復至原位。

此雙推手，全身皆不可用力，尤其兩手絕不可存有「推」意，亦不可有「手」，而是輕鬆自然地，應和全身運動。兩手肘往後滑移時，不可用意後頂，使背部緊繃，或是胸口過度開展，使得背脊好似被兩旁肌肉所夾緊。

(2)定步雙推手

定步雙推手在結構上和運勁上，皆與活步相同，惟不動步耳。若是活步雙推手運用圓熟，則習定步雙推手亦是不難。其要點在於兩足踩踏之勁須輕、須柔，不可張顯用力，體內須鬆柔圓活，不可強意為之或推之。

雙推手因著上述的特點而為容易得勁之法。一旦雙推手技法拳理通曉，則所謂單發、雙發、動步、定步等等，亦不過是變化與習慣而已，皆可信手拈來而用之。因此，真教藝者，僅一兩招亦可為入門通道之階，蓋一入此門，既曉其理，一切拳術招式，亦不過隨心變化，有何難哉？真正難關在於是否能夠盡棄舊習，改換建立新的運動習慣，轉硬為柔，轉力為勁，轉暴為和，方是拳術內徑之理，亦是變化氣質之能。

3・開　肩

開肩一式與雙推手有異曲同工之妙，只是開肩一式僅有定步練習之方法而已。開肩，顧名思義乃是鬆脫雙肩僵滯之力，藉此改去身體日常用力之舊習。開肩一式，操作亦甚簡便，今錄之如下：

雙足分立，重心落於兩足湧泉，兩膝微曲，鬆腰落胯，涵胸拔背，虛領頂勁，沉肩墜肘，全身如浸水中，渾身鬆開，不用一絲拙力。兩手握虛拳，小臂提至脇肋兩側，與地面平行。全身一鬆，兩肩一開，似有一鉛球由丹田墜地，胯落膝曲，同時兩肘向後划去，猶如水上行舟。當全身一落、兩肘後划之際，兩足湧泉瞬時踩踏，好似將適才墜落之鉛球，瞬間向地下踩去，臀尾一收，沖頂明胸，兩肘瞬時往後撞去；隨即全身放鬆，腰胯一落，兩手自然擺回，歸於原式。

開肩一式，操作簡便，其要點在於兩肘後撞不可用拙力為之，而是將藉兩足踩踏之勁，將勁自地上提起，帶著兩肘往後自然撞去；並在全身一鬆之下，使兩肘自動擺回定位。因此，兩肘無論後頂或是前放，皆是不用拙力，強意為之，而是借勢運用，輕鬆自得。此法與雙推手相通，惟形式有別而已。

4・岳家推手法

大凡拳藝均有折招試勁之法，如楊家太極之推手、形意之搓手、鶴拳之搖肢、詠春之黐手、八卦之角觝[11]等

---

[11]「角觝」一詞，本是指作摔跤而言，又可沿伸為「格鬥」之義。在黃

等，藉以明招式運用之巧，曉勁力變化通達之妙。岳家推手法，亦如上述拳藝對練一般，是用來開發掌握體內徑路之方法，並由此而漸生「靈覺」，而能聽彼我之徑，曉內徑來去生發的道理。岳家推手法雖名曰「推手」，然而在推手形式上，與現今流傳之楊家推手法有所不同，反而比較接近南拳系的較肢、較橋等手法。

一般楊家推手，均強調鬆柔不用力，拿到對方力點時，方可發放，而非強鬥拚力；岳家推手法在訓練之初，則有所不同。王師曾言：「岳家推手法，初用剛勁運使，待得接勁功熟，仍要以輕靈鬆柔為上。」

然而，雖說岳家推手法是從剛勁練起，但是與一般所謂「剛勁」有所不同。一般人所以為剛勁，要不是用力鬥狠，錯練了功夫；要不是僅僅認為剛勁就是爆發力（勁），而以為技擊之勁力也。然而，筆者認為，剛勁者乃是「罡勁」，四正之勁為「罡」。在岳家推手法中，剛勁不是用來擊傷他人，或是鬥力逞狠，而是四正之勁，不僅將我之徑路導正，亦將他方徑路導正。因此，「正」者，非形容詞，而是動詞，糾正也。一般推手餵勁是單

柏年《龍形八卦掌》一書中，即用「角觝」一詞用來指涉關於拆手試勁這一塊領域：「角觝之戲，始於秦漢，歷代相傳，由來久矣，即最近蹧跤、柔道、劈刺是也。其中奧妙雖不同，而大要不外乎較量氣力與機巧，變化遲速，以判勝負而已。夫常人初學武術，與人交手皆惶張失措，因此多遭失敗……蓋因彼不知敵之虛實，故敗也。欲知敵之虛實，必以二人常行角觝之戲，規定動作，演習身手，使剛柔之勁，虛實變化，由此而生。久則熟能生巧，每一抵觸，即知敵之虛實：彼剛我柔，彼縱我橫；虛虛實實，剛柔並用。所謂『知己知彼，百戰百勝』。再以剛大之氣，養於平素，放開膽量，進退衝打，未有不勝之理也。」見黃柏年（2002），pp.48。

向的，即是一方餵勁，給予限定條件之勁力給對方（受方）；一方則是接觸到對方餵勁之後，嘗試著將對方放出（作方）。岳家推手法在訓練之初，要透過雙方接觸點，不斷送勁、餵勁到對方椿體之內。因此就訓練形式來說，岳家推手法中所謂的「剛勁運使」，實是餵勁給對方而已。然而，岳家推手法有異於一般推手形式在於，岳家推手法的受方和作方並非截然兩者，而是可以同時為受方和作方，即是說是雙向的，而非單向。因此，外形上乍看以為雙方鬥力，實則雙方乃相互餵勁，並接化對方勁力，導彼勁力入地，並藉由兩足湧泉接地之力，反將我勁接入對方椿功之內，以將對方放出。

在岳家推手法的過程中，雖是雙方同時餵勁並接化對方勁力，但是並不會出現雙方鬥力拚強的情形，也絕對禁止這類情事出現。如此，或有學者疑問，何以雙方能同時接勁、餵勁？又雙方都是透過接觸點餵勁，為何不會有鬥力的情形發生？以上這些問題，是由於不明其拳理，將勁當作力，以日常用力習慣來解釋才會發的謬誤。所謂勁者，「徑」也，乃是勁力運行的路線，亦稱徑路。徑路雖有其大道，但實際上，徑路並非固定不動、僵固的，而是隨著學者功夫之高低，而有所變化，有所不同。功夫低者，連虛領頂勁、足踏湧泉、水火顛倒的道理亦未明白；功夫高者，雖然反筋背骨，然全身鬆開，隨手皆可發。

如果將一般所說的「勁力」以「徑路」的方式思考，則泰半關於內徑的道理可知也。一般人鬥力，乃是以為兩股力相撞相對，他有一力來，我一力去，必撞在一起；若是我氣力弱，則彼力必壓住我身，不得動彈，故我必加

力以抗彼力。然而，從「徑路」和椿功的角度思考，則若是我用力，則勢必將彼力隔擋於我椿之外，如此則徑路不通，何能接住彼勁，引彼勁入地？因此，我必鬆開我全身關節氣力，使彼勁力循我徑路，引入我椿中，進而卸化入地。在卸化同時，他有一力來，我藉由兩足接地之力，虛領頂勁站起，將勁力返還至彼椿中。

因此，我們最好將徑路想像成可同時雙向來去的通路，因此當彼勁施諸我身，實則同時有一反向之作用力施於彼身。這兩股勁十分符合牛頓第三定律的描述：當甲施有一作用力施於一物體上時，同時一道大小相等，方向相反的作用施於甲身上。因為這兩股力是分別施於不同物體上，所以這兩股勁並不會相互抵銷。因此，徑路者，實則勁力流通之徑路，若是沒有此徑路之存在，任何勁力皆不能自由流通，進而形成死力、鬥力也。所以，務要開通徑路，徑路一通，則勁力方可四通八達，此乃「使氣通四海，任君自由天下」也。南拳所謂橋手者，非徒硬練硬打，練得一身銅皮鐵骨，此乃錯謬也。橋者，連接隔絕兩地之物。因此，橋手乃是接連兩人之間的勁路，進而使彼我之勁可經由此「橋」，自由運行、卸化、整合、發放。

既明拳理，則知岳家推手法初雖為餵勁用剛，亦不可以拙力鬥力相對，否則何能接彼之勁、借彼之勁？因此，岳家推手法亦不以勝人為能事，非強鬥用力，而是雙方相互餵勁，藉此訓練接勁入椿之功。王師曾言，岳家推手法初練是練接勁入椿之功。何謂接勁入椿？所謂接勁者，乃是接應對方勁力也。所謂接應，接而應之，聽得對方來勁，接彼勁頭，進而鬆開全身，將彼勁卸化入地，進而足

踩舉手放之。因此，接勁實要聽勁功深，方能接彼勁頭，若失勁頭，則無法接化合宜，為人所趁。所謂入榫，乃特指樁架之結構而言。榫頭乃是利用木頭造型的特殊構造，進而不用一根釘子或是黏著劑，將兩塊木頭結合起來的技術，在樁功而言，我們也要利用類似的概念，達到類似的效果。如此，入榫之功乃是人體結構的特殊狀態，具備著運用、轉化、分散勁力等功能。這種特殊結構不用拙力和費心維持，而是在放鬆的情況下即可做到，故稱為「入榫」，此即是曹竹齋所言：「以彼虛囂之氣，與吾靜定之氣接，則自無幸矣。」[12] 若無接勁入榫之功，則一身硬抗，根搖身晃，無有功夫。

如此，若是拳理知明，則可言法要。岳家推手法，目前王所傳僅有兩手，一手為單手對練；一手為雙手對練：

(1)岳家單推手法

甲乙雙方面對而立，右足在前，左足在後，成四六步。甲乙雙方伸出右手互搭，搭於掌背腕骨下方約三指幅寬。虛領頂勁，沉肩墜肘，手宜輕鬆，腰胯宜活，全身放

---

[12] 「竹齋，閩人也，江淮間健者，莫能當其一拳，故稱曹一拳。老而貧，賣卜揚州市。少年以重幣請其術，不可。予怪之，則曰：『此皆無賴子，豈當授藝以助虐哉！拳棒者，古先舞蹈之遺也，君子習之，所以調血脈，養壽命。其粗乃以禦侮，必彼侮而我禦之。若以之侮人，則反為人所禦，而自敗矣。無賴子以血氣事侵凌，其氣浮于上而立腳虛，故因其奔赴之勢，略藉手焉而仆耳。人之一身止兩拳，拳之大才數寸，焉足衛五尺之軀，且以接四面乎？唯養吾正氣，使周于吾身，彼之手足近吾身，而吾之拳即在其所近之處，以彼虛囂之氣，與吾靜定之氣接，則自無幸矣。故至精是術者，其徵有二：一則精神貫注，而腹背皆乾滑如臘肉；一則氣體健舉，而額顴皆肥澤如粉粢。是皆血脈流行，應乎自然，充實而外和平，犯而不校者也。』」[包世臣（清）。]

鬆，不可用拙力。接著，甲乙方腰胯虛運，徐徐將勁力經由接觸點，送入對方樁架之內，此不可用拙力，不可強力扳之，亦不可用勁忽大忽小。

接著乙方稍讓，甲方腰胯順時針虛運，右手徐徐將乙方右手順時針壓下，直到雙方右手完全攤平，與地平行，此時甲方右胯微微一含。

接著，乙方先逆時針虛運，隨即順時針運轉，右胯一收，將甲方勁力接入樁中，藉由兩足接地和樁功，將甲右手徐徐由乙方順時針扳回，將甲方右手壓在乙方右手邊，與地齊平，其方法與甲方相同，惟方向與甲方相反。若是運用得宜，則可在接勁同時，將對方放出。

右手練完，換左手練。方法皆如前所述，只不過左右互換而已。

在推手過程中，不可將對方勁力往左右前後卸去，務必將方勁力接入我樁架中，進而接化入地。蓋此岳家推手法乃著重於接勁入樺，其訓練形式亦是如此設計。若是往前後左右卸化，則餵勁工夫白費。其次，岳家單推手法類似比腕力，然皆不能用拙力，只宜用勁。故非是手臂肌肉之能，仍是有其鬆柔。所以雙方餵勁或壓制時，肩頭、大臂、小臂等等，皆不可用力捲緊，宜伸筋舒指，以全身樁架運動，而非僅是手上局部用力或局部運動。再者，推手過程中，接觸點不可須臾稍離，餵勁時亦不可忽大忽小，忽有忽無。

(2)岳家雙推手法

甲乙雙方面對而立，右足在前，左足在後，成四六步。甲乙雙方雙手握虛拳，伸出雙手互搭，一手搭在內側

脈門，一手搭在腕骨下方三指幅寬處。甲乙雙方皆虛領頂勁、沉肩墜肘，手宜輕鬆，腰胯宜活，全身放鬆，不可用拙力。接著，雙方徐徐透過接觸點，將勁力送入對方樁架之內，不可用拙力壓之。

隨即，雙方腰胯一動，右手逆時針，左手順時針，兩小臂一裹一翻，隨著腰胯裏翻絞動。此時，接觸點會隨著腰胯裏翻的動作，而不斷滑移改變。大致上都會圍繞在脈門和腕骨三指寬處，就是會圍繞在我們一般戴手錶的位置滾動。因此，這時我們沾黏接觸點時會更加困難，同時也要將勁力不斷地餵入對方樁架之內。當接得住對方勁力時，即可將對方放出。若是鬥力，則不過幾下，手酸肩軟，無以為繼。此雙推手法的操作要點，皆如單推手法。

三、岳家鶴拳・動作說明

1.白鶴亮翅起勢　　　　2.進步甩手(兩次)

3.退步甩手　　　　　　4.進步摟手單插掌

5.偷手左轉雙插掌　　　6.拍臂疊肘崩捶

7.後轉偷手雙插掌　　　8.摟手圈捶斧刃足

9.轉身行步摟手圈捶　　10.偷手進步雙插掌

11.上步爬三手　　　　　12.摟手崩捶

13.轉身採手劈砸崩拳　　14.偷手雙插掌

15.撤步雙崩　　　　　　16.上步甩手三次

17.後轉摟手左捶　　　　18.拖步三拳

19.轉身雙插掌　　　　　20.上步單插掌（兩次）

21.左轉圈捶崩捶　　　　22.左轉甩手

23.後轉甩手　　　　　　24.白鶴亮翅收勢

1．白鶴亮翅起勢

兩目平視前方，兩腿並攏，足跟相接，足尖分開約為45到60度，以個人舒適為度。兩足重心放在足心湧泉連線之上，雙手自然垂放於兩腿側。虛領頂勁，沉肩墜肘，涵胸拔背，鬆腰落胯，開襠合膝，足心放穩。立姿起勢務求自然鬆開不用力，不可緊張，呼吸宜輕鬆，不可鼓氣運氣，心頭萬事只宜放下。

腰胯微往逆時針虛擰，猶似鎖螺絲一般，惟不可用力，不可現形，須得內意中求之。隨即，腰胯一鬆，往順時針方向虛轉，右足伸出，足尖輕點於中線之上。右膝微屈，微往逆時針擰去，使右膝、右足尖和後足跟均在中線之上。雙手於腰胯回擰與右足尖點地之際，雙手掌心向上翻開，先於丹田處微微相碰，隨即合腰胯順時針之勢，右手順時針，左手逆時針，同時向外畫弧。雙手略畫至雙手打開120度，與耳同高時停止。停止時，雙手握成鶴嘴，五指指尖聚於一點，如鶴嘴狀，直點於地；提腕墜肘，手臂不可全直，亦不可彎曲過大，宜略有曲折伸而未伸。雙手打開時，不可挺胸，不可聳肩，背脊絕不可夾，宜圓背鬆開，毋使稜角。頭宜正直，下顎微含，沉肩墜肘，鬆腰落胯，兩膝

白鶴亮翅起勢

進步甩手 1　　　　　　　　進步甩手 2

夾剪，重心落至兩膝夾剪之點。

2・進步甩手（兩次）

(1)進步落手

　　全身一鬆，吸氣落
胯，右足向前一步，左足
隨之，踩成三角馬；左足
足尖與右足跟正好在一條
直線上，兩足微內扣，但
不可用力，不可顯於形。
雙手隨上步之際，雙手張
開，掌心向上，右手逆時
針，左手順時針，向內畫
圓，與手小指側先交於下
顎處，繼續畫圓，右手在

進步甩手 3

下，左手在上，兩手掌心仍向上，相疊於脈門。進步後，腰胯內吸，身微前傾不露形，長強骨坐插用意，兩膝隱有剪意，脊背仍直，虛領頂勁猶在，兩肩放落，圓背鬆腰。兩足重心均在湧泉，前四後六，兩眼微往下視。

(2)甩手抖羽

繼續吸氣，身仍往下落，雙手落至丹田處時，後足微踩，尾閭微收，頭頂似有一線將全身串整而提起。雙手放丹田相交後，隨吸氣上提之際，雙手五指自然屈起，如虛握雞蛋，兩手相對，掌心向內，從丹田處上提至胸肋下旁，胸口自然張開吸氣，此時猶似將井水經由脊椎汲上肩井。隨即，兩足一踩，吐氣落胯，尾閭一放落，兩手如同氣球炸開狀，向左右瞬間膨開，有如白鶴展翼，抖落羽上水露，又好似將肩井之水，從指尖抖出。雙手高度略與耳同高，兩臂略微屈，如捧球一般；兩手拇指與食指輕點，五指仍微屈，如虛握雞蛋般。兩眼平視前方。

(3)進步甩手

再進右足甩手，兩足仍成三角步，動作要領皆如前述。

3・退步甩手

再退左足一步甩手，兩足仍成三角步，動作要領皆如前述。

4・進步摟手單插掌

雙手略呈45度，掌心向前下方，向丹田處緩緩按落，如將水上的氣球緩緩壓進水中，不敢使氣球脫手。快

進步摟手單插掌 1 進步摟手單插掌 2

按至丹田時，腰胯逆時針虛運，右手逆時針，左手順時針運動畫一水平斜圓（斜面向己），隨即右胯一吸，左手置於膻中穴前方約25公分處，左肘自然墜落，左掌隱往右方按去；右手掌心向前，虎口圓撐，腕自然墜落，微往下往前隱按。右腳隨即往前踩落，後腳跟隨，仍成三角馬；雙手合前踩之勢，右手掌心略往上揚，五指微張，往前方按去，左手順勢拉回略至丹田處，微往下按。

5・偷手左轉雙插掌

重心移至左足湧泉，左胯微吸，右胯逆時針虛運，以右足跟為軸，右足尖逆時針轉去，全身逆時針轉去，面向正左方，雙足微成內八。合全身左轉之勢，右手保持原狀，隨左轉之勢，按向左方，至丹田前，掌心略朝前，與左手相對。

偷手左轉雙插掌 1　　　　　偷手左轉雙插掌 2

　　身體面向左方後，腰胯逆時針虛運之勢不斷，右手應合其勢，運至右胯一吸時，左右兩手一錯落，五指自然鬆張，掌心略朝前，置於腰際，兩肘用意往後頂、往下按；左足自然往前邁出一小步，足跟落地，湧泉稍離地。此一小步邁出時，兩肘猶似有人往後拉住下按，不得動彈，全身似要往前鑽出而不得。

　　左足向下一踩，右足跟進一小步，腰胯一落，兩手如離弦之箭往前按去。兩手按去時，非是用力用意往前推，而像是拉住我兩肘之力突然消失，猶如拉弓之後，弓弦自動回復到原來狀態一般，雙手自然往前放落，而非用意用力推人。

拍臂疊肘 1 拍臂疊肘 2

6・拍臂疊肘

腰胯逆時針虛運，右手立掌，五指放鬆，自然張開而略有弧形，在心口前逆時針畫圓；左手亦為立掌，順時針畫一小弧，繞經左腰際，隨即順勢順時針畫圓。右胯一吸，右手畫過丹田到腰際，左手畫至胸前，沉肩墜肘。左胯一裹，腰胯順時針捲去，右肘留意後頂；左手不動，但用意鬆開。腰胯一鬆，順時針往回放落，虛領頂勁，左手不動，右肘翻上，手握虛拳，疊肘與左手心一合，肘尖朝前，沉肩墜肘，與地齊平。

7・後轉偷手雙插掌

右手鬆開成掌，全身重心往後足湧泉輕落，左胯鬆開，右胯朝裡裹，裹至全身轉向正後方。全身往後轉時，右小臂疊交於左小臂上，兩手不妄動，待全身轉至後方

後轉偷手雙插掌 1　　　　　後轉偷手雙插掌 2

時，兩手畫開，置於腰際，兩手五指張開，掌心略朝前，
兩肘用意往後頂、往下按；左足自然往前邁出一小步，足
跟落地，湧泉稍離。此一小步邁出時，兩肘猶似有人往後
拉住下按，不得動彈，全身似要往前鑽出而不得。

　　左足向下一踩，右足跟進一小步，腰胯一落，兩手如
離弦之箭往前按去。兩手按去時，非用力用意往前推，而
像是拉住我兩肘之力突然消失，猶如拉弓之後，弓弦自動
回復到原來狀態一般，雙手自然往前放落，而非用意用力
推人。

8・摟手圈捶斧刃足

　　腰胯逆時針虛運，左手立掌，五指自然放鬆張開，
略呈弧形，順時針畫圓向胸前摟去；右手逆時針畫圓，
右胯一吸，右手往腰際畫去。腰胯順時針一裹，左手在

摟手圈捶斧刃足 1

摟手圈捶斧刃足 2

胸前由前往後，由內而外，畫一小弧往左腰際畫去；右手鬆開，虛握成拳，畫經右腰際，往前以弧線為圈捶往前劃去。當左手快畫到丹田時，右手放鬆畫弧擊去時，右胯一收，腰胯往回放落，右手圈捶與左手同時到位。

　　全身一鬆，腰胯逆時針虛運，隨即右胯輕收，右手沉肩墜肘，翻開成掌，隨著腰胯順時針微裹；左手掌心朝下，往右手肘下穿去。腰

摟手圈捶斧刃足 3

胯順勢逆時針裹捲，左手由右肘穿出後，逆時針往外採

去；右手肘放落，逆時針畫弧掌心微往上翻。腰胯往回放落，重心開始移至右足湧泉，右手掌心微往上翻，放於喉前；左手掌心朝下，略至於脅旁，兩手如捧棍。腰胯放落，重心瞬間落至右足湧泉，往地下踩去，左足以斧刃足合全身之勢，往前踩去，兩手亦合全身之勢，往左側順帶。

9・轉身行步摟手圈捶

承上式，左足往前踩去後，左足不落地，隨即往後撤步，全身往後轉去，右手順時針畫弧到右大腿處，左手不動。隨即右胯一裹，右手仍順時針畫弧，左手仍不動，右手在外，左手在內，兩手隨右胯一裹之勢，相交於丹田處。接著右足邁向左足前方約45度，足尖正朝右方，接著順步走反S型；同時雙手如陰陽魚一般，右手快，左手

轉身行步摟手圈捶　1

轉身行步摟手圈捶　2

轉身行步摟手圈捶 3　　　　　　轉身行步摟手圈捶 4

慢，順時針相對畫圓，而步法亦承上式，雙手畫圓不疾不
徐，應和著步法。當反S型行步走到正朝起勢方向時，左
足往前一落，足尖朝裡，呈不丁不八式，左手摟手，右手
圈捶。

１０．偷手進步雙插掌

　腰胯逆時針虛運，右手逆時針畫圓，左手順時針畫
圓，相交於胸前，隨即右胯一收，雙手移至兩側，如虎撲
食狀。隨即，臀尾一收，虛領頂勁，兩膝輕站，開勢明胸
貫頂，兩肩放鬆，沉肘鬆腰，掌心略含；隨即，腰馬一
墜，兩足瞬時下踩，雙手如拉開弓弦一放，瞬時一彈，向
前插落又自然放回，恢復原貌。

偷手進步雙插掌　1　　　　　　偷手進步雙插掌　2

11 · 上步爬三手

鬆腰落胯，虛領頂勁，雙手放鬆，左手移置鼻尖前，

上步爬三手　1　　　　　　上步爬三手　2

掌心向下，右手落至腰
胯，掌心向下。隨即，右
足往前邁步，右手沿左手
小臂往前探去，左手同時
拉回至脇下，有如順藤摸
瓜一般。左足往前邁步，
左手亦沿右手臂往前方探
去。右步再邁前，亦復如
是，總共右左右，邁出三
步，手亦探出三次。

上步爬三手 3

12・摟手崩捶

　　右胯一收，左手往前向內畫弧摟手，右手同時畫一下
弧。當右手繞至左肘內側時，腰胯逆時針一裹，腰胯如發

摟手崩捶 1

摟手崩捶 2

條上緊一般，全身瞬時一放鬆，腰胯順時針往回放落，雙足一踩，左手拉回脅下，右手崩捶如拉弓斷弦般放出。

摟手崩捶 3

摟手崩捶 4

摟手崩捶 5

摟手崩捶 6

13・轉身採手劈砸崩拳

轉身採手劈砸崩拳 1

轉身採手劈砸崩拳 2

轉身採手劈砸崩拳 3

轉身採手劈砸崩拳 4

全身隨崩捶餘勁未斷，順勢逆時針180度向後轉，同時左手隨後轉之勢，往外採手，右手順勢收回腰際。當左手採到鼻尖時，右手握虛拳，同時順右步前邁之勢，先略屈起劃弧至右耳際，隨左手下採、右足下踩之勢，將右手如鞭子般向下甩去；左手亦在右手下甩時，往上擦過右手，護在右胸前。隨即，全身一鬆，腰胯一落，右胯一收，左手隱往前探。

隨即腰胯逆時針一裏，兩足往下一踩，全身如被電到一般，瞬間站起，隨即腰胯順時針瞬間放落，右手崩捶如由下往上抽一般翻出，左手拉至脇下。

14・偷手雙插掌

腰胯逆時針虛運，右手逆時針畫圓，左手順時針畫圓，相交於胸前，隨即右胯一收，雙手移至兩側，如虎撲食狀。

隨即，臀尾一收，虛領頂勁，兩膝輕站，開勢明胸貫頂，兩肩放鬆，沉肘鬆腰，掌心略含；隨即，腰馬一墜，兩足瞬時下踩，雙手如拉開弓弦一放，瞬時一彈，向前插落又自然放回，恢復原貌。

15・撤步雙崩

腰胯逆時針虛運，右胯一收，兩手翻為掌，右手掌心向下，左手掌心向上，兩手如捧珠，隨即起步往後撤步。退至約莫五六步後，右足一蹬，左足往前一踏，腰胯放落，右手向外一翻，掌心向下，合左手之勢，往前擠去。

撒步雙崩 1

撒步雙崩 2

撒步雙崩 3

撒步雙崩 4

16 · 上步甩手三次

進右足甩手，一連三次，動作要領皆如前述。

17 · 後轉右摟手左捶

全身逆時針一轉，右
手待全身轉向正後方時，
腰胯順時針一裏，右手由
外而內，逆時針摟手，左
手握虛拳，拳心翻上，貼
於腰際。隨即腰胯逆時針
放落，左捶放出，右手拉
回腰際。

後轉右摟手左捶 1

後轉右摟手左捶 2

後轉右摟手左捶 3

拖步三拳 1

拖步三拳 2

18・拖步三拳

接著，左手摟手，右手握虛拳，翻成拳心向上。右足往前貼地滑步，腰胯逆時針一裏，隨即合右足下踩之勢，順時針瞬間往回放落；右拳合腰胯放落之勢，逆時針一擰，拳心朝下，往前放出，左手同時拉回腰際。

腰胯順時針一裏，隨即瞬間逆時針放落，左捶放出，右手拉至腰際。

腰胯逆時針一裏，隨即瞬間順時針放落，右捶放出，左手拉至腰際。

此拖步三拳，一氣呵成，且步不離地，滑地而走，藉滑地之勢，使全身能瞬間滑到對方眼前，隨手放出。

拖步三拳 3　　　　　　　　　拖步三拳 4

19．轉身雙插掌

全身逆時針轉向正後方，腰胯逆時針虛運，右手逆時針畫圓，左手順時針畫圓，相交於胸前，隨即右胯一收，雙手移至兩側，如虎撲食狀。隨即，臀尾一收，虛領頂勁，兩膝輕站，開勢明胸貫頂，兩肩放鬆，沉肘鬆腰，掌心略含；隨即，腰馬一墜，兩足瞬時下踩，雙手如拉開弓弦一放，瞬時一彈，向前插落又自然放回，恢復原貌。

20．上步單插掌（左右二次）

雙手略呈45度，掌心向前下方，向丹田處緩緩按落，如將水上氣球緩緩壓進水中，不敢使氣球脫手。快按至丹田時，腰胯逆時針虛運，右手逆時針，左手順時針運動畫圓，隨即右胯一吸，左手置於膻中穴前方約25公分

處，左肘自然墜落，左掌隱往右方按去；右手掌心向前，
虎口圓撐，腕自然墜落，微往下往前隱按。右腳隨即往前

上步單插掌 1

上步單插掌 2

上步單插掌 3

上步單插掌 4

左轉圈捶崩捶 1　　　　　　　　左轉圈捶崩捶 2

踩落，後腳跟隨，仍成三角馬；雙手合前踩之勢，右手掌心微往上翻，五指微張，往前方按去，左手順勢拉回略至丹田處，微往下按。

　　腰胯順時針一裏，右手微按，兩足一踩，左手單插掌往前按落。

21・左轉圈捶崩捶

　　全身向左一捲，左手往外一採，右手圈捶隨右足移至左方時，合著左手，逆時針圈去。隨即，全身一鬆，腰胯一落，右胯一收，左手隱往前探。隨即腰胯逆時針一裏，兩足往下一踩，全身如被電到一般，瞬間站起，隨即腰胯順時針瞬間放落，右手崩捶如由下往上抽一般翻出，左手拉至脅下。

左轉圈捶崩捶 3　　　　　　　　左轉圈捶崩捶 4

22・左轉甩手

全身再向左轉，右足往前邁步，鬆腰落胯，虛領頂勁，兩足一踩，明胸貫頂，兩手向前上方甩去。

23・後轉甩手

全身後轉，面向正後方，右足進步甩手。

24・白鶴亮翅收勢

腰胯逆時針虛運，全身一鬆，右手逆時針，左手順時針，交於丹田處隨即劃開，右足退步，成起勢白鶴亮翅勢，惟左足在前，右足在後。

氣息調定後，兩手自然放落於兩大腿處，左足收回，成立勢。

第五章
認識岳家散手

一、前　言

　　岳家散手雖是在今天已經逐漸湮沒於歷史塵埃裡，所留下的變形體也日失其真貌，不復其本來面目。幸有王傑老師，其家傳絕學岳家散手不僅完整保留其原本風貌，並且融入王師一生精純深厚的武學心得和功力，演變為以鬆柔沾黏為主的武學體系。

　　為了進一步了解岳家散手並釐清岳家散手的技擊原理和武學觀念，筆者將嘗試說明岳家散手的特色和風格，希望能使學者對於岳家散手有著進一步的了解。

二、擒拿作為技法主體

　　在之前，筆者已然提到岳家散手是以擒拿為主體，摔打踢抓為輔的技擊體系。然而，何謂擒拿？擒拿的原理又是為何？這些問題尚未為筆者所回答。以下，筆者將進一步了解擒拿在中國武學中的地位，同時進一步理解擒拿運作的原理，尤其是岳家散手之擒拿，這將使我們更加理解岳家散手的技擊風格和特色。

　　擒拿法，在古時候有不同的稱呼，如分筋術、黏拿跌

法、搓骨術、地煞手等等[1]，在中國武術中一直被視為不傳之祕。這是由於擒拿手法往往一出手即能制住對方，使對方無法動彈或是露出敗勢，進而讓對方完全處於被動狀態，無法進行有效的攻擊與防禦。擒拿功夫練得好，即使對方負有千斤巨力，一經擒拿也難以彈動分毫；雖是銅筋鐵骨，也難堪其關節要穴受制。徐震〈郝和傳〉曾記郝為真以擒拿法制服葛老泰之事，可見擒拿法之效用：

> 清河葛老泰，精八方捶，授徒千餘，聞亦畬名，請師事。亦畬使從學於為真，泰殊勉強。亦畬知其意，命與為真相搏，甫合，為真以推手中擒拿法進擎泰膊，泰臂不能脫，足不能移，身不能轉，呼曰：「釋我！釋我！！」為真曰：「能動乎？」曰：「不能矣。」乃釋之[2]。

故陳子正即言：「抓打擒拿，分筋錯骨，必按人周身關節、穴孔、要害要擊之。凡氣功所不能達，內力所不能到之處，遇此手法，雖具鐵皮鐵骨，未有不披靡者。」[3]

各家武術裡也有不少擒拿手法存在，如太極拳、形意拳、八卦掌、螳螂拳、八極拳、燕青拳等等，都有擒拿技法存在，只是其精粗有別，是否有所專精而已。由此可知擒拿對於中國武術而言，實是具有莫大地位，其影響之廣，可說無遠弗屆。明朝陳元贇東傳中國武術到日本，被奉為日本柔術初祖，其所授拳術中，擒拿法的影響極大，

---

① 劉金聲、趙江（1936），凡例。

② 徐震〈郝和傳〉轉引自《郝為真傳略》見http://www.hntjq.com/tjlp/WSTJQ/200506/227.html

③ 隱僧（1982），pp.12。

並逐漸發展出各種不同的擒拿變形，甚至以擒拿為主體的技法，如柔道、合氣道、柔術、巴西柔術等等，莫不受我中國擒拿法之影響。

然而，中國擒拿手法究竟是起源於何時呢？這是至今仍未解的問題。在筆者所見資料中，明代生活百科全書《萬寶全書》中〈抱勢臨危解法〉一篇，即是擒拿手法之圖說，可謂目前所見的最早資料。在《紀效新書》、《陣紀》等明代兵書中，也曾提及以拿法成名的民間武師：「王鷹爪、唐養吾之拿……。」[④]

其他關於擒拿法之源流，皆是街談巷議，不足採信。不過，在故老相傳中，擒拿法卻經常與少林拳派產生關聯。金恩忠在《少林七十二藝練法》中即言擒拿源於達摩，並被少林寺視為鎮山祕技，不輕易授人。萬籟聲於《內外輕功》一書中亦言：「擒拿法亦為達摩所創，為少林寺護教功夫。此法之功用，既異於拳法，又異於各種功夫，質言之，實為專借巧勁以制敵人之法，固非徒恃拙力者所可同日而語也。」[⑤] 徐畏三亦言：「擒拿一法，亦為武術中奇妙而切於實用者。擒敵人而拿之，雖頑強之夫，亦可使其力無所用、拳不能行，俯首貼耳以受制於我。其技之神，舉世所稱。」[⑥] 金恩忠、萬籟聲所述的源流固不足採信，但是確實地反映出當時的流行觀點，即是認為擒拿法乃是源於少林武術，或至少與少林武術有著相當程度上的關係。

---

④ 何良臣（明），pp.727-696。

⑤ 萬籟聲（1989），pp.50。

⑥ 徐畏三、金倜生（1932），pp2。

日本少林寺拳法的始祖宗道臣，亦自稱曾於少林寺練拳，所傳技法，亦多以擒拿手法為主。這些資料雖並不能證明擒拿法源於少林武術，但或許說明少林武術在發展過程中，很可能吸收擒拿法作為其主要實戰技巧。

在金恩忠《少林七十二藝練法》中，曾述及南北擒拿術之淵源，雖其歷史頗為可疑，但亦可作為參考。據載，南七省之擒拿術，據傳源於蘇人金皋，筆者援引如下：

> 同時蘇人金皋，亦輾轉得其術，相傳金皋為福山人，即七總管神之一，餘技又傳於江常一帶矣。虎邱金氏，本非皋後，以兩地相近，故在明時金氏子之習武者，皆出於皋之門下也。倭寇擾其地，皋率兄弟六人，及村客數十輩，畫面裝蹺，衣神服，執鋤耙之屬為武器，夜出襲寇。寇驚為神，相率奔潰，如是者屢，寇不得逞。後有洩其事者，為寇所聞，空群而至，寡不敵眾，金氏兄弟七人，及從者數十人，皆殉於難。後封為神，立廟祀之。故虎邱金氏弟子得其術者甚多，其後漸失傳，然擒拿之術，猶能言其梗概也。至今虎邱名拳師金倜庵，尚能承其家法，是為南七省擒拿術之淵源[7]。

中國武術中除岳家散手之外，另一以擒拿法聞名的拳術即是燕青拳。燕青拳，又名迷蹤拳、秘宗拳、猊㹻藝，據傳是由孫通所傳。據金恩忠所言，孫通先習迷蹤拳，後入少林盡得卸骨、點穴、擒拿、少林七十二藝等諸術。孫

[7] 金恩忠（2002），pp.206。

通後到直隸滄洲，授徒為生，並成家立業⑧。孫通之徒中，陳善盡得孫通之能，人稱為「賽勝英」陳善。陳善功夫雖高，但是個性謙和，不以武技炫人。有魯人善鐵沙掌和金鐘罩，身體魁梧，力大如牛，聞陳善之名，來訪陳善，陳善款待備至。飯後，魯人信步擊牆，拳沒半尺，欲意給陳善一個下馬威。陳善見之，微微一笑，轉身一拳擊牆，砉然一聲，牆毀其半，復又一腳踢去，牆盡毀矣。魯人大驚，知道陳善不僅功夫高強，兼之個性溫雅，武德高尚，遂與之訂交。

另一次，陳善曾因事入城，為無賴所困，陳善不欲動手，兩手抱頭，任無賴痛毆。沒多久，眾無賴手青足腫，苦不堪言。此際滄洲名手「雙刀」李鳳崗⑨偶然經過，

⑧ 據姜容樵《寫真秘宗拳》中〈秘宗名人軼事〉所載：「孫通，字季寬，有清雍正初年人，原籍魯之岱岳，拜兗州張姓為師。時乾隆七八年，孫方弱冠，從張師數年，盡得其傳，仍不自滿，辭師遨遊，藉訪能者。又數年，技益進，輾轉入少林，得明之遺族而剃度者某上人為師，居山十餘牛，凡上人所知，悉授之孫。繇斯孫之藝，乃集其大成，蓋已登峰造極而入化境，練成鐵腿，精陸地飛行術、點穴法、擒拿術、卸骨法及推拿按導術。」[姜容樵（1983），p.1～7。]姜容樵之姑丈陳玉山即為陳善之孫，其源於孫通，故其說可信度極高。金恩忠之說法，亦是取自於姜容樵。陳玉山於《滄縣志》中有傳：「陳玉山，受學於其祖，善藝精絕。曹錕經略四省時，提倡武術，聘為教習，隨營教練，得有獎章。」[張鳳瑞等（1932），pp.1277。]

⑨ 李鳳崗，回人，隨其叔父李冠銘學六合拳法，精於雙刀，故人稱「雙刀李鳳崗」。名滿京城的大刀王五，即是李鳳崗之徒也。《滄縣志》中〈王五傳〉即載：「王正誼，字子斌，國人習稱之曰：大刀王五。正誼本滄人也，因其久居燕京，故鮮有知其為滄人者。正誼之師曰：李鳳崗。鳳崗為天方教人，正誼欲從之學，鳳崗以外教不之授。正誼欲入其教以信之，而母不許，正誼屢長跪以請十餘年，母始許之。因盡鳳崗之學，撫俞始入燕京，初稱小王五。正誼惡私鬥，不與人角技。嘗有天下國家之志，招遊俠之士操縱之。久之，榆關、江浦間任

看到整個經過，痛斥眾無賴道：「汝輩皆盲者！不知其為陳善大師！」眾無賴趕緊磕頭認錯，陳善方才醫其手足[10]。由此可知陳善功夫高明之外，其容人之心更是高卓。

陳善傳子陳廣智。陳廣智，人稱「卸骨匠」，可知其擒拿卸骨術之精奇。陳廣智傳徒甚多，然而惟擒拿、卸骨諸技少傳，直至臨終之時，方才傳幾手下來，連其子陳玉山所得，亦不過十之一二。如是，迷蹤拳大半擒拿卸骨諸技逐漸失傳。以上，由孫通一脈所傳下之迷蹤拳，皆是精通卸骨擒拿之術，是為北五省擒拿之淵源。

其他拳術中，無論在套路、散手當中，都有不少擒拿手法存在，諸如太極拳、八卦六十四手[11]、形意拳、八極拳、梅花拳、通臂拳等等。梅花拳的擒拿手法，亦是聞名天下。當年沱南俠韓其昌，在擒拿、推拿之術亦甚有名，其後人韓建中更是以擒拿聞名於大陸，並出了不少擒拿法方面的專書，如《實用擒拿法》。

另外，筆者曾在2008年9月25日時，參與由逸文武學書館所舉辦的發表會，該發表會主要介紹隱於河南焦作的

侠之流皆奉之為祭酒，於是有『大刀王五』之稱。大刀者，非以其刀名人，以此尊之耳。」[張鳳瑞等（1932），pp.1272～1274。]

[10] 金恩忠（1940），pp88～89。

[11] 李子鳴留下的八卦掌歌訣中，有〈忌拿訣〉：「八卦之手不講拿，我拿人兮我亦差。設若人多不方便，直出直入也堪誇。」因此可知八卦掌原不講究擒拿手法，認為我拿人時，一手或兩手已去，如何騰出手來禦敵。甚至在歌訣中還有破解擒拿手法的〈摘解訣〉：「多少拿法莫憑技，兩手拿一向足奇。任他神拿怕過頂，穿鼻刺目自難敵。」然而，劉德寬在編創八卦六十四手時，將岳家散手融入八卦散手當中，而獲得好評。因此，在此不說八卦掌，而說八卦六十四手。

猿仙通臂拳，目前傳人為許偉戰老師。根據許老師所演示手法，不僅散手理法清晰明白，以柔化見長，擊人以虛之外，手法豐富多變，招式變化之間，都有擒拿手法隱於其中。觀諸招式風格，與現今所見之通臂拳有所差別，反倒是與同鄉陳家溝的陳氏太極拳極為類似，其擒拿技巧更與岳家散手有一致相通之處，可謂中國武學良品。

擒拿術源流既詳，然而擒拿又是何種技術呢？擒拿的定義，可分廣義和狹義。廣義來說，擒拿是包括點穴、截血、閉氣、抓筋、拿脈、卸骨等等手法的技術群；就狹義來說，擒拿僅只指涉藉由關節之槓桿原理和人體筋骨結構，牽動對方梢節，進而控制全身的技擊手法，正所謂「牽一髮而動全身」是也。金恩忠曾經區分點穴、卸骨、擒拿之不同，所論甚精，筆者引之如下：

　　點穴一術，其所以制人者，完全在阻止人身
氣血之流行，使被點者失其知覺……至於點法，
大概以中食二指相併，以指尖點刺之，聞亦有用
鑽心拳突擊，然屬少數耳……而卸骨一法，其所
以制人者，完全在脫臼或傾斜其骨骱之關節，以
被卸者失其抵抗能力……所練之指功，亦專重於
捏卸也……至於擒拿之所以異於點穴卸骨者，固
不止一端，在手法方面言之……惟用拇中食三指
相扣之力，作鷹爪攫物之狀……則此術以輕巧取
勝，雖亦涉及點穴拿骱者，然其主要之部分，則
在筋與骨節……擒而拿之，已足以使其一部分失
去原有之機能，而受制於我，但釋手之後，不久
即可恢復原狀……非若點穴卸骨之停人氣血、殘

人肢體者也。

因此，就廣義而言，擒拿雖包括點穴、卸骨諸技，然而究竟與點穴和卸骨諸技有所不同。點穴和卸骨諸技，都是必須鍛鍊手上指力為主，因為點穴乃是針對人體之穴道，而卸骨則是針對人體之骨骼，都須要一定程度指力，方有所作用。反之，擒拿在舊時雖也必須磨練指力，然而終屬以巧破拙之手法，隨著武學觀念的變化和提昇，擒拿手法已毋須藉重指力之培養，而改為以鬆柔沾黏為主的控制技術。清代張孔昭即言：「問曰：『拿法可以拿人，何也？』答曰；『在反筋偏骨。脅力千斤真個奇，節節乖舛任施為。緊拿不許鬆鬆放，神迷牽來莫鈍遲。』」[12]張孔昭所言，雖仍是未完全以鬆柔沾黏為主，但已有以巧破拙的觀念產生，如「反筋偏骨」寥寥四字，已經點出擒拿手法的基本原理。張孔昭又言「脅力千斤真個奇，節節乖舛任施為」，說明任敵人力氣千斤，一經擒拿，則全身無法動彈，為我所擺佈。到後來，逐漸出現有「沾衣如捫脈」等強調鬆柔沾黏的拳訣。在楊氏太極拳老譜中，亦有擒拿妙訣，今引之如下：

〈太極節拿抓閉尺寸分毫解〉：「對待之功，既得尺寸分毫於手，則可量之矣。然不論節拿抓閉之手易，若節膜、抓筋、拿脈、閉穴則難！非自尺寸分毫量之不可得也。節，不量，由按而得膜；拿，不量，由摩而得脈；抓，不量，由推而得筋；拿閉，非量而不能得穴。由尺盈而

---

[12] 張孔昭（清），pp.515～516。

縮之寸分毫也。此四者，雖有高授，然非自己功夫久者，無能貫通焉。」[13]

〈尺寸分毫在懂勁後論〉：「在懂勁先，求尺寸分毫為之小成，不過末技之武事而已。所謂能尺於人者，非先懂勁也。如懂勁後神而明之，自然能量尺寸。尺寸能量，纔能節拿抓閉矣。」[14]

由上可知，在楊家太極拳中，所謂節拿抓閉等技是必需建立在懂勁之後，即是先必須具備沾黏聽化之功而漸悟懂勁之後，節拿抓閉之功方有所大成[15]。因為，節拿抓閉等功夫，不僅出手要準，而且要能分辨尺寸分毫之差，這些都需要鬆柔沾黏來完成。此外，惟有具備鬆柔沾黏，方不會以力鬥力，變化遲鈍，為敵所逞。

由上述可知，就技術面而言，比諸點穴或是卸骨等技

---

[13] 王宗岳等著（1996），pp.166。

[14] 王宗岳等著（1996），pp.175。

[15] 現今練拳者多不知太極拳之技擊手法，據王新午在《太極拳法闡宗》即言：「於太極拳中，別有散手。蓋楊氏之散手，猶陳氏之二趟架子。楊氏以姿式立功，以散手致用。猶陳氏以一趟運勁，以二趟發勁，雖一斷一連，其源則無二致也。近人習楊氏太極拳，僅於姿式外更習推手，不究單式之功，於散手應用，多不涉歷，失之偏柔者多。實以自昔習者，多文弱之士及王公貴胄，不覺其日變於柔矣。」[王新午（1942），pp.12。]故太極散手乃至擒拿，終少為人知。在現今記錄中，楊少侯和其徒田兆麟不僅散手精妙，且能擒拿手法。田兆麟之徒黃德發對其師回憶中即言：「太極拳不單是推手發勁，還有摔打、擒拿。後來，我才知道，田老師對於『抓脈、分筋、閉氣、點穴』等技法，無所不精。可惜得到真傳的人很少。」黃德發甚至與田兆麟較量過擒拿手法，為田兆麟所跌。[黃德發（不詳）。]

術，擒拿技法更加接近內家武學技擊的觀念。這是因為擒拿強調以巧勝拙，又以鬆柔沾黏作為主要技擊觀念。另外，由於擒拿能勝人而不傷，體現止戈為武的精神，可說是一門既實用又兼具訓練效果的技擊手法。

三、自由變化，連環貫串

岳家散手是以擒拿為主，摔打踢抓等技法為輔的武學系統。就此而言，岳家散手不管在訓練和實際應用上，都是十分接近實戰，符合實際對敵需要的一種武技。

然而，說岳家散手是以擒拿為主的說法或許會造成誤解：即是把岳家散手單純視為如同七十二擒拿法之類而已。王師曾經將岳家散手和一般擒拿有所區隔，認為一般擒拿手法大都是機械式，而岳家散手的擒拿法是活動式的。然而何謂機械式？何謂活動式呢？

以上問題，我們或可由試招餵勁的角度來加以說明。一般試招餵拳時，都會有一假設狀態，譬如說，假設對方一拳揮來，我即如何如何應對等等。這種模擬技擊方式並不代表實戰，卻是一種方便的教學模式。這有點像小孩子的學步機，幫助初學者理解拳架如何應用於實戰當中。但是這種訓練方式也有盲點存在，即是遭遇實戰時，我們實地所遭遇的真實情況，遠非模擬技擊所能完全說明和訓練的。因此，當我們掌握拳架應用到一定程度時，必須再提昇訓練的內容和變換訓練方式，方能不斷磨練、精進我們的技擊能力。這有如當小孩子學會走路時，即要放棄學步機，學會在跌跌撞撞中，掌握自己身體重心而保持平衡，並一步步、搖搖晃晃地走出每一步。

機械式擒拿和活動式擒拿的分別，跟上述模擬技擊有著相當程度的類比關係。機械式擒拿是在一種理想假設狀態下的產物，通常是假設對方如何進犯，進而擒拿對方。譬如舉一手常見的擒拿手法「小纏絲」來說，它是假設對方用右手抓住我右手腕時，我以左手搭住對方右手背，腰胯圓轉，右手順時針反扣住對方右腕，使對方不得動彈而下跪。這招小纏絲雖然有效，也在各家拳術、散手中均可見到，但在實際應用上，小纏絲並非十分實用的手法。這不是說小纏絲無法在上述情境下運作，而是小纏絲「幾乎」只能在上述情境下運作。因此，小纏絲實際的應用範圍並不廣泛，反而不如直接一拳打過還比較快。所以，有些拳諺說「巧拿不如拙打」，即是針對這種機械式的擒拿而論。

活動式的擒拿則是相反，活動式擒拿是可以自身主動形成擒拿時的有利條件，進而發揮作用的技擊方法。因此，即使對方的反應和變化完全不同，也能因時制宜，隨機而作。這種應敵而變，伺機而動，使我處於優勢，敵處劣勢之策略，在拳術中我們稱之為「接引」。接者，接應也，兵來將擋，水來土淹；引者，請君入甕，使對方主動落入我之陷阱也。再舉小纏絲為例，在機械式的擒拿中，我們只能被動地等對方抓住我們的手；但是在活動式的擒拿中，我們可以主動讓對方「抓住」我們的手。譬如說，我右手往對方一掃，引對方右臂來架，隨即我右手沾黏對方右手，挪步左移，左手立即輕搭在對方手上，使出小纏絲。因此，機械式擒拿和活動式擒拿在形式雖大致雷同，但在技擊方式和觀念上卻大相徑庭。這不僅是功夫程度上

的差異，而是訓練模式和觀念上的重大變革。

　　由於岳家散手在訓練、實際應用和觀念上，都是屬於活動式的擒拿手法，也因此方有三百六十手之變化產生，有如孫悟空七十二變，愈變愈奇。王新午在《岳氏八翻手》一書中，即言：

　　　　及遊金臺，得受教於劉師恩綬，始悉八翻手即子母拳，以變化無窮而得名……左右互習，一路既盡，輒翻轉身法，再接一路，而其勁不斷，運續變化，神妙莫察[16]。

　　陳子正《拳術摘要・連拳總論》中，亦明言岳家散手變化莫測之特點：

　　　　連拳出自少林，手手相應，著著接續，剛柔兼用，彈脆力多，陰陽變化，輕便敏捷……變幻莫測，神化無窮，拳出似虛，不接則實[17]。

　　紀子修亦言：

　　　　此岳氏散手者又名雙推手，學者不可不注意。按散手之功夫。分散，快，按，點四功。散者遇手無窮變化；快者相隨相進，遇機變化如電；按者非萬不得已之危不得用也，如用，非按傷其奧；點者警戒遇敵之者，非獨擇人不能論點功也。此四功學者非得口傳心授，方能知其奧妙也。學者每遇練習非得以心領意悟，則愈練愈精。再者，非有此先天造化不能深得其妙也。散

---

⑯ 王新午（1942），pp.3～4。
⑰ 轉引自李光甫等（2004），pp.256。

手主要練，散、拿、按、點[18]。

　　如此，即知岳家散手演為三百六十手，實以一招中生變化，變化中再生變化。王師教授岳家散手時，一手教去，更演為兩手，兩手各復演為四手；教一招散手，有如教七八九手，真令人有學無止盡，千變萬化之嘆。有時，一手擒住對方，若對方有意逃開，一手復擒之；擒住後，動彈不得，隨即腰胯一運，手上一轉人就被摔倒在地，或是被打上幾肘。可知岳家散手變化無端，應用靈活，實為一絕大特點。同時，又由於岳家散手變化無端之特點，故十分容易與各家技擊相互融合，進而豐富內化於各家拳藝當中，而自成一高妙卓絕之技擊體系，如八卦六十四手即是融合岳家散手而來。王師曾言：「螳螂打人，不過一拳一腿結束，若是對方擋住，必須另謀他法。但若是加上擒拿，則攻勢有如長江黃河，綿綿不絕，應之無暇，續之無端，對方如何不能左支右絀，為我所趁？」

四、真短打之妙法

　　中國武術大約在明代時開始有長拳短打的區分，馬明達認為這是中國武術發展的重要歷程，代表著不同風格的拳術已然成形並被加以整理、分類。觀諸岳家散手之形式，應當歸諸於短打拳術之一支，劉士俊所傳的岳家散手以擒拿手法居多；入身之後，以肘打摔跌為主，均十分符合一般對於短打拳術的印象。劉士俊本人也認為岳家散手實為短打拳術中的精品：

---

[18] 張達泉（不詳-A）。

　　夫散手者真短打之妙法也。學者非得專意演習，如鐵練鋼，周身節節要貫串。用力如鋼，用腰如棉，發勁而兼剛。力由脊發，行於手指。任他用力來打我，曲折自身放，自由力在腰，意在心神相連力自然，你進我隨。你退我進，隨即是進，進即是放，前進後退不遺神。左右相隨，近身宜真真假假。需注意上下架捉求腰腿，得機得勢方相宜。移步需要隨身進，進步如玉環，不宜遲，上中下見手相接，需要快。左右相隨不宜滯[19]。

　　如此，依劉士俊所言，岳家散手確是一種短打拳術，而且還是其中的精品。短打拳術，在戚繼光《紀效新書》即有言：「呂紅八下雖剛，不如綿張短打。」[20]。何良臣《陣紀・卷二》中，亦寫道：「呂紅之八下，綿張之短打」[21]。然而，何謂短打？又何謂長拳？長拳短打如何分之？透過對於長拳短打的區分，我們可以進一步理解岳家散手的特色。

　　張孔昭於《拳經拳法備要》一書中，提及：「問曰：『短打勝長拳，何也？』答曰：『短兵易入。長來短接易入身，入身跌撥好驚人。裏裏打開左右角，外裏打入窩裏尋。』」[22]唐順之亦言明：「逼近用短打，若遠開則用長拳。」[23] 如此，短打和長拳的區別，似乎是關於敵我

⑲ 張達泉（不詳-A）。
⑳ 戚繼光（明），pp.728－607。
㉑ 何良臣（明），pp.727-696。
㉒ 張孔昭（清），pp.515。
㉓ 唐順之（明），pp.728－429。

雙方間距的對戰技巧而言，如同是拳擊中近身戰和遠距離戰。

　　一般而言，所謂遠距離戰是透過與對方保持一定距離，進而攻擊和迴避對方攻擊的一種技擊形態，如身法中的「閃展騰挪」等等，即是描述如何利用靈活變動之身法閃避對方攻擊的一種技擊方式。張孔昭即言：「問曰：『弱可以敵強何也？』答曰：『偏閃騰挪。偏閃空費拔山力，騰挪乘虛任意入。讓中不讓乃為佳，開去翻來何地立。』」[24] 可見身法之妙，在於閃躲對方攻擊，對方用直進，我即橫走；對方橫走，我即直進，「你行當面我行傍，你行傍來我直走。」[25] 利用對方攻擊的死角，閃躲攻擊，並且製造入身的機會，進而予以反擊。

　　不過，當閃躲攻擊，進而入身時，卻又是短打拳術之方式。顯示短打拳術雖著重於貼身近戰，但是為了貼近對方，又必須輔以身法和步法之配合：「問曰：『斜行並閃步何也？』答曰：『在避直逃衝。避沖飛斜勢難當，逃直非閃焉能防？用橫用直急起上，步到身傍跌見傷。』」[26] 又言：「拳法之精，漸須要功夫到十分。然有十分工夫，而拳法仍不及精微者何也？入身之要處，未造其極也。然則入身之妙在何處？其法在探步上見之。[27]」顯見短打和長拳並非截然二分的拳術形式，而是相輔相成的應對方式。

────────────

[24] 張孔昭（清），pp.515。

[25] 唐順之（明），pp.728－429。

[26] 張孔昭（清），pp.515。

[27] 張孔昭（清），pp.524。

據唐順之在《武編》中所描述的溫家拳，即是同時具有長拳和短打之特色，兩者之區別，僅是在應對距離上的差異而已：「長拳變勢，短打不變勢。逼近用短打，若遠開則用長拳。行著既曉，短打復會。行著，短不如長矣。」[28] 顯示出溫家拳兼有長拳短打，然而尤重長拳而已。唐順之甚而進一步將溫家拳與當時有名的綿張短打作一比較：

> 綿張拳，護胸脅腰；溫家拳，護頭面頸。腳要打高，手亦取高；專用腳，以手輔之，手不能當腳。腳起半邊空，說不著溫家。高腳拄下用腳接，低腳踢上用腳斷長拳。張拳設套，待彼入套；本家設套，待改調處[29]。

藉由這段文字，我們可以進一步研究長拳短打之異同。唐順之在描述溫家拳時，花了許多篇幅去說明溫家拳的腿法，又說「腳起半邊空，說不著溫家」、「專用腳，以手輔之」等語，顯示溫家拳是以腿法為主，手為賓輔的拳術，這與趙太祖長拳的特色相合：「趙太祖長拳多用腿。」[30] 再看溫家拳防護部位，以上半身為主，「溫家拳，護頭面頸」；又說「腳要打高，手亦取高」，可知溫家拳攻擊和防衛都偏重於上半身，尤其是針對頭部的攻防。這種攻擊和防衛方式，頗令筆者想起今天的跆拳道比賽，也都是以腿攻擊上身和防衛上身為主的競技模式。顯然，唐順之會說「短不如長矣」，實是針對溫家拳的運動

㉘ 唐順之（明），pp.728－429。
㉙ 唐順之（明），pp.728－430。
㉚ 唐順之（明），pp.728－429。

特點而言，顯非說短打皆不如長拳也。

反觀綿張拳，則是「護胸脅腰」，這個原則與形意拳、太極拳、八卦拳的要求相同。甚至連技擊方式也十分神似，「張拳設套，待彼入套」，頗符合以靜制動，後發先至的技擊法要。其他短打拳術的特色，唐順之亦略有所述：「山西劉短打用頭肘六套、長短打六套，用手用低腿；呂短打六套。」[31] 可知短打拳術運用以低腿和頭肘為主，不同於溫家拳和趙太祖長拳等等，多用腿擊之特點。綜上所言，溫家拳與綿張拳等短打拳術技擊形態的差異，雖然與敵我雙方的應對間距有關，但主要比較像是一種運動形態養成和習慣的差異而已。

讓我們回頭詳看劉士俊所言，我們會發現劉士俊的說法顯示出極為強烈的短打風格，如「你進我隨。你退我進，隨即是進，進即是放，前進後退不遺神。左右相隨，近身宜真真假假……移步需要隨身進，進步如玉環……」等語，即是說明近身戰法時，入身之重要性與方法。劉士俊其他言語，也多與張孔昭《拳經拳法備要》相合，有心者可兩相參照，細細品味。

王師所傳的岳家散手，在步法上以三角馬為主；在身法上，強調閃躲和入身。王師曾言，當年練習岳家散手時，需有人餵拳，對方不可留手，需盡力攻擊，此時必須透過三角馬向左前方或是右前方挪步閃開，並輕沾住對方拳頭，使其勿脫開滑去，進而沾黏擒拿之，以上這些訓練都與短打拳術的要求相合。

然而，既已入身，但是敵非木石，又怎不會閃避呢？

---

[31] 唐順之（明），pp.728－429。

因此，入身之法，尚不足也，更有黏身之法，作為持續保持「入身狀態」的方法和攻擊之法。張孔昭即言：「黏身。與人對敵之時，須要平心舒氣，敵人一動時，則以腳踏進；更以我之手肩黏住人脅邊，轉身一齊著力，則人自難逃矣。」[32] 這段文字，可與鶴拳拳論〈論五肢手法分第十〉相呼應：

> ……論迫身而來之力，亦強亦柔，如力剛強，如水來土淹；如柔力而來，必定他人先用虛力而後剛，須出手掛節入他壞漿。他人瓦得用橫力而來，來須沉身連腳，沉肩發叫，應齊力以硬。他人有此齊備之力，手必成其美矣。論馬發力者，不丁不八，以丁不成丁，以八不成八入，前後腳進退連力，叫應來去，活力須著大版根力呼齊而起，腳手心勢沉用發力，一氣而出，活力前三後七，子午腰，力串墜落，正法力如鐵柱之勢乎！[33]

因此，可知短打拳術以身、步法入身之後，即要以黏身為主，進而保持適當的技擊狀態，而產生對我有利的形勢。今世咸皆認為太極拳法以沾黏為主，卻不知早在張孔昭之前，即有強調黏身之法的重要性。

綜上所述，由於短打拳術和擒拿作為技術主體，岳家散手在發展歷程中，除了強調其入身之法之外，也必須擁有精妙純熟的黏身功夫作為控制對方，進而擒拿、攻擊之方法。因此，藉由瞭解短打拳術的風格和擒拿之特點，我

---

[32] 張孔昭（清），pp.522。
[33] 台灣武林編輯部（2004），pp.175。

們可以進一步掌握岳家散手的特色與其發展的必然歷程。

五、鬆柔沾黏，純以意行

在之前，筆者已然概略說明過岳家散手之演變與擒拿觀念演化之歷程，在在皆說明了岳家散手逐漸捨去外練硬功和指掌握力，轉而強調鬆柔沾黏重要性的轉換過程。這一轉換固然是武學高明之士在觀念上和實踐上的創新和發展，同時也是由於岳家散手和擒拿作為一種近身技擊的短打技法的必然歸途。

一般的技擊手法需要一定的間距作為攻擊和防禦的條件。譬如說，溫家拳、跆拳道、或是通臂拳之類的偏向長拳的技擊方式，比較無法在極度近身之下施展身手。另一方面，近身技擊手法雖以「入身」為其主要議題，然而在一般技擊手法中，均是在強調如何閃躲對方攻擊並趁隙進攻，也因此就有所謂的「閃展騰挪」的身法存在。綜上所述，在一般技擊中，移動速度和反應的敏捷性成為其極為重要的條件，因此可以預估的是，若是偏向長拳之類的技擊方式，會以速度和反射反應成為主要的訓練標的，如《通臂拳譜》即言：「拳似流星眼似電。」[34] 又言：「炮者，爆發之所謂也。拳法之舉動無不脆快而急者也。」[35]

然而，在近身技擊當中，並非如一般人所想的短兵相接、硬打硬拼，而毋寧是種高度技巧的攻守策略。如果我們將一般所謂遠距離技擊比喻為兩軍布陣，相互對峙的

---

[34] 郭憲和（2004），pp.344。

[35] 郭憲和（2004），pp.347。

話，近身技擊則是一場攻城防衛戰。也就是說，在近身接觸的情況之下，雙方並非僅只是考慮打倒對方而已，還要防備對方的猛烈進攻。在貼身近戰的條件下，如何控制、預測對方的行動，並作進一步的反應和處置成為極為重要的核心議題，否則稍有不甚，極易造成嚴重損傷。這有如攻城者，不僅只是考慮如何打開城門，或是登上城牆，還要防備對方從城牆上推下來的滾油和落石；否則攻城不成，反而還會元氣大傷，甚至反遭殲滅！因此，控制對方和處置對方可能反應成為近身戰的重要議題，而非僅只是一味猛攻硬打而已。

另一方面，近身技擊乃是一門高度技術性的學問。揮拳踢腿的動作雖然有一定的規格和形式，但基本上都與我們一般運動習慣相符合，只要經過適當訓練，都能在短期間有一定的成果出現。然而在近身的條件下，我們許多日常習慣的動作都會變得綁手綁腳、施展不開，什麼拳打腳踢更是難以運用、騰不出手腳。這是由於我們日常習慣的動作是建立在「雙方適當間距」的這一條件之上，所以當「適當間距」的條件消失之後，我們日常習慣的動作或是技擊手法當然也無法順利使用。因此，在近身的條件之下，許多人除了互相抓抱撕咬之外，別無他法。從這個角度來看，不難看出為什麼摔跤會是各國武術文化中的最早與必然產物。因為簡單拳打腳踢是人人都會的，但是如何在近身、貼身的距離中攻擊和防禦卻是門獨特且技術性頗高的一門手法。

由於在近身技擊中雙方間距的縮小或消失，為了更有效率地攻擊和防禦，許多獨特的技術和運動模組就必須經

由訓練而被培養出來。在這個課題下，除了近身常用的摔跌、肘打、膝撞、寸打等等之外，還必須發展出近身有效的防禦方式以達到降低損害之目的。在先前我們已然提到入身和黏身技術在近身技擊中的重要性，而鬆柔沾黏是根據黏身技術更進一步深化而來的沾黏概念。在張孔昭《拳經拳法備要》和《鶴拳拳論》，黏身技術比較像是種發力方式，故說：「敵人一動時，則以腳踏進；更以我之手肩黏住人脇邊，轉身一齊著力，則人自難逃矣」[36] 又言：「來須沉身連腳，沉肩發叫，應齊力以硬。他人有此齊備之力，手必成其美矣。」[37]

　　然而，鬆柔沾黏卻非僅只是發力方式而已，《太極拳論》即言：「人剛我柔謂之走，我順人背謂之黏。動急則急應，動緩則緩隨。雖變化萬端，而理唯一貫……一羽不能加，蠅蟲不能落。人不知我，我獨知人，英雄所向無敵，蓋皆由此而及也。」[38] 就《太極拳論》來看，沾黏技術不僅是種發力方式，亦是聽彼力來去虛實，進而採取應對的反應方式。這種應對方式與一般技擊手法有著天壤之別。先前我們已然提及，一般技擊是依靠驚人的移動速度和反應之敏捷性來閃避對方的攻擊；但是沾黏技術主要是透過雙方相互接觸的過程中，藉由肢體的接觸和觀念之構成，藉以知覺或瞭解對方可能的動向和勁力的運用，正所謂「一羽不能加，蠅蟲不能落。人不知我，我獨知人」，進而反制對方，或是借對方勁力為我所用，

---

[36] 張孔昭（清），pp.522。

[37] 台灣武林編輯部（2004），pp.175。

[38] 王宗岳等（1996），pp.33。

「人剛我柔謂之走，我順人背謂之黏」。前者，即如何去知覺、感應對方勁力方向和頻率的過程，在傳統武學中稱之為「聽勁」；後者，即如何在偵測到對方勁力的同時，進一步瓦解或是借用對方勁力的過程，武學上稱之為「沾黏」[39]。因此，沾黏技術在概念和實踐上，便包括了「聽勁」和「沾黏」這兩大主要核心技術。

為了使沾黏技術達至爐火純青之地步，鬆柔觀念和實作便十分重要。實作自無待言，即是親身下去實驗、檢證。然而，什麼是鬆柔呢？許多練拳的人都知道鬆柔的重要性，知道練拳一開始要先放鬆，但是就筆者經驗來說，許多人講鬆柔只是口頭上明白，但實際上卻一點也弄不清楚鬆柔到底有什麼功用，也無法實踐出來！即使在資訊發達，武術書籍、理論氾濫成災的今天，許多學武者仍是不明究竟，而淪於口舌之爭，無益於事。就筆者經驗和認知上來說，鬆柔並非是無力，甚至就根本來說，鬆柔不是與「用力」相對。拳術的「鬆緊」並非直接對應到日常觀念中的「用力」和「不用力」；毋寧說，鬆柔是種完全不同層次的心智觀念和身體運動方式，在某個意義上而言，我們可以視為人體運動的潛在運動方式。在先前筆者已然提及在近身技擊的條件下，許多日常習慣的動作並無法隨意應用，這是因為近身技擊中所要求的動作與日常運動身體

---

[39] 「沾黏」是一個術語，但有些拳論會分別描述沾黏的概念，不過大致上來說，可以這麼解釋：「沾」，即是沾著對方肢體、勁力與神意，不丟不頂，毋使稍離；「黏」，則是「沾」的進一步應用，藉由與對方勁力、神意之接觸，進而影響對方重心和勁力方向，使對方失去中定之勢，而無法自拔，好似對方為我所吸引，隨我擺弄，故說「我順人背謂之黏」。

的方式大相徑庭。十分類似地，鬆柔的觀念和運動方式也和我們日常認知不同，其相異程度甚至遠超乎前者。

如此，什麼才是正確的鬆柔觀念呢？又，既然無法透過日常觀念來解釋，那又如何說明和定義鬆柔呢？單純地借用拳經拳論的語言是遠遠不足地，而是必須將拳經和拳理作一內部的深化和實證，我們才會逐漸瞭解和體會鬆柔之於中國武學的重要性和其核心價值。

在這一點上，對於鬆柔和武學核心觀念的理解和體會，有點類似於禪宗所說的「頓悟」，我們無法具體指出何謂鬆柔的本質，即使我們的定義是完備的、是科學的。這是因為武學作為一門實踐型的學問，雖可以透過科學做實證研究，但卻很難僅止透過科學上的說明和定義就讓你完全明白武學的核心觀念和實踐。各種對於武學研究、實踐等等，只能視為企圖理解、解釋、實踐、印證武學拳理的啟發方式，而不是一種保證絕對有效的教育訓練方式。正所謂「師父領進門，修行在個人」，師父與其說是個你個人的教練或訓練員，倒不如是一個可資印證拳理的對象。因此，教練拳路和拳理，僅是初期工作，師父真正的價值和工作是給學生印證的對象。

中國武學核心觀念的實踐和領悟，與禪宗生活和教授方式可說是十分相似。教授經論、持戒修行，對於禪宗而言，並沒有多大的價值和意義，因為這些方式不僅執著於文字表象而無法超脫執著，更因為這些方式本身的僵化，成了阻礙開悟的最大阻力。因此，禪宗開始不講經論，而借用生活周遭事物和語言，引領人們去直觀內心，發現真宰。當頭棒喝、拈花微笑、燃佛取暖、攪屎橛等等事物，

均入法眼，成為開悟之法，一直到禪宗本身也成為一種教條之後，方才逐漸式微。中國武術繁多，但究其理法，雖有其異處，但亦有一貫之理法隱於其中。所謂中國武學之核心，即是這一貫理法。因此，眾家門派，諸般拳論，均應視為悟法之門，而非理法本體，若是執眾門派為理法，則無異顛倒，喪失其真。

因此，筆者在此所說的，並非任何具體的方式和定義，而是給予一個用過即丟的方便說法，供作大家參考和改正。所謂的「鬆柔」並不是「不用力」「用力」，說到「用力」或是「不用力」之類的言語，並無法正確地理解鬆柔為何物。馬興國在〈「用力」與「不用力」之解析〉一文中曾說：「……不在「『力』之大小，在乎用法。那在『用力』方法上，也就有了用什麼力，不用什麼力的區別了。」[40] 馬興國基本上僅是說明中國武學不用「後天血氣之力」，而要用「先天一氣之功夫的『力』」，以此來消解用力與不用力之區別。

然而，馬興國並未真正地解決問題，而僅是作一迴避，因為馬興國對於「先天一氣之力」並未有實質上解說，而是藉由「用力方法」作個形式區分而已。但是馬興國基本上還是說對了：問題不在於「力之大小」，而是在「用力方法上」。鬆柔並非是用力或是不用力，也不是一種力之大小的程度問題，而是一種根本上完全不同於我們日常認知的運動方式，而這種運動方式和觀念是我們為了開發身體內在路徑的一把鑰匙。因此，鬆柔並不是我們最終追求的目標，而是一種訓練方式，藉由對於鬆柔的體認

[40] 馬興國：http://www.taijicn.net/blog/html/200805/t8061.html

和實踐，我們逐步去開發身體內在的路徑，並由此路徑去傳導能量、分散外力、匯集能量等等，這種能量在古時武術家們稱之為「氣」；從物理學的觀點來看，這是一種力與力之間的交互作用。

透過鬆柔功夫，我們逐步瞭解到身體內路徑如何傳導能量（或是「力」），並理解能量之間的交互作用，進一步運用這交互作用來運動我們或是他人的身體、甚至是意念。因此，鬆柔像是在挖井一樣，將我們身體和意念的內在運作方式，經由往心靈和身體內處深耕的方式，給挖掘出來。這時有一個問題浮現了，為什麼只有鬆柔才可以具備著這樣的功效呢？為什麼用力或是不用力無法達到這個目的呢？

直接的原因在於，用力和不用力，甚至是一般所以為的「發勁」等等，都與日常觀念相暗合，因此人們往往會被日常習慣給「綁架」，很難進一步開發身體運作的另一可能性，而仍是運用已知和熟悉的身體運動方式。這種給日常習慣「綁架」的情形，王懷湘師兄曾用一個十分貼切的說法來形容，即是「業障深重」。這種業障，可分為行業和意業，行業乃是身體上的習慣，意業乃是觀念上的習慣，這兩種業障沒有被認知和破除的話，那麼就很難體會何謂鬆柔，很難理解和接觸中國武學的核心。

行業，即身體上的習慣，一般學武者可以理解，但是何謂意業呢？所謂的意業乃是日常觀念上的習慣阻礙了對於鬆柔的認知、感受和實踐。因此，若要真正理解鬆柔或是將之實踐出來，就必須在觀念上作一激烈的改造與革新；如果在觀念上始終未有轉換的話，那麼始終是緣木求

魚、荒漠尋冰。

　　然而，或許有人會質疑，觀念上的差異真有如此至斯的影響嗎？就筆者個人經驗來說，這種質疑基本可分為兩類：一類是將心智和身體分開，認為心智上活動跟身體的運動是截然不同的領域、是不可混為一談。因此，觀念上的轉換，就本質上而言，根本和身體運動是毫無相關。提出這類型質疑的人，採取十分極端立場的比較少（即是明白認定這種心身分離的立場，譬如說什麼靈魂不死之類的），多數人都是在「直覺」上「相信」心身分離。不過也由於都是出於「直覺」，所以在他們的陳述中，經常可以發現顯而易見的矛盾存在。對於這類型的質疑，筆者認為藉由現今心理學、運動心理學、認知科學的發展，可以很有自信、並有事實根據地說，心智和身體並非全然分離的，而毋寧是相互作用的整體。

　　另一類型的質疑占了較多數，即是認為功夫這種東西只要每天苦練就會有成，因此觀念上轉換根本是多此一舉！整天講拳理、談觀念，反而會把練習時間給擱下，反而不會增長功夫。就此質疑而言，筆者只贊成一半！正所謂：「學而不思則罔，思而不學則殆。」學與思不能偏廢，偏廢則無以成就，求學如此、工作如此、練拳亦如此。沒有正確的觀念和方法，即使外形上如何類似，始終無法探得武學之核心，這好比說，以前希臘人認為地是平的，而太陽是太陽神阿波羅每天駕著金光閃閃的太陽戰車，由東向西飛，然後在西方落下，讓夜晚來臨，早上再從東邊出發上班。後來托勒密提出「地心說」，認為地球是圓的，而太陽是繞著地球轉的，所以東昇西降的過程

只是太陽繞著地球轉的一個現象而已。直到哥白尼、克卜勒、牛頓等人的研究，大家才開始接受並認知到地球繞著太陽轉的事實。以上不僅是個科學理論發展的歷程，同時也是一般人學習認知的過程。如果僅僅是偏重「學」或是「思」任一方向的話，就好像認為我們只要知道太陽東昇西降或是地是「平」的現象就好了，又何必去管現象背後的「真相」！練拳也是一樣，如果只是光注意在拳理上的研究而無實證，就如同魏晉玄談一般，不切實際，毫無用武之地。但若是僅只苦命練習，對於拳理卻一無所知而無法瞭解身體運作的機妙關要，最多也就只是身體健康而已，與武學絲毫不相干。

因此，對於上述的質疑，筆者的回答是：觀念上轉換的確與功夫成就習習相關。在這裡，筆者藉由個人練拳上的一點體會作為例子，以供諸君參考指正。在武禹襄〈太極拳解〉中有「蓄勁如張弓，發勁如放箭」[41]一語，經常被人引用和討論。一般人聽到這句話時，會以為蓄勁時，要有如張弓一般，儘可能地將力量蓄積起來，故在腰胯上要求擰轉到極處，全身有如伏地猛虎，屈身伏腿，拳向後拉等等。發勁時，拳發如電，全身瞬時一動，有如猛虎撲食一般。然而這種說法，筆者認為，並不能確實解釋和理解這句拳諺真正意涵，反而扭曲了其意義。

〈太極拳解〉亦言：「曲中求直，蓄而後發。收即是放，連而不斷。極柔軟，然後能極堅剛；能黏依，然後能靈活。氣以直養而無害，勁以曲蓄而有餘。」[42] 在這段

---

[41] 王宗岳等著（1996），pp.51。
[42] 王宗岳等著（1996），pp.51。

文字中，武禹襄十分貼切地說明了勁之運用以「以曲蓄
而有餘」。以張弓言之，則是說明一種「一觸即發」的狀
態，有如箭在弦上，一放即發之敏感。然而，「蓄勁如張
弓」並非是種肌肉、精神的緊張狀態，或是以鼓氣努力來
作想，而是我們所謂的「鬆柔」。在日常習慣和觀念中，
我們習慣會在用力前會深吸一口氣，或是作出種種「前置
動作」來幫助自己本身來發力，譬如當我們跳高時，我們
會先往下蹲身屈腿，再往上猛跳等等。這類的前置動作都
是用力緊張的狀態，是身體為了準備發揮極大的力量，所
進行的蓄積與預備。

　　然而，從鬆柔的思維角度來看，蓄勁狀態中，身體是
保持放鬆輕柔的狀態，並沒有任何前置動作存在，而是
盡其所能地保持放鬆，進而自然產生彈性與勁力傳導性。
這種由鬆柔狀態而自然產生彈性與勁力傳導性的情形，與
上述撐腰拉拳的姿勢大異其趣。蓋上述用力方式，仍未脫
離日常運力方式，須有外形的前置動作，否則無法發拳如
電。然而，以鬆柔角度解釋和實作時，重點並不在於如何
蓄積力量，反倒是要放下身上無謂、多餘的力量！最好將
身上的拙力放得乾乾淨淨，全身沒有一絲用力，方是上
等，因為唯有將身上無謂的力量放掉時，身體樁勢才能具
有最佳的彈性和勁力傳導性。

　　這種轉化拙力的鬆柔，不是「不用力」或是「放
軟」，正確來說，乃是在全身具備良好結構或樁勢的前提
下，使全身肌肉、精神放鬆轉柔，進而使整個樁體產生彈
性和勁力傳導性。這種運動方式是與日常用力習慣截然不
同的。因此，鬆柔所要求的是，放下過去所累積的用力習

慣，進而重新建構出另一種截然不同的「運勁」方式，而這種訓練過程，在武學上稱之為「換力」。

因此，所謂的「蓄勁如張弓」，並非是預備發力的前置動作，而毋寧是在「換力」之後，我們隨時隨地都保持在「蓄勁」的狀態，而且不用絲毫力氣或是心神，即能「在」此狀態之中。用句較淺顯的話來說明：藉由「換力」，我們獲得另外一種截然不同的「運勁」習慣。

從鬆柔的角度來思考，我們會發現，「發勁如放箭」本身的意義也會與一般人的解釋完全不同。一般人會認為，所謂「發勁如放箭」是指出拳時要如奔雷閃電、措手不及。因此在訓練上就開始往速度上作思考，從而被外形運動速度所迷惑，無法進一步瞭解拳理。思考拳理較深者，會開始往勁力的角度思考，進而認為不是拳發如箭，而是勁力發放如箭，因此強調勁力發放一瞬間的爆炸力或是彈抖勁等等。但是，如果我們再仔細思考拳理的話，強調一瞬間發勁的彈抖勁或是爆炸勁等等，雖不能說不對，但是很容易引人誤入岐途，陷落入發勁的迷思而變成用力[43]。這是因為多數人都認知到發勁一瞬間的速度和力

---

[43] 這段話也許會令人「丈二金剛摸不著腦」，為何陷入「發勁」的迷思會變成用力？這句話宜從兩個面向來解說。首先，「發勁」在武學的重要性並不如一般人所認為這麼重要，甚至有人將「發勁」當作練拳唯一的目的。然而，在實際訓練和研究中，筆者發現發勁並不是像一般人以為的如此重要，甚至可以說是武學研究的嚴重阻礙。固然在技擊上，發勁的確具有提高攻擊力的作用。然而，在實際技擊中，不是只需要強大的破壞力，更重要的是如何有效地控制整個技擊過程。因此，真要說的話，鬆柔、聽勁和沾黏的功夫更是緊要，而發勁全是奠基這些功夫的成就上。筆者跟從王師學拳時，王師很少會說要提高發勁的勁道，但經常耳提面命的是「鬆柔」和「沾黏」的重要性。王師

量，卻忽略了「蓄勁如張弓，發勁如放箭」這句拳諺所依恃的內部拳理。

張弓放箭，基本上不是任何具體的身體要求，有些人會解讀成身體須兼備五弓之力，進而從五弓之力開始說明，要求人體必須隨時具備著這種一觸即發的彈抖勁。然而，筆者認為，說人身具五弓並沒太大意義，除非我們正確地理解到，所謂的張弓放箭，在拳理中僅是種「比喻性的說法」。好比我們會說，此子志比天高，我們看不到「志氣」是長得如何，也不知道如何去測量志氣的「高度」，但是我們知道一般而言，天是高不可攀地，無法觸及的。因此，我們是用比喻性的說法，來說明一個人胸有大志。因此，筆者認為，「蓄勁如張弓，發勁如放箭」僅是比喻性說辭，除非我們能夠正確理解內中拳理，並將之轉化為具體實踐，否則即使這個比喻再怎麼精確，也絲毫沒有任何意義。

筆者認為，所謂張弓放箭等等，都是在說明和表述鬆柔之於武學的重要性和其性質，「蓄勁如張弓」亦如是，「發勁如放箭」亦復如是。「發勁如放箭」其實是在說明勁力發放之時「鬆脆乾淨」，如箭之離弦，一去不返；勁力發放之時，亦不存於我身，盡數離體而不滯。這種勁力

曾說：「我年紀這麼大，身體和勁道都不如你們年輕人。我在推手、散手之所以勝過你們的原因，全是因為『沾黏』功夫。你們一動，我就先知道，然後跟著你們走，讓你進退不能，動彈不得。所以，沾黏要好好練，功夫才會出來。」因此，如果將發勁視為練拳的唯一目的，而忽略鬆柔、沾黏、聽勁的重要性，那麼功夫就很難有所成就。其次，大部人在「發勁」時，其實是在「發拙力」而不知。因此當這些人又以「發勁」為練拳為唯一目的時，反愈行愈遠，用力愈來愈僵！

發放之乾脆，非用力所能，唯鬆柔可致。日常用力方式，人身上仍存有無知無覺之力氣，因此在運動、發放之時，仍有斷續阻滯之處，此所謂「斷」也。斷者有三，形斷、勁斷、意斷。形斷者，身手足外三合不調之謂也。形斷者，舊習尚未滌除，新習猶似太淺，運動折疊皆有斷續之處。好比初習弓法，手指不聽指揮，引弓用力不當，瞄準用法不對，故稱之形斷。勁斷者，運勁之際，上下分離，周身未能一家，外形運動雖似一體，然而運勁斷續於其內，猶似箭離弦之際，卻為弦上之線所牽引，而發之不遠。所謂意斷者，身勁雖似一體，然而意氣運行，卻是曖曖不明，一時心慌意亂，一時心頭萬緒雜沓而來，精神不能專注，意氣無法暢流。正猶如發箭之時，心神閃失，箭發失的，稍有不慎，亦可自傷，此謂之意斷。

因此，「發勁如放箭」既非拳出如電，亦非發力猛打，而是在鬆柔的前提上，將周身勁力如射箭般，發放於身體之外，使得身體沒有一絲勁力留存於身。故武禹襄〈太極拳論要解〉中即言：「全身意在蓄神，不在氣，在氣則滯。」[44] 若是撲心用意，努力鼓氣，則身斷、勁斷、意斷，如此勁力發放阻滯遲泥，意氣不能活潑自由，如何能將勁氣在我周身暢行無阻，四通八達？因此，「發勁如放箭」乃是說明勁力發放之鬆脆乾淨，而非僅僅意指出拳之速度而已。筆者曾用另一種說法來解釋「蓄勁如張弓，發勁如放箭」的意義，假設我們將鬆柔狀態想像成吉他上的弦一樣，當弦調到不鬆不緊的狀態時，可以發出正確的音色，而不會彈不出聲音或是容易繃斷，這種不鬆不

[44] 王宗岳等著（1996），pp.52。

緊的狀態，在武學中即是我們所謂的「鬆柔」。「鬆柔」狀態並不是勉強維持、刻意求之，而是在平日中養成的自然習慣。這種狀態即是「蓄勁如張弓」。所謂的「發勁如放箭」，從吉他弦的例子來看，則是指當我們彈吉他時，吉他弦振動發音的狀態，即是武學所謂的「緊」或是「發勁」，這毋須特地蓄力，一彈即有[45]。必須注意，前者的「不鬆不緊」是從日常意義上來加以思考；而後者的「鬆」「緊」，則從武學的角度來思考。

---

[45] 在筆者所見資料中，李剛先生也運用了和筆者相同的比喻，今將其言論摘要如下：「為了便於領會，鶴法還曾以廣胡為喻，弓與廣胡理法相同，拉完樂曲後為了保護樂器，都是把弦鬆開再掛置在牆上，待演奏時再把弦撐緊，這個緊要適度，所叫調弦，如果弦鬆狀態就無法演奏，但若弦太緊就會斷，起手制敵就如兄上弦和調滿弦，才能隨意演奏。」（李剛：〈也談王薌齋、福建鶴拳與意拳的關係〉；見台灣武林編輯部（2004），PP.252。）然而，比較可惜的是，李剛的言論太過強調鶴拳，進而認為太極、形意、八卦等武術之勁力運用方式，與鶴拳大相徑庭。譬如說，李剛先生認為北方武術所稱的整勁和鶴拳所言的宗法有其性質上不同：「……所有內家拳法的整勁皆有蓄發之別和起落之別……宗法的應用是遇敵起勢神鬆意緊……一觸即鬆，沒有起落過程。」「還有一個重大區別是內家拳的整體發力是如炮彈出膛，是以人體重心向各方向發射的。而狗抖水並不是朝一個或幾個方向甩落，而是八面齊落。宗勁發出是如炮彈炸開。」[台灣武林編輯部（2004），PP.251。]筆者認為，李剛先生落入拳種門派上區分，進而使得自己觀念無法超脫於鶴拳之外，實屬可惜。蓋就筆者觀察和實踐而言，鶴拳理法，與其說和北方內家拳理不合，倒不如說兩者是在說明同一件東西。譬如，所謂「八面齊落」，武禹襄〈太極拳解〉即言：「立身須中正不偏，方能八面支撐。」（王宗岳等著（1996），pp.51。）所謂「一觸即鬆，沒有起落過程」，李亦畬〈五字訣〉即言：「於彼勁將展未發之際，我勁已接入彼勁，恰好不先不後，如皮燃火，如泉湧出。」（王宗岳等著（1996），pp. 69。）除此之外，我們可以找到一堆證據說明，鶴拳除在形式外形之外，其拳理法要均與北方內家拳理十分類似。當然在拳論語言上，頗有北雅南俗的感覺，但基本上，所描述的是同一種東西。

　　必須補充一點，在說明「發勁如放箭」時，筆者曾說明，是因為身體鬆柔，勁力不滯留於體內，所以勁氣發放方能如箭射一般快速。但是筆者也曾言明，這並不是說拳出如電，而是說勁力發放如電。這是什麼意思呢？筆者舉推手為例，當我接到對方勁力之時，我並不一定拳動如電，也並不一定要將對方打出方算得「發勁如放箭」。當我們感知到對方勁力之來去方向，並進一步掌握到對方勁力之時，對方是處於我們隨時可以發放和控制之狀態，這亦是「發勁如放箭」。勁力發放不像是弓箭離弦之後，還有一段飛行距離；而是在離弦一瞬間已颯然中的。李亦畬〈五字訣〉裡即有說明這種「放箭即中」的情形：「於彼勁將發未發之際，我勁已接入彼勁，恰好不先不後，如皮燃火，如泉湧出[46]。」[47]

　　綜上所述，透過對於「蓄勁如張弓，發勁如放箭」的說明，我們可以發現日常習慣和觀念是如何影響到我們的生活和習慣。當筆者看到有人推手用力蠻推、胡纏，而仍是無法將人推出去，有時會不禁告訴他問題不在於用力，而是用太多力時，他人倒丈二金剛摸不著腦，直說：「用力都推不到了，更何況不用力？」這是由於理法未明，自

---

[46] 所謂「皮毛燃火，如泉湧出」等語，可與《形意拳經》中，「遇敵好似火燒身」相對照。孫祿堂在〈形意鑽拳學〉《形意拳學》曾寫道：「鑽拳者，屬水，是一氣之曲曲流行，無微不至也。鑽上如水在地中忽然突出，亦如泉水之上翻似閃。在腹內則屬腎，在拳中即為鑽。所謂鑽拳似閃屬水者是也。其氣和則腎足，其氣乖則腎虛，清氣不能上升，濁氣不能下降矣。其拳不順，真勁不能長，拙勁亦不能化矣。學者當知之。」見孫祿堂著，孫劍雲編（2002），pp30～31。

[47] 王宗岳等著（1996），pp. 69。

怪不得他。然而，亦有些人於拳理一知半解，雖是嘴上說「用意不用力」，然而一遇到問題或是推手之時，不免又退回到日常觀念當中，認為練練鬥力蠻推是很重要的。這也是不明理法，加之驗證不足，所導致的錯誤推論和理解，這些人的問題又比諸前者更加嚴重，蓋所執更深。正譬如有一殺人刀落，斷去過去種種業習執著，方能有一活人劍點人生機智慧。所以如何自這一殺人刀落中，獲得一點清靈，乃是欲深入研究者求而不得之門路，在太極拳拳譜中稱為「覺始」，亦即自此覺悟。

六、理法不離

筆者認為，武學是一門極具實踐性的學問，是一種生活方式、習慣和態度的養成。我們不能把武學當成象牙塔的理論和無端虛想，或是將武學化為雜技或是格鬥技來看待，這些不是忽略了武學本身文化內涵和精神修養，同時也將武學當作一門完完全全的殺人工具或是怪力亂神之迷信來看待，缺乏進一步的理論和精神上之提昇。武學是門「知行合一」的學問，有知無行，沒有任何的實踐，也僅是向壁虛構，沒有任何實質的效果；有行無知，人會舉目茫然而無所措，更甚者，終日愚行，執假為真，反倒有害於身心。正所謂「工夫」者，「知行合一即工夫」也，即是：我們必須將我們的體悟和認知，結合、落實到我們的日常實踐當中，將之化為我們之血肉筋骨，化入我們的起心動意當中，進行對身心的革命，從而自各種不同的束縛中解放出來，重新看待我們自身。

所謂「理法不離」，亦是指「知行合一」的工夫。不

過，在岳家散手中，由於岳家散手的諸般特性，使得岳家散手與一般拳術散手有所不同，並且更能表現出「理法不離」之特點，即是：理法不離，以法驗理，以理證法。所謂驗證、驗證，法理相驗證也。在下述，筆者將進一步闡明岳家散手「理法不離」之特點。

　　岳家散手是以擒拿為主體的散手系統，在組織和架構上，都是由出拳或是接手轉為擒拿，再進而連接到摔跤、肘打等等。另外，由於王師所傳的岳家散手著重於鬆柔、活動式的擒拿手法，這不僅進一步深化岳家散手的拳理和技擊方式，同時也產生類似太極推手般的訓練和驗證方法。

　　在深入討論之前，筆者必須先點出一個常見且嚴重的錯誤認識：擒拿制人的效果，不是建立在「痛感」上面，而是建立在如何沾黏控制對方末梢，將勁力貫入對方諸關節，使之「節節乖舛」，進而操之在我，動彈不得[48]。

---

[48] 擒拿術或是關節技，在英文常翻為”pain compliance techniques”。從英文直譯的話，意思是「屈服於痛感的技術」，或是「因痛而屈服之技術」。不難看出，這裡明顯將擒拿或是關節技視為壓制關節或是刺激痛點的技術群，進而使對方因為疼痛而屈服。這種看法也是多數人對於擒拿和關節技的認知。然而，這是相當錯誤的看法，在正文中已有說明，再此就不再多言。另外，Richard Nance曾經寫了一篇”Pain Compliance vs. Body Mechanics～A comparative analysis”，在文中細心比較”pain compliance”和”body mechanics”兩種技術群的差別。”Body mechanics”，顧名思義，即是利用人體生理結構的槓桿作用，輕鬆將對方制服的技術。岳家散手的擒拿手法，比較接近Nance所說的”body mechanics”。就Nance的範例來看，其中雖有與岳家散手共通的手法，但是Nance的說明當中，欠缺中國武學的核心概念，如鬆柔、椿架、內勁等等，使得在實踐和理論上仍是有著許多重大差異。譬如說，Nance將鎖腕當作”pain compliance”的範例，但在岳家散手中，鎖腕仍是可以表現出”Body mechanics”的技術面。

因此，擒拿手法一施，對方不是因為感到「痛」而退卻或是無法抵抗；一般來說，當人感到疼痛時，反抗力量愈大，你愈無法掌控他。相反地，在施展擒拿時，要盡可能地放輕放鬆，在對方不知不覺的情形下，將對方諸節一節節地貫串起來，使之骨節乖舛無法動作，這才是擒拿法真正「以巧破拙」之心法。就筆者來說，痛感只是擒拿手法中的副產品而已。在擒拿過程中，必然會產生痛感，然而卻不是擒拿技術成功的充分條件。如果過於著重痛感時，反而會無法順利擒住對方，往往為對方所掙脫開來，或是必須使出非常大的力氣方能控制住對方。

就筆者的觀察而言，許多現代格鬥技中的關節技，雖有擒拿之外形，實際上卻缺乏擒拿的內涵，都是在用蠻力扣鎖住對方關節或是頸骨。當對方掙扎時，只會不斷付出力量來壓抑住對方反抗力量而已。在這過程中，筆者所看見的，並不是「以小勝大」或是「以巧破拙」等等心法，而是看到了一場力量間的拔河比賽，勝者就可以順利固定對方，或是掙脫出來。

在此，筆者不欲強說什麼技巧比較好，什麼技巧不好，而是單純考慮到幾個問題：首先，當你在應對時，如果一個人要花你那麼多的時間和力氣方能制服的話，那麼你能以相同方式，連續應付多少人？其次，在一對一的情況還說得過去，但是在一對多的情況下，這種拔河的方

在 " Body mechanics " 範例中，Nance正確地說明動量和槓桿的運用，但是由於缺乏鬆柔和樁的概念，所以只能針對人體較大的槓桿，如腰桿，或是較容易運用的槓桿，如頸椎或是肩膀加以說明，也因此不一定能夠使得輕鬆。雖說如此，Nance所獲得的洞見仍是超出不少人之上。

式就十分不利，譬如說你花上30秒去壓制對方或是扭斷對方的肘關節，代價是你會有30秒的時間任憑其他人宰割！筆者認為，這不是實不實戰的問題，而是種經濟學的問題：當你有更好、更有效率的方式可以選擇時，為什麼你不選擇它，而要選擇比較沒有效率的方法呢？

所謂的「以小勝大」或是「以巧破拙」等等，並不是指先天上的體型大小而言，好像是說因為我身體矮小或是力氣較弱，才要採取「以巧破拙」、「以小搏大」的方式。正確來說，「以小搏大」或是「以巧破拙」所表達的，是種經濟學問題，即是：如何透過最小的消耗，完成最大的效能。舉汽車為例，假設今天有兩部車，一台是是美國汽車，一台日系汽車。兩台車以時速120公里連續開1小時後，美國耗油1.5公升，而日產車僅耗油1.0公升。雖然乍看起來，美國車在起初發動時，馬力較足，但是兩台車基本上卻是在相同時間裡，走了相同的距離。當你在選車時，你是選看起來，體積大，馬力足的美國車，還是體積小，但是省油的日系車？如果單單考慮到外表或造型，選擇哪一種車僅是個人的價值判斷而已。但是就經濟性而言，那麼，選擇日系車是相對較好的選擇。

如果上述比喻讀者們能夠理解和接受的話，對於下列我們即將要切入的主題就能獲得進一步的瞭解。由於擒拿並非建立在「以力鬥力」和「痛感」的前提上，而是建立在鬆柔沾黏和「牽一髮動全身」的機制上時，擒拿本身就具備了具體有效的訓練效果。擒拿與單招訓練不同，擒拿若要訓練奏效。必須經由雙方對練的模式，透過沾黏聽勁去掌控對方行動，並進一步引導對方到我要的位置方向

上，為我所擒，如此方能進一步掌握擒拿手法的內涵。然而，在一般單招或是拳套訓練當中，對手的有無和反應是經常被忽略的，即使是在進行拆招餵打的訓練，亦是如此。有些人以為單招或是拳套練熟之後，就能有技擊效果，這無異是顛倒妄想，也因此有了練用脫節之嘆。也有些人雖然是在拆練單招應用，但由於過度忽略對手應有的正常反應，而致使在實際應用上，全然失效！

再者，擒拿訓練又有優於一般散手訓練之處。一般散手訓練由於缺乏正確觀念和方法，以鬥力和打倒對方為能事，因此容易陷入輸贏勝負的陷阱當中。這種鬥力方式，乍看之下，似乎十分「實戰」；但究其實，不僅是「不經濟」的應對方式，同時也嚴重阻礙對於鬆柔沾黏的體悟和實踐，落入了日常用力習慣當中；稍有不慎，即會受傷，甚至造成雙方心裡嫌隙者，亦時有所聞。但是就擒拿而言，若不是運用正確的方式──「鬆柔沾黏」、「牽一髮動全身」等方式──那麼就很難將對方輕鬆控制住。因此，雙方不用真的硬拼到撕破臉的程度，即可知道此招是否有做到位，減少雙方鬥力、受傷，甚至翻臉的情況。

舉岳家散手中的單壓指為例，若是對方不明此理，強以拙力猛壓我手指，我會感覺到痛，甚至指骨骨折，但是我人卻不會因此受制於他，或是無法反抗而跪倒，這與徐畏三所謂「擒敵人而拿之，雖頑強之夫，亦可使其力無所用、拳不能行，俯首貼耳以受制於我」[49]，真是大相徑庭。然而，若是我們確實瞭解擒拿的技擊內涵，則當我施單壓指時，勁力由梢節傳遞到根節，使之節節乖舛，無

---

[49] 徐畏三、金佩生（1932），pp2。

法動彈、反抗而不由自主地跪倒，此即「俯首貼耳以受制於我」。當聽勁功深、放掉手上拙力時，甚至可以用拇指和中指兩根手指，就能藉由拿住對方食指將對方放倒。這並不是用力就可以辦到，而是你本身需具備鬆柔沾黏的功夫，方可以達成。

因此，岳家散手並非僅用蠻力和日常用力習慣即可習得，必須徹底瞭解、領悟鬆柔沾黏拳理之後，方能聽入我身體諸般骨節，將你的勁力節節貫入我骨節中，使我骨節乖舛而動彈不得。因此，岳家散手欲得其精微，亦如太極推手一般，手需輕、需鬆，不可用力，仔細感覺對方勁路來去變化，一舉動莫不以神意合之。故《楊氏太極拳老譜》方說：「如懂勁後神而明之，自然能量尺寸。尺寸能量，纔能節拿抓閉矣。」[50]

從訓練效果來看，由於岳家散手本身即有「遇手無窮變化」、「手手相應，著著接續」等變化無端的特點，在技擊方式上有正確的接引觀念與手法，使岳家散手之擒拿並非僅是處於被動狀態，亦可引之為主動出擊，可謂變化萬千，防不勝防。在勁力驗證方式上，由於非鬆柔沾黏不能擒人於無形、跌人於不覺，故驗證其效果極為便易且精確，不致本末顛倒，倒假為真。

在技術上言之，岳家散手本是散手，沒有拳套，同時由於接引觀念與手法之成熟，極易與諸家拳術散手合為一體，因此可供作各家拳術之用，而非獨厚岳家。再者，岳家散手皆以擒拿為主體，而當對方被擒住時，即全身不得動彈。因此就實際拆手上而言，在不減損散手訓練效果的

[50] 王宗岳等著（1996），pp.175。

前提上，能夠達到十分有效且不落入用力、鬥力、勝負陷阱的優質訓練效果。

七、結　語

在本章中，筆者概略地說明岳家散手的風格和特點，並說明岳家散手如何藉著這些特點，而具有良好的訓練和技擊效果。然而，或許有人會質疑：「你所描述的，是否真的是岳家散手本來之風格或是特色？」進而去懷疑筆者在立論上是否有所偏頗。也許也會有人置疑筆者，在說明岳家散手時，過份引述太極拳的諸般拳論，似有牛頭不對馬嘴之譏。對於上述言論，筆者並不否認，甚至在歷史層面上，筆者甚或部份贊同這些批評。

然而，筆者所要描述和討論的，並非僅是劉士俊所傳的岳家散手，也不只是王傑老師所傳的岳家散手而已。筆者所想討論和描述的，毋寧是岳家散手作為一個歷史發展的整體來加以看待。

筆者不認為王傑老師所傳的岳家散手是原原本本劉士俊的岳家散手；但是筆者的確認為，岳家散手在王傑老師身上的確有了一次豐富且精緻的理論與實踐上之提昇。因此，何謂認識岳家散手呢？也許筆者所作的工作，也僅是隔靴搔癢，搔不得癢處，但總是盡點人事，無奈隔著靴子搔搔癢，充當有搔得癢處吧！

第六章
岳家散手理法

一、岳家散手法要

在〈認識岳家散手〉一章中，筆者主要說明了岳家散手從劉士俊強調短打指力的方式，逐漸演變為王傑老師手中，以沾黏鬆柔為主的功法。這種由一般強調指掌握力的硬拿，轉變為以鬆柔沾黏為主的柔拿方式，並非單純在功夫上的線性提升，而毋寧是截然不同的武學理論革命和經驗轉換。換言之，任何以力量或速度為主要理論核心的武學理論，都無法理解王傑老師所傳承下的岳家散手！

在前一章中，筆者主要是從歷史的角度，分析整個岳家散手（由劉士俊到王傑老師）的特點。

在本章中，筆者主要是在說明王傑老師手中，以鬆柔沾黏為功夫根柢的岳家散手之原理。

從歷史的角度上來說，筆者無法斷言王傑老師的岳家散手是不是僅此一家的創新，至少就目前拳譜和已知的故老相傳中，這種以鬆柔沾黏為主的擒拿方式，應該早已出現在中國武術史裡，只是武學凋零、功夫日益失真，造成今人認識不深而已。

據王師長子懷湘師兄所云，王傑老師雖所遇名家無數，但沒有半個人曾經教導這種以鬆柔沾黏為主的擒拿手

法，這全為王傑老師功夫精修、能發善悟所致也！因此，根據目前所流存的資料來看，在王傑老師之前，在中國武術史上，也沒有幾個人可作為參照。

據傳當年，楊少侯能打善拿，擒拿功夫亦是全以鬆柔沾黏為主。可惜楊少侯功夫少傳，至今所知傳人中，也沒有身懷如此功夫之人。

從現今可蒐得的拳論來看，過去對於柔拿的理解，除了少數如《楊氏太極拳老譜》特別申言鬆柔沾黏的重要性之外，其他家言論雖亦有所及，但仍是有混淆硬拿和柔拿之嫌，未能獲致良好理解。許多擒拿言論仍主要是集中在指掌抓力，因而有「巧拿不如拙打」之譏。不過，雖然《楊氏太極拳老譜》或是張孔昭《拳經拳法備要》均有提到柔拿的重點，但也僅只是點到為止，並沒有對於柔拿之法與原理有著深入論述。蓋擒拿為中國武學技術之一珍，不僅實戰用之有勝人不覺之妙，又有分筋錯骨之法，能殘人肢體，非有德者不能妄傳也。因此對於擒拿諸技，十分要求「非得點傳不可」[1]。

雖說在近現代的拳論中，有不少關於擒拿法的專著，但多是集中在硬拿死擒的手法之上，對於柔拿活擒之拳理或專著反而十分稀少。這倒不是說沒有人會，只是沒有形成一套可供驗證的現代拳論，多是口傳心授而已。

現代擒拿專著雖已有相當進步，廣納不少當代生理學知識和物理學知識，在擒拿內容和原理上均有所強化和現代化。不過可惜的是，觀其說明，仍是硬拿強擒而已；同時，也僅僅只是提及當代生理學知識，但無法正確運用這

---

[1] 王宗岳等著（1996），pp.163。

些知識說明柔拿的技術原理，甚至與拳理毫不相干。

因此，對於岳家散手柔拿之原理，筆者認為有必要作一詳盡說明與解釋，如此將可以澄清許多過去的對於擒拿的諸般誤解和偏見，重新審視擒拿作為中華武技瑰寶之地位。

必須言明在先的是，王傑老師的功夫全是自修功深而來，因此是從經驗中做起，很少會像吾等小子一樣，對於拳論侃侃而談、漫無邊際。因此，以下乃是筆者綜合王傑老師的經驗、其子懷湘先生的言論、各家拳論以及個人心得所琢磨而成。因此，有所未能詳盡或是不周之處，還望指正。

1．槓桿與關節自由度

擒拿主要是借用對方人身筋骨的槓桿作用，反制對方整個身體，使之無法動彈，正所謂「節節乖舛」也。槓桿作用之於人體而言，乃是無所不在的，我們的骨頭基本上就是由筋肉去拉扯骨骼，藉由槓桿作用而產生運動。所以只要我們在運動，不論是行走坐臥等等，都是以槓桿作用為運動原理。

擒拿，分而言之，擒者乃是接引，即是如何接應敵手，使我易於發難；拿者則是控制對方整個身體與重心。一般而言，為了借用對方身體的槓桿來反制對方，擒拿手法必須先控制或是固定對方某一處關節，並藉由這個關節去「遙控」下一個關節並固定之，然後再「遙控」下一個關節，直到串到根節或是人身腰椎，進而牽動整個人的重心，為我所制。因此，如何去擒拿並固定對方的第一個關

節是相當重要的。

　　但是，擒拿對方關節是什麼意思呢？一般練拳的人一聽到擒拿，就會用力猛擰對方的關節，好像要將關節擰脫、扭斷之後，才算是拿到對方關節！謬矣、非矣！試想，擒拿所要借用的，就是人身槓桿作用，扭脫對方關節，豈不是將整個桿槓破壞掉了？如此又要如何借用人身槓桿呢？

　　因此，這種用力擰脫對方關節的手法，不僅無法產生節節乖舛的效果，在實際應用中，還會因為死拿硬擒，反而為敵為趁，故拳諺乃戲謂：「巧拿不如拙打」（實際上，也不是「巧拿」，而是「硬拿」）！

　　那到底要如何「拿」到對方的第一個關節呢？舉腕關節為例，人的手腕雖然可以360度轉動，但如果將腕關節往尺骨或是橈骨扭轉的話，我們就可以卡到腕關節的「極限」而難以轉動。這種關節活動的限制，懷湘師兄稱之為「自由度」，即是關節所能活動的最大限制範圍。想要拿到對方關節所要控制的，就是這個自由度，也就是說：將對方關節擰到這個自由度的極限時，此際該關節就會變成一個可以傳導力量的槓桿。

　　必須注意的是，並不是「用力」擰到關節自由度的極限，而是要輕輕一拿，猶如拿著小嬰兒的手一樣，輕輕擰到自由度的極限。一旦用力猛擰，將對方關節擰脫，破壞了槓桿，又如何能借用槓桿作用呢？

　　即使沒有擰脫關節，但在過於用力的情況下，一方面因為已超過關節自由度的極限，所以槓桿作用變得十分微弱；另一方面，也因為過於用力，擰過了頭，使得整個施

力方向完全不對，無法正確、完整地施用於槓桿上面，就像是原本要往下壓的槓桿，卻變成往左右推一樣，這又要如何能產生槓桿作用呢？

張孔昭在《拳經拳法備要》〈問答歌訣二十款悉盡其中之秘〉中說得分明：「問曰：『拿法可以奪人何也？』答曰：『在反筋偏骨。』」[2] 注意！張孔昭是說「反筋偏骨」，而不是「分筋錯骨」！「反筋偏骨」即是懷湘先生所謂的「關節自由度」；「分筋錯骨」，則是撐脫錯開對方骨節，是屬於卸骨的範圍。擒拿手法中，雖常有「分筋錯骨」的手法，但是這種手法是奠基在「反筋偏骨」的擒拿手法上，即是說：先要正確地擒拿住對方之後，才會有分筋錯骨的手法。

由此我們知道，擒拿施用時，我們是藉由「關節的自由度」或是張孔昭所謂的「反筋偏骨」來拿住對方第一個關節，以此形成槓桿。藉由槓桿作用，我們可由此瞭解到擒拿法幾個有趣的特點。

首先，槓桿本身可以作為一種「省力」機制[3]，因此藉由人身槓桿作用，我們可以用極微小的力量，就能夠去牽動、控制對方整個身體和重心，使對方全在我掌握之中。如岳家散手的單壓指，一般人會以為是要撐斷指骨，

---

② 張孔昭（1989），pp.515。

③ 在此必須仔細說明一下。槓桿是種可以改變作功方向的機制，但是它不必然是「省力」的。當抗力臂大於施力臂時，這時候槓桿就是個「費力」的機制；反之，當施力臂大於抗力臂時，則是省力槓桿。這兩種槓桿都各有其用處，費力的槓桿雖然耗力，但是能在短時間就有極大的位移。像我們平常在用的剪刀，就是種費力槓桿，我們的小臂也是費力槓桿。反之，省力槓桿位移雖然小，但卻十分地省力。

但實際上我們乃是藉由控制對方手指，進而控制全身，使對方動彈不得，而非是擰斷指骨。作到精妙時，甚至只要兩根手指，就可以將對方扳倒在地，而不用上任何力氣，此非巧力何能為？

其次，槓桿作用是可以連續傳遞下去的。透過連桿作用，力的效用會逐級增強。這也是為何僅僅只是制住一根手指，卻能牽動並放倒整個人的主要因素。一方面，如同前述，這種連續槓桿作用會愈來愈省力，因此即使沒有什麼力量，也能牽動並放倒對方；另一方面，這也說明了勁力傳導的特性，在勁線概念中，筆者會比較詳細地說明這種勁力的傳導性。

其三，槓桿作用與勁力向性的關係性。勁力方向對於槓桿而言是相當重要的，不同方向的力，都會影響槓桿作用的實際效果。如果方向不對，槓桿作用不但極為薄弱，也很有可能會完全沒有作用。因此，即便施用擒拿法之一方力量奇大無比，但只要他的方法和勁力方向錯誤，頂多只能擰脫對方的關節，卻無法產生半點槓桿作用。因此，相對於勁力強度，勁力方向才是擒拿手法的重點。

其四，由於槓桿作用的緣故，擒拿第一個關節所控制的自由度極限，會自動帶動下一關節擰到自由度的極限，因此形成「節節乖舛」的狀況。在這個情形下，只要我手中拿的第一個關節沒有鬆手、用力、或讓對方跳離、轉開，只要對方一用力反抗，會因為「節節乖舛」的結構，使得自身的力氣自行卡到關節自由度的極限，而返回自身。這也是為什麼只要擒拿動作完成，整個人就無法動彈，也無法反抗的原因。除非，對方自行擰斷自己的關

節，否則難以起身。

綜上所述，槓桿作用和關節自由度密不可分，學者必須在練習中，細細體會其中關要，方能得心應手。

2・勁路、徑路與勁線

從拳理上來說，擒拿手法與太極推手有著十分密切的關係，兩者都是要找到人體身上的徑路，進而沾黏聽化、起落鑽翻而已。

所謂徑路，乃是人體內勁力流動之方向或是通道，有其因然不易之大路，亦有騰挪變化之小徑，故稱之為「徑路」，亦可稱之為「勁路」。所以，內勁者，內「徑」也。內家武學所要理解和鍛練者無他，求其聽懂「勁」，即是：求其感知、瞭解「內中之徑」也。

在太極推手中，都是先透過沾黏聽接化的過程，去訓練聽懂勁。所謂沾黏者，沾黏連隨也，就是透過肢體或是神意上接觸，和對方發生勁力傳遞的互動關係，與對方成為一個整體。

聽勁者，乃是在沾黏對方的過程中，使自己與對方成為一體，不與對方稍離，亦不與對方相抗，而是如流水般，應和著對方勁力而運作，進而明白對方勁力來去生發，並進一步知己勁力來去生發。

所謂聽者，自然而受之，非強而求之。所以我處以靜定，彼處於浮躁，對方一舉動，無不入我法眼，如此料敵機先，不僅知彼所知，更知彼所不覺；知我所知，更知我所不覺。知所知者，即瞭解雙方運動之方式與意念；知所不覺者，瞭解雙方後天殘留之血氣用力，進而導之於心，

化之於氣。所以聽勁不僅知人，更是知己功夫，故李亦畬說：「打手，是知人功夫。動靜固是知人，仍是問己。自己要安排得好，人一挨我，我不動彼絲毫，趁勢而入，接定彼勁，彼自跌出。」[4]

接化者，乃是待得聽到對方勁力來生發，對方徑路接上自己身體內的徑路時，將對方的勁力導入到我的徑路裡，並導入於地，或是洩之於虛空中。

所謂接者，接榫入骨也；所謂化者，將勁力化之於地或虛空之中；而這種可以接化勁力的身體結構，在武學中我們稱之為「樁」。

最後，我們學習去感知並理解整個內勁的徑路和原理，進而加以實踐的過程，就是武學上所謂的「聽懂勁」。

在擒拿手法裡，我們也必須透過類似的過程來訓練擒拿手法，也惟有如此，才能有鬆柔沾黏的擒拿手法存在。故〈尺寸分毫在懂勁後論〉才會說：「在懂勁先，求尺寸分毫為之小成，不過末技之武事而已。所謂能尺於人者，非先懂勁也。如懂勁後神而明之，自然能量尺寸。尺寸能量，纔能節拿抓閉矣。」[5]

不過，擒拿和推手雖是根據相同的拳理而運作，但是在應對方式上，則是有所差異。推手主要是推研人體內徑與勁力生發變化的原理與方式，因此推手比較專注於勁力方面，比較不會藉用人體槓桿作用來摔倒或是擒拿對方，而主要是在接引對方勁力，或化而跌之，或接而發之。然

④ 王宗岳等著（1996），pp.73。
⑤ 王宗岳等（1996），pp.175。

而，擒拿雖亦如同推手一樣，是用內勁將對方放倒，但主要乃是借用對方槓桿結構，將內勁傳遞到對方身體椿架之中，進一步控制對方重心和筋骨順逆，藉以擒之摔之。因此，擒拿手法招招皆不離槓桿，可以說比較偏向在身體結構方面來應用。

舉例來說，當對方用力打來時，如果是推手，先接到對方的勁力（徑路）之後，直接將對方勁力接入椿裡，藉兩足下踩接地之力，直接將對方勁力返諸彼身，乃是直進直出，此為推手中的「一接點中求」也！楊少侯曾用兩根手指將汪永泉放出即是此理[⑥]，此全憑勁力的接引發放，不借用到對方身體的任何槓桿作用。

雖然擒拿也是要先接引對方徑路，但較側重借用對方關節的槓桿作用。因此在擒拿時，當我們兩足一踩，接地

---

⑥「一天早晨，汪永泉到楊少侯家的時候，楊少侯還沒起床。汪永泉想，趁老師還沒出屋，先在院子裏走走拳吧！一來溫習這段時間的功課，二來表示自己也算勤奮，沒偷懶。他兩趟拳走下來，自覺渾身舒坦，微汗待出，心中正有些得意，猛聽得屋裏一聲喝：『練的什麼玩意兒？進來！』汪永泉嚇了一個激靈，趕緊三步併做兩步進了屋。

「進屋一看，楊少侯已端坐在椅子上，問道：『你練什麼呢？』汪永泉直納悶：『我，我練太極呀。』『練太極？你走一個我看看！』汪永泉出手剛一比劃，楊少侯就說：『不對！』再一比劃，楊少侯還說：『不對！』汪永泉不禁有些忿忿，問道：『那什麼叫對？』楊少侯說：『你來打我！』汪永泉擺好架勢，一掌推過去，楊少侯輕輕一化說：「你就這點吃奶的力氣？沒出息！」汪永泉頓時滿臉通紅，惱羞成怒，暗運氣力一個打虎拳直奔楊少侯心窩。汪永泉後來回憶說：『大先生（楊少侯時稱大先生）在我拳快到的時候，伸出兩指點在我拳心，然後朝窗戶的方向屈指－－彈，整個人就被一股力道生生拔起，斜著上了炕，根本收不住腳，撞開窗格撅著屁股直接飛出了屋。』撲倒在地。身後飄來一句話：『這叫對！』」見朱春煊先生所寫的一篇文章〈一接點中求〉http://www.drag-on-arts.com/phpbb/viewtopic.php?t=1111

力返之際,是以擰轉纏絲的方式,先將對方徑路螺旋纏繞起來,由此帶動對方身上諸關節,自然嵌合成槓桿,將對方放倒。

故此,擒拿不是用力猛抓或是去硬卡對方關節,而是將這條徑路旋擰起來後,對方筋骨自然環環相扣,動彈不得,此乃「牽一髮動全身」之義,亦鬆柔沾黏之功也。

雖說擒拿與推手在形式上略有差異,但所求功夫則無差別,皆是以鬆柔沾黏之功夫,求得體內徑路四通八達、靈活變化之機巧。執是之故,王師的岳家散手,特別注動推手功夫的訓練!蓋推手功夫不成,手上聽勁沾黏全無,如何能聽得對方筋骨舛逆、勁力變化而料敵機先呢?因此王師常說:「就功夫來說,散手最簡單,擒拿次之,而推手最為艱難。然而,推手功夫一成,則擒拿、散手無不應手而來,神而化之。」是乃聽勁功成,則知勁力運用變化之道,能化去自身與對方後天血氣用力。如此功夫既已成就,散手擒拿更有何難?

因此,筆者認為,岳家散手最好的訓練功法不是在於培養手上指掌握力,也不是在於招法純熟,而是在於拳理觀念是否正確,並是否以推手功夫作為岳家散手的基本功訓練。

3 · 形斷、勁斷、意斷

孫祿堂常說:「拳術乃一氣伸縮之理。」從徑路的觀點來看,我們可以這麼想像:假設人體全身骨節是由絲線串成,好像是一具傀儡一樣,我們若要舉手,不是手的骨節會自動舉起來,而是必需抽動手上的絲線,手才會往上

提起。如果手上這條線斷了，無論我們怎麼抽，這隻手就是不會有任何反應，除非我們再將這條線接上、續上，我們抽動手上的絲線才會有作用。

再假若，如果我們的肘關節處過於僵硬，像是沒上油的門軸一樣，我們即使用多大力氣去抽動這絲線，這絲線也很難抽動我們的手，反而會有抽斷線的問題出現。

由上述可知，孫祿堂所謂的「一氣伸縮」，其所指的，乃是上述例子中的絲線。這絲線一抽一扯一捲，都能帶動身體的運動。但是，這絲線會因為特定情況而無法發揮作用，一是僵硬，二是線斷。

前者主要是從結構來說，乃是說明一個人的關節沒有鬆開[7]，造成裡面絲線抽扯不動，好比沒上油的門栓一樣，吱呀作響。

後者乃是說，本身的內徑已斷，即使關節鬆開了，但是裡面的線沒有接上，因此怎麼抽都是空的，沒有絲毫作用。當然，這僅是比喻性的說法，如果沒有實際經驗、良好的觀念和判斷力的話，一般人很難瞭解、感知其中的差異和問題。

藉由孫祿堂的說法，我們可以進一步討論之前所說的「三斷」：形斷、勁斷、意斷。由這個例子來說，形斷乃是我們由於不會或無知於運動身體裡面這條線，而只是依照後天習慣去運動自己的身體，從而使整個身體運動變得四分五裂、不成一體。這好比說，你今看到一具傀儡不是

---

[7] 稍微說明一下，所謂「關節鬆開」，不是拉筋這這種「鬆」，而是將後天用力習慣和無意識的緊張動作，徹底從身上拔除，將關節及拉動關節的筋、肉鬆開。這是在身體和意識上的訓練，需要相當時間培養出來。

用絲線操控，而是他身體各部位，像是自有主張地一樣，各自運動，彼此間又會衝突、妨礙；或是傀儡的全身關節僵硬無法靈活轉動，因此怎麼抽扯絲線都無法抽動傀儡，反而還將線給抽斷了。

所謂勁斷乃是內中運勁有所斷續，無法串整全身來運動。在上述比喻中，勁斷就是「線斷」，也就是說，雖然傀儡的關節已經鬆開靈活轉動，但是由於抽扯絲線的方式不當，使得絲線無法隨心控制，反而還會將線給抽斷，或是把線纏在傀儡身上。

所謂意斷，乃是指控制傀儡的操偶師而言。如果操偶師心不在焉，或是精神緊張，以致無法專注在操控傀儡的過程，甚至還出了差錯，將線給抽斷，或是纏上傀儡，或是脫稿演出等等。這些都是由於精神意志無法專注集中、放鬆協調所致。

在技擊、擒拿、推手或是摔跤的過程中，如果要有效且省力地施術成功，除了本身要有相當的功夫之外，另一方面則是要藉由製造或等待對方的敗勢或是破綻的出現。因此，三斷是我們練拳時，必得除而後快的毛病；但是在技擊、或是擒拿摔跤當中，卻是我們欲得而後快的破綻。猶如頂丟偏抗是推手的毛病，但我們在推手發人的時機，也是對方產生頂丟偏抗的時候。如果我們去擒去摔一個樁站得「八風吹不動」的人，一定是吃力不討好的。如此勉強施術的下場，也只有自己倒楣而已。即便真得擒得到、摔得到，也是要付出極大力氣和心血，事半功倍。

因此，無論你是在技擊、推手、或是擒拿摔跤等等，如果想不費力且漂亮地摔倒對方，真正重要的，倒不是你

的一拳有多重，你這一抓有多大力，而是在你的「前置工作」是否完善所致。

在前面筆者曾言，擒拿之擒，乃是接引，也是如何接應敵手，使我易於發難。在此，我們再融合三斷的思維進來，則不僅接引要使我們易於出手，更好的接引手法甚至會使對方產生形斷、勁斷、意斷的現象，使我們更容易出手擒之摔之。

蓋對方形斷，則手足不能協調；對方勁斷，則勁力無法運用；對方意斷，則顧此失彼，如此焉能不為我所趁？

4‧重　心

在之前，我們討論到三斷的意義和作用，但我們尚未觸及一個極為相關的要點，即是「重心」。

我們知道牛頓提出萬有引力理論，說明任何兩個具有質量的物體之間，存在著相互吸引的力量。這種引力關係拿到人和地球之間來解釋時，即代表地球和人之間存在著相互吸引的力量；用一般話來說，即是「重力」，也就是蘋果會掉下來、我們往上跳總是會落地的原因。

但根據牛頓理論而言，這種引力關係乃是兩個質點間的吸引關係，或是更正確的說法，兩個質點的交互作用關係。因此實際上來說，重力對人體各質點或各部位的作用是一樣的，也就是說，人體上任何一點，都可以與地球產生交互作用關係，沒有「任何一點」是「特殊的」。

但是為了計算方便，物理學家會做相當程度的簡化，進而假設人體質量是集中在一個質點之上，這種假設性的「質點」，即是我們通常說的「重心」（center of gravity）或是「質心」（center of mass）⑧。

　　根據生物力學的計算，一般情況下，也就是當你自然站立、不左歪右斜時，人體重心是在骨盆上或下腹腔區，位在身體中線上。再仔細點說，是在第五或是第六腰椎附近。但是，重心不是固定不動的，也不一定會一直在人體裡面，而是隨著人體不同的動作或姿勢，重心的位置會不斷改變。假設今天我們自然站立著，但是右手提著一個重物時，這時候重心就會往右開始偏斜。因此，重心的變化，往往也反映了身體動作本身的變化，有些運動是藉由重心的控制，進而取得良好的成績，如背負式跳高（重心在體外）、跳水等等。

　　在練習樁架的過程中，「保持重心」一直是十分重要的課題，尤其在有外力推拉的情況之下。譬如說，我們自然放鬆站著時，都能夠良好地控制重心。但是，假使有人在推你或是拉你的時候，我們身體由於受外力影響而向左右前後傾倒時，重心會向身體外移出，若沒有自行調整的話，我們人就會摔倒、翻倒。

　　在這個情況下，我們會去動用身體的肌肉，用以維持身體的平衡，來保持重心的穩定度。但若是對方一鬆手，由於本身的抗拒力過強，我們會一瞬間往我們用力的方向倒去，譬如說對方推我胸口，我為了不被推倒，死命往前擠；但是當我用力往前擠的時，對方力量突然消失，我人就會往前衝出而仆倒。因此，如何在外力影響我們身體的條件下，去維持自身身體的動態平衡與協調，並保持重心

⑧ 質心乃是一個質點系統中，各質點距離的加權平均值。質心受重力場影響時，質心的位置會有微小的變化，此時我們稱之為「重心」。

的穩定度才是我們餵樁的初級目的。

因此，由上述可知，當我們重心偏離原位太多的時，此刻要不是有外力影響，就是我們身體本身即是處於極度不平衡的狀態或是緊張用力的狀態。這說明了什麼？這說明了一旦重心偏離原位太多的時候，我們的身體不是處於失衡欲跌，就是付出過多的力量去維持平衡。因此，如果我們不能維持重心穩定度的話，基本上也就很難放鬆自己的身體和意識了。說到此，讀者們應該可以稍微瞭解到重心之於武學的重要性了。

反之，當我們要去破壞的樁勢、或是摔倒對方、去擊倒對方、或是發放對方的時候，引動對方的重心往往是十分有效的方式。在前面我們所提到的三斷，都是可以加以利用來引動對方的重心，破壞其對於自身重心的掌控。譬如說形斷，乃是對方手足不合規矩，這種情況下，對方不太會去控制自己的身體重心，因而十分容易去破壞之。再說勁斷，乃是透過對於對方勁力的沾控，將我勁力串到對方腰椎，使我的舉動皆能徹底影響對方重心，並一進一步摔跌之。意斷，則是藉用驚擾對方意志或是趁彼精神不能集中，進而破去對方形勁、或是賺他反應以誘跌之。以上這些都是操控重心的部分示例。

無獨有偶，日本柔道也發展出相同的概念，其提出者為柔道之父嘉納治五郎，他並且將這種破壞對方體勢和重心的技法，通稱為「崩」：

崩（破勢），將對方誘導使之成為缺乏變化性的不安定。以摔倒技術說明，即是使對方勉強支持重心的體勢。不管是在摔倒技術或捉牢技術

裹，崩（破勢）是技術的母胎[9]。

在一般摔跤或是柔道手法中，經常利用足掃和拉扯來破壞對方體勢和重心。然而，岳家摔跤則主要是利用沾黏聽化、接引拿發等方式，去引動對方重心和破壞對方樁勢。此與上述手法看似相同，其實精粗有別也。如筆者與王師搭手時，王師勁力一放，將我雙手往下一按，我自然用力一抗，王師即能藉此抗力，雙手沾著我的手，兩足一踩，腰胯一翻，將我整個人拔根而起，往外一轉摔落在地。此種手法，純藉沾黏之功，先沾引我力，借我之抗力，將我全身重心一氣提起，正所謂：「若將物掀起，而加以挫之之意，斯其根自斷，乃壞之速而無疑。」[10] 此乃岳家摔跤之上乘技法也！若是沾黏聽化、接引拿發功夫未達精熟細緻，則難以奏效[11]。

5・樁　勢

中國武學雖然千門百派，但總是萬變不離其宗，內中有「一以貫之」之理，統攝各門武學。這個一貫之理即是「樁法」。中國武學的基礎是樁法，其核心也是樁法！老一輩看人有沒有功夫，不是看這人多會打架，或是看這人體格多麼強健，而是看他有沒有樁！

那麼什麼是「樁」呢？是站馬步、弓步還是混元樁

---

[9] 三船久藏（1975），pp.25。

[10] 王宗岳等（1996），pp.55。

[11] 筆者曾觀摩過三船久藏施展「隅落」（又稱空氣摔）的影片，發現其技術核心亦與王師岳家摔跤手法近似，都是先引一下對方的力量，再趁勢轉換，借他人重心失衡之勢與其自身力量摔跌之。觀其技法，頗有沾衣跌人的味道。

呢？為了進一步回答這個問題，筆者先行作個形式上的定義，以方便說明：「所謂的『樁』乃是調校人體內在結構和精神意念而形成的特殊心身結構和關係。這種特殊的心身結構和關係具有引導勁力方向、分散勁力、聚合勁力和發放勁力的特殊作用。」

譬如說，在餵樁的過程中——也就是檢證和訓練樁功的一種方式——當我們推到沒有樁的人時，往往不用費多大力氣就能將對方推動，或是使之足跟離地，無法控制自身；但如果對方有樁，我們會覺得推得十分費力，很難推得動他，但是看他又不是用力死撐，而是好整以暇地，站在那邊，絲毫不用力氣似的。遇到這種現象，一般練太極的會說這個人「有根」，也就是他能將對方的力量轉引到地下去。

反之，當我們欲要將人發放出去時，則是藉由兩足湧泉往下一踩，一股力量自然會由地上竄起，宣洩於指間，這個過程就是一般人所說的發勁。是故李亦畬方言：「胡能氣由脊發？氣向下沉，由兩肩收入脊骨，注於腰間，此氣之由上而下也，謂之『合』。由腰形於脊骨，布於兩膊，施於手指，此氣之由下而上也，謂之『開』。」[12]又說：「欲要神氣收斂入骨，先要兩股前節有力，兩肩鬆開，氣向下沉。勁起於腳根，變換在腿，含蓄在胸，運動在兩肩，主宰在腰。」[13]

---

[12] 王宗岳（1996），pp.70。

[13] 王宗岳等（1996），pp.72。這段文字，又可與《楊家老譜》中的〈太極陰陽顛倒解〉，以及之前的《鶴拳拳論》相比對。〈太極陰陽顛倒解〉即言：「蓋顛倒之理，水、火二字詳之，則可明。如火炎

　　由李亦畬的拳論來看，我們可以瞭解到樁的性質之外，還可知道樁的結構與動作要求。一般拳論中對於身法的要求，即可以理解為調整樁架的具體動作要領，如虛領頂勁、鬆腰落胯、涵胸拔背、沉肩墜肘、開肩裹襠等等，都是對於樁架的具體動作指示。只不過一般人將之視為靜態的動作要求，或是沒有確實達到要求，而毫無引導勁力的效果而已。

　　是以李書文與孫祿堂之弟子柳印虎方言：「用意隨彼，調身於己。」⑭ 而其中貫穿整個樁架的主要結構，即是脊椎，故身法多言立身中正，不偏不倚，即是對於脊椎姿勢的具體要求。是以「氣由脊發」者，非由脊發力、發勁、發氣，而是必須有「立身中正」的前提，脊椎方有引導力量的功能，是以立身不正，腆胸凸背，左搖右斜，皆無法產生引導勁力之作用。

　　在身法動作要領當中最重要、並與脊椎相關的動作要求，莫過於虛領頂勁，在《楊氏老譜》中，又稱為「頂

上，水潤下者，水能使火在下而用水在上，則為顛倒。然非有法治之則不得矣！譬如：水入鼎內，而置火之上，鼎中之水得火以然之，不但水不能潤下，藉火氣，水必有溫時。火雖炎上，得果以隔之，是為有極之地，不使炎上之火無止息；亦不使潤下之水永滲漏。此所謂水火既濟之理，顛倒之理也。」[王宗岳（1996），pp.133~134。]《鶴拳拳論》即言：「夫拳之眾，惟氣無形，有者步勢也，無形者呼吸也，二氣呼出丹田之力，吸收氣海之勢，發手用呼，使力雄殺；收手用吸，使力回鼻。收落咽喉，至胸前門華蓋，吞住氣海，出由丹田；動鳩尾，命門上華蓋咽喉推百會，淺兩肩，發至手掌心，此乃二氣交蒸。」[台灣武林編輯部（2004），pp.172。]

⑭ 童旭東（2008），pp.328。身法之要，可以參考郝月如的〈身法十要〉：「涵胸、拔背、裹襠、護肫、提頂、吊襠、鬆肩、沉肘、尾閭中正、氣沉丹田。」

頭懸」或是「身形腰頂」。《楊氏老譜》〈太極平準腰頂解〉云：「頂如準，故云『頂頭懸』也。兩手即平[15]左右之盤也。腰即平之根株也。『立如平準』，所謂輕重浮沉、分釐毫絲，則偏顯然矣！」[16] 又〈身形腰頂〉：「身形腰頂豈可無？缺一何必費功夫！腰頂窮研生不已，身形順我自伸舒。捨此真理終何極？十年數載亦糊塗。」[17]

　　虛領頂勁的動作要求，簡單地說，即是想像自己的全身是由絲線串起來的傀儡，我們脊椎是唯一的主線，可以牽動其他支線，而當主線由頭上拉起來的時候，整具傀儡就會站起來了。因此，如果要將整個樁架建立起來，我們就必須像這具傀儡一樣，先將主線拉起來。這個動作就是虛領頂勁，也就是將脊椎拉正上提的動作[18]。

　　虛領頂勁是十分重要的動作，我們甚至可以說，一個練拳的人如果不懂、也不會虛領頂勁的話，可以說一輩子都白練了功夫！陳苣洲曾記述楊少侯一段話，足資為證：

> 楊少侯先生與余言，體育社某君練習太極拳十餘年，毫無是處，緣其渾身搖動過甚，頭無頂勁也。有頂勁者頭虛懸，身正直，腰部微動而已，步雖輕靈，而體實安舒中正也[19]。

---

[15] 「平」即「秤」也。此乃天秤之簡稱。在這裡，大家可以想像一個天平的模樣，來理解上述的拳論。

[16] 王宗岳（1996），pp.153。

[17] 王宗岳（1996），pp.120。

[18] 郝少如曾有生動的說明：「提頂（頂勁）和吊襠，提頂要外形幫助，它是虛的，不是實的。頂勁，不伸臉、不低頭，並不在中間起吊襠作用，要拎尾骨同小腹和頂中心成一條直線。」［卞文祺、郝少如（不詳）］

[19] 陳苣洲（2006），pp.7~8。

在擒拿當中，我們不是靠拙力硬擒對方，而是依靠「巧勁」。「巧勁」就原本意思而言，乃是指以小力產生極大效果的「用力方式」（在這裡，我將「力」作物理上意義解釋，與拙力無相關）。

就筆者來說，擒拿的「巧勁」是由兩個因素所構成，一是「槓桿」的掌控，二是「徑路」的掌握。掌控槓桿並不難，其實很多人在實作當中，都能夠拿到槓桿。但問題是，由於他們無法掌握「徑路」，所以無法將勁力送入對方骨節裡頭，進一步產生影響。這原因在於，他們無法運用自己本身的「徑路」來產生內勁，而這又跟他們是否掌握到自己本身的樁架有所相關。

李仲軒曾言：「在唐傳形意拳中，用手去拿人，叫大小纏絲；用胳膊去拿人，叫野馬分鬃；用身子去拿人叫懶驢臥道。用整個身體去拿人，是形意拳的特點，十拿九穩。」[20] 豈止形意拳拿人用身子，而是擒拿本來就是用身子拿人，不管是大小纏絲也好，野馬分鬃也好，都是用「身子」去拿人，即是用整個「樁勢」去拿人。唯有運動整個樁勢，方能產生整勁；也唯有理解並掌握自己體內的「徑路」，方能運動整個樁勢。

由此可知，不知徑路、不明樁勢，就不會產生內勁；而沒有這種具有傳遞和穿透性質的內勁，自然也無法做到節節乖舛（或是節節貫串）的效果。

反之，若在擒拿過程中，對方樁架仍然保持完整，即使看似擒到對方，實際上對方仍有騰挪變化之空間，稍一失神，即為對方所脫，或為反擊。因此，擒拿若欲要拿得

[20] 李仲軒等（2006），pp.30。

輕靈，又要擒得住對方，非破壞對方樁勢不可。若對方樁勢不可破，則根本無法擒住對方。

其實就擒拿基本原理來說，擒拿本身藉由「反筋偏骨」而形成節節乖舛的效果，即已具有破壞對方樁勢之用意和功能。因此，實際上真正的問題不在於擒拿「後」的效果（當然要做得對才有效果可言），而是在擒拿「前」的接引是否做得漂亮，使對方入我彀中，為我所趁；以及擒拿「時」，是否確實將勁力透入對方骨節當中。

二、散手基本功

各種運動都有其基礎訓練作為入門的基礎，或是培養該運動所需的體能和動作。譬如說在練習的游泳的時候，要學習如何用腳打水，惟有正確的動作，才能既輕鬆又有效地將腿部的打水動作，轉化為推進力。如果動作不正確，不僅容易耗盡氣力，而且也游不了多快、多遠。同理，在拳術訓練當中，也有各式各樣的基本功或是基礎訓練存在。不過，筆者在此主要是針對可以確實增長功力，或是獲致良好理解的基本功訓練而言。

在先前，筆者已然論述並確認了岳家散手以鬆柔沾黏的特點。因此，從這一思路推導，岳家散手並不著重，甚至可以說揚棄指掌握力方面的力量訓練。對於岳家散手而言，真正的問題不在於你的力氣有多大，或是你的速度有多快，而是在於你是否能夠聽得對方勁力來去，拿得到對方的槓桿，並將勁力沿著槓桿，透入對方筋骨當中。因此王師常說：「擒拿要練得好，推手得先學好。」乃是指在推手訓練的過程當中，我們可以訓練自身的聽懂勁，從

而能夠瞭解勁力運作變化、對方樁勢重心及筋骨的槓桿等等，如此當能手到擒來，不費工夫。

因此，為了方便初學者，筆者先舉幾個簡單的手法作為入門之基，並加以說明一些常犯的錯誤，並從而驗證岳家散手鬆柔沾黏的特性。

1・外壓腕

甲乙雙方面對而立，設甲方當受方，先出左手給乙方（作方）先擒，乙方雙手輕輕握住甲方左手，兩手拇指分別輕按在甲方掌背食指指骨與中指指骨的中間，以及小指指骨與無名指指骨的中間。

乙方輕輕將甲方左手稍往內扣後，腰胯逆時針一運，將甲方右手隱往逆時針一帶，復將腰胯順時針虛運，將甲方左手輕輕約略往順時針螺旋捲去，隱向右下方合去。直到好似將甲方兩塊腕骨嵌在一起後，兩足微踩，右胯一吸，兩手仍順時針螺旋將甲方放落（外壓腕動作，請參考岳家散手中的腕部擒拿法）。

此勢若是操練正確，則當受方曲膝伏身時，作方左手可以鬆開，以右手輕輕含住受方左手手背，穩住槓桿，並將勁力自此送入。受方則是在姿勢不變的前提上，嘗試起身直接站直（意即受方不刻意脫開，或是左右擰動身體及左手，而是在全身不變的前提下，兩腳直接迎著我施力點方向，向上站起來）。

若是勁力有確實送入時，受方除非改變姿勢，否則必為作方所聽住而無法起身。若是僅用拙力，則勁力著實無法貫入對方骨節當中，受方自當可輕鬆起身。

2・單壓指

甲乙雙方面對而立，設甲方當受方，先出右手給乙方（作方）先擒，乙方輕輕以拇指指尖貼於甲方食指尖，食指扣住甲方第三指節。隨即，鬆腰落胯，腰胯逆時針虛運，虛領頂勁站起，腰胯一放落，即將勁力藉由甲方食指的槓桿，一步步地送入，直到甲方腰胯一落，兩膝彎曲方才算有效（單壓指動作，請參考岳家散手的指部擒拿法）。

此式可以表現出擒拿的諸般特性，前業已說明，擒拿之所能牽一髮動全身，全在於使對方筋骨節節乖舛，而動彈不得、使不出勁力。因此，擒拿拿人，不是用力將對方筋骨扭脫，或是折斷，而是用巧勁將對方筋骨一節節地相互剋制，使對方因自身力量和筋骨之槓桿作用，而無法動彈。

在這式訓練中，作方僅用兩根手指之巧妙運用，即可將對方輕輕放倒。由此可知擒拿非是要指掌握力雄厚，而是在於是否能聽得對方筋骨之順逆，是否能鬆開自身拙力，而使勁力可傳遞到對方身體當中。

另外，在這式中，亦可見到節節乖舛之效果。初學者，拙力未化，聽勁不敏，無法尋得對方筋骨順逆，只能強壓硬拿。然而，無論你力量有多大，速度有多快，最多也只折斷對方指骨，無法有牽一髮動全身之妙用。

若是施術得當，則可以清楚看見、感覺勁力如何藉由槓桿作用，傳遞到指節、腕節、肘節、肩節、腰椎、直到腳底的作用過程。若是手上鬆得愈開，聽勁愈是敏銳，則

可愈制愈深。

　　一般而言，擒拿要有效果，即是能夠使對方失根、全身不由他主宰，則至少勁力必須過腕而傳達到肘，方能有初步效果。梅花拳名家韓其昌即言：「在運用拿法時必須能夠拿住對方的三節，只拿住一節或兩節是拿不住對方的。」[21] 若是勁力不能到對方手肘，則對方全身仍未失勢，此時反弄巧成拙，為人所趁。拳諺云：「巧拿不如拙打。」即是說，擒人者，由於自身鬆柔功夫不夠，聽勁不敏，無法將自身勁力傳到對方手肘以上，而為人所反擊。

3・雙人外壓腕

　　此為甲乙雙方相互扳腕，連環互練的形式。首先，甲乙雙方面對而立，甲方先伸出右手為乙方施展外壓腕。待乙方外壓腕到位時，乙方用意輕微，僅將勁力放一點進入甲方體內，使之動彈不得。隨即，甲方需得鬆脫手上勁力，沉肩墜肘，腰胯逆時針一運，右手肘逆時針疊肘而上，反輕握乙方左手；同時，左手亦輕輕虛握乙方右手，運勁不斷，兩手同時扳乙方右腕。

　　乙方為甲方所制後，亦如甲方一般，鬆脫乙方掌控，反制甲方，如此循環反覆，為雙方互練擒拿與反擒拿之方法。

　　此法為雙人訓練，因此擒拿人時不可用拙力，須得全以聽勁、沾黏為主。當作方擒住受方時，不可執意用力或是故意留力，而是在一適當範圍內，讓受方可以有反制之機。受方為人所制時，亦不可用力掙脫，須得用鬆柔化去

---

[21] 韓建中（2003），pp.195~201。

對方勁力，進而使自由解脫。

4．注意要點

(1)放鬆、放鬆、再放鬆

當受方給對方擒拿時，須放鬆自己的身心，不可緊張。一來怕雙方功夫不純熟時，容易落入鬥力狀態，進而會造成不必要的傷害；二來，雙方如是初學乍練，若是受方處於用力狀態，則容易抓不到正確的感覺，進而形成硬拿力擒，盡失鬆柔沾黏之妙。

當作方擒拿時，亦復如是。這一方面是為了避免對方受傷之外，亦是不循此鬆柔沾黏之法，將始終無法理解並產生「節節乖舛」的原理與效果。

(2)找對的感覺

擒拿施術以巧勁為主，因此重點在於如何憑藉著自身的聽勁，逐漸地找出受方身上的槓桿與勁線，並一節節地將受方手上徑線螺旋纏起，使受方筋骨乖舛、無力反抗。因此，重點在於找出對的感覺，而不是用力。

什麼是對的感覺？就是作方施術時，沒有感覺到任何的阻力，即能將對方輕鬆放倒。若是明顯感覺到受方的反抗力量，就表示你正在跟對方鬥力，此時就要放鬆力量，重新再找。

實際上，若是擒拿到位時（指拿到槓桿，但是尚未將勁力放入之時），勁力尚未貫入，其實受方並沒有什麼感覺，惟當我勁力放入時，受方方才應手而倒。

正如同養神館合氣道創始人鹽田剛三所言：「如果施展合氣道技法時，需要用很大的力量，那就是自己所施展

的技法不正確，認為是不自然的關係就對了。」[22] 岳家散手之擒拿練習時，亦同此理！

一般來說，手上聽勁遲鈍的人，由於手上拙力未化，經常聽不到對方手上徑線和槓桿，因此往往都是在關節上擰來擰去，卻沒有絲毫效果。這是因為這些人往往太過用力，而將對方手上徑線和槓桿擰斷，使得他的力量完完全全卡在他亂擰一通的關節上，而無法順利地傳遞到下一個關節。因此，在擒拿時，不能用力過頭，也不能胡擰對方關節，一方面避免對方受傷，一方面也是由於這樣是練不出東西來的。

再者，在〈認識岳家散手〉一章中，筆者明確地說明「痛感」只是擒拿的副產品而已，擒拿真正要找的是「節節乖舛」的感覺。因此，當受方只是疼痛異常，但是無法將受方輕鬆放倒的話，仍是不對。當你做對時，除了手上感覺輕鬆之外，受方的腰胯會忽然一落，兩膝瞬間一曲，好似身體內樑柱突然折斷一般，全身不由自主地垮去。當對方垮倒之後，只要聽得住對方的力，拿得到對方的槓桿，對方無論怎麼用力掙扎都站不起來。像這樣的感覺，就是岳家散手所要的感覺。

在這裡，筆者提出一個檢證點供學者參考。如上所述，擒拿他人時，乃是將勁力串入對方關節、槓桿之中，產生節節乖舛的效果。因此，照道理來說，如果作方是用正確的方法將對方放倒，只要作方仍然拿著受方槓桿，聽住受方之勁力，則受方必定無法動彈或是起身之。

這一點，筆者在之前已然說明過了。因此，無論作方

---

[22] 鹽田剛三（1973），pp.15~21。

用何種方式擒拿住受方，在受方倒地之後，仍需加以制住受方，並可以要求受方嘗試去反抗或是拆解。若是在完全擒拿的狀況下，也就是滿足「控制槓桿」和「聽住受方勁力」這兩個條件時，受方必定毫無拆解和反抗餘地。反之，若受方仍有反抗之餘地，則表示並未滿足上述兩個條件，而為不完全擒拿。

在這個情況下，必須去區分、瞭解受方是因為忍耐不住疼痛而自行跌仆，或是在一瞬間真的有將勁力放入槓桿，但是未能繼續聽住對方勁力等等不同因素。若是前者，則明顯是方法上有錯誤；若是後者，則歸因於功夫未足。唯有正確瞭解到施術的正確與否及問題所在，我們方能在每次訓練中，獲得最佳、最正確的訓練效果，方能有正確、有效的控制性回饋。

(3)用力宜均，速度宜緩

大凡初練擒拿者，經常誤以為自身力氣不足，或是速度不夠快，以致施術不成。然而，這其實是由於他們太急於用力、加速，以致忽略了聽勁和擒拿真正要找的感覺。因此，在初練擒拿時，力宜放掉，速度宜緩，不可有忽然加速或是加力的情形，如此皆是日常用力之法，非武學用勁之道。從輕鬆緩速當中，尋找正確的感覺和方法，乃是擒拿訓練時的不二法門。

(4)手宜沾黏，腰胯鬆活

前面筆者已然說明擒拿制人，以鬆柔沾黏為法要，因此手不可用力抓緊受方，生怕受方脫手般。當施展擒拿時，沾黏住受方雙手，不即不離，當聽得對方筋骨順逆之時，運動腰胯將對方輕輕放倒。

擒拿住對方時，手亦輕鬆，並時時刻刻聽得對方勁力變化。因此，擒拿非以力量強抓住對方，而是使對方節節乖舛、動彈不得。

再者，擒拿非以手力擒人，而是用全身整勁去擒人。是以腰胯需得鬆活，運動腰胯，以全身之勢擒住對方，而非用局部之力抓住對方。

一般練習擒拿的人，由於全副精神氣力都專注在拿人或是被拿之點，經常忽略了腰胯才是運動全身的關要。因此，擒拿拿人時，不是手上有千百斤力氣，而是藉由全身腰胯運動，將勁串入受方身上徑線，螺旋纏擰之，使受方筋骨節節乖舛，不得動彈。此仍是全身腰胯、樁勢之運動，非僅僅手力而已。

(5)心情放鬆，切忌勝負

在訓練中，心情宜輕鬆，不可強要硬做，鬥力爭勝，這些都會影響你的訓練效果。緊張的心情，會導致聽勁不敏，無法確切地聽得對方筋骨順逆，以應勁力變化之勢，那又如何能一羽制千斤？若是存個爭強好強之心，不僅拙力難化，而且易使他人受傷，盡失相互練習、交流之美意。

鹽田剛三亦言：「……有了『柔和』之心，就不會把傷害對方視為最終目的，而能順利完成技法，並以『互助協作』的人格為目標。以人格之圓滿為目標，才是修習武道的人應有的狀態，而且就其本身來說，這是彌足珍貴的……合氣道不追求比賽之勝負，其理想狀態是在追求絕對性的態度。不用說，不要忽視將對方控制，且必須向超越性的『強壯』求道不可。這一點，和前面的『柔和』之

心，是結合在一起的。因此，在練習同伴間，創造出一種技法，共同互求正確性，並注意只有正確的修煉，才有強壯，這是練習合氣道的訣竅。」[23] 可知拳理萬流歸一，古今中外皆然也。

三、結　語

做任何事情，都要有正確的方法、觀念、驗證與回饋修正。武學雖是以個人實踐為中心，但也是依循相同的道理去實踐出來的。許多人練拳的時候，並沒明確的觀念和方法，甚至鄙視拳理與觀念的建構，以為「拳打千遍理自明」，因此很難接觸到中國武學中真正的核心功夫，始終只有手手腳腳的動作技巧而已。

又有些人，雖然勤於練習，觀念也不能說有極大偏差，但是由於缺乏回饋修正，因此，無法發現自己身體或是觀念上的問題，而始終無法將拳理落實在自身實踐當中。

王師曾經說過，當年在植物園學拳的時候，有一位張姓拳師跟王師他們師兄弟都很熟。有一次這名張姓拳師就跟王師與其師兄弟們玩起推手，但這名張姓拳師都被人推得東倒西歪、立身不住，有一次還跌進荷花池裡，弄得滿身汙泥，回家時連計程車都不讓載，可說狼狽之極！這位張姓拳師苦悶了，他說：「我每天站樁都一兩小時，為什麼會被你們推出去？」王師他們也只能笑而不答。

像這位張姓拳師就是功夫下得深，但不明拳理，又不

---

[23] 鹽田剛三（1973），pp.15~21。

懂得如何在一次次的實踐中自我修正，即使站樁站得再久，也還是無法立得住樁腳，任由人推得七零八落。因此，學者不能不明拳理，又不能不潛心苦練也。以此，共勉之。

第七章
岳家散手

一、岳家散手・指部

1・單壓指　　2・上壓指　　3・反壓指　　4・反壓小指

5・扳指　　　6・上刁手　　7・下刁手　　8・分指

9・握龍頭　　10・握龍尾

1・單壓指

(1)設受方右拳擊來，作方不疾不徐，腰胯逆時針虛運，左手摟手將受方右拳摟開到身外。隨即，作方腰胯一翻，順時針一放落，右手如箭矢離弦般，往對方面上探去（見單壓指圖1、2）。

(2)受方左手必定來架，作方右胯一吸，右手輕輕沾引受方左手抽回。隨即，作方虛領頂勁串起，腰胯逆時針虛運，右手掌沾著受方左手拇指，往前滾落，輕輕扣住受

單壓指 1

單壓指 2

單壓指 3

單壓指 4

單壓指 5

單壓指 6

方左手拇指；作方左手輕輕
虛握受方左手腕。不可用力
壓住受方左拇指，而是輕輕
扣著受方左拇指，好似將受
方左拇指嵌入木樺一般，使
之自然無法動彈（見單壓指
圖3、4）。

單壓指 7

（3）作方腰胯微落，逆時針一裏，作方手肘往前一
捲，輕輕靠住受方左手肘內側。以右手掌、右手肘輕輕沾
著受方，將勁力串入受方骨節，使之無法動彈（見單壓指
圖5、6）。

（4）隨即作方腰胯順時針虛運，隨即逆時針一動，後

足一蹬，前足一踩，串起受方手臂與全身，往地上放倒
（見單壓指圖7）。

2 · 上壓指

(1)設受方右拳擊來，作方不疾不徐，腰胯逆時針虛
運，左手摟手將受方右拳摟開到身外。隨即，作方腰胯一
翻，順時針一放落，右捶如拉弓斷弦一般，翻向受方面門
（見上壓指圖1）。

上壓指 1　　　　　　　　上壓指 2

(2)受方左手必定來架，作方右胯一吸，作方右手輕
輕沾引受方左手抽回。在沾黏抽回時，作方右手順時針沾
著受方左手一採，輕輕握住受方食中無名小指等等（見上
壓指圖2）。

(3)當右胯吸胯將盡未盡之時，腰胯逆時針一裏，似
如有一線自右胯穿出；同時，作方右手合腰胯逆時針一裏
之勢，將受方四指輕輕順時針一絞，使之掌心向上，有如
將受方四指扣入木樺一般（見上壓指圖3、4）。

(4)隨即，作方腰胯順時針放落，後足一蹬，前足一
踩，虛領頂勁串起，扣著受方四指將受方往上提起，使之

上壓指 3

上壓指 4

上壓指 5

上壓指 6

足跟不得接地。此時，作方右手並非是往上直拽，而是如同槓桿一般，以受方手腕和第三指節為槓桿支點，將受方整個身體藉由槓桿支點，好似從井中拉著轆轤提水一般，給「抽」上來。此勢整個運動中，手中抽著線的感覺不能斷，一斷則難以再續接，則容易為對方所趁。再者，此勢運用，不一定要抓全四指，亦可單抓一指，或是兩指、三指均可。拇指亦施用，不過拇指通常較短，此式不易拿之（見上壓指圖5）。

3・反壓指

(1)設受方右拳擊來，作方不疾不徐，腰胯逆時針虛運，左手摟手將受方右拳摟開到身外。隨即，作方腰胯一

反壓指 1　　　　　　　　反壓指 2

翻，順時針一放落，右捶如鬆弦放箭一般，射向受方面門（見反壓指圖1）。

　　(2)受方左手必定來架，作方右胯一吸，作方右手輕輕沾引受方左手抽回，同時右手輕輕虛握著受方左手四指，毋使脫離，亦不可用力硬抓（見反壓指圖2）。

　　(3)此時，作方腰胯逆時針虛運，合腰胯之勢，作方右手輕輕拿著受方左手四指，往受方背後領去，反扣受方左手腕、肘；作方左手輕抵受方左肩，合著右手反扣之勢，控制著受方動作。此不可用拙力扣之，用意要輕，用勁需靈（見反壓指圖3、4）。

　　(4)作方左手搭著右手，合力反扣受方左腕，不可用拙力猛往內拉，只宜輕輕合著受方反筋錯骨之勢。作方腰

反壓指 3　　　　　　　　反壓指 4

反壓指 5

反壓指 6

反壓指 7

反壓指 8

胯順時針放落，兩足一踩，虛領頂勁一站，勁力由手指送入受方體內，使之節節乖舛，串上受方左肩，作方則以胸口輕輕抵著受方左大臂，使受方無法動彈（見反壓指圖5、6）。

(5)若是受方想要掙脫，不丟不頂，不與之抗力，順著受方力量，作方左手帶著受方頸部，逆時針往作方右腰際塞去；作方右手仍是拿著受方左手。此時，受方頭在下，而肘尖向上，作方用右腰際抵著受方背部或是頸部，使之難以迴轉。作方雙手合力，將勁力串入受方左手上肩，使之動彈不得（見反壓指圖7、8）。

4．反壓小指

(1)設受方右拳擊來，作方不疾不徐，腰胯逆時針虛運，左手摟手將受方右拳摟開到身外。隨即，作方腰胯一翻，順時針一放落，右捶如鬆弦放箭一般，奔向受方面門（見反壓指圖1）。

(2)受方左手必定來架，作方右胯一吸，作方右手輕輕沾引受方左手抽回，同時右手輕輕虛握著受方左手小指，毋使脫離，亦不可用力硬抓（見反壓指圖2）。

反壓小指 1　　　　　　　　反壓小指 2

(3)此時，作方腰胯逆時針虛運，合腰胯之勢，作方右手輕輕拿著受方左手四指，往受方背後領去，反扣受方左手小指、腕、肘；作方左手輕抵受方左肩，合著右手反扣之勢，控制著受方動作。此不可用拙力扣之，用意要輕，用勁需靈（見反壓指圖3、4）。

(4)作方左手搭著右手，合力反扣受方左腕，不可用拙力猛往內拉，只宜輕輕合著受方反筋錯骨之勢。作方腰胯順時針放落，兩足一踩，虛領頂勁一站，勁力由手指送入受方體內，使之節節乖舛，串上受方左肩，作方則以胸

反壓小指 3

反壓小指 4

反壓小指 5

反壓小指 6

口輕輕抵著受方左大臂，使受方無法動彈（見反壓指圖5、6）。之後，除作方手拿受方左手小指外，其餘動作要領皆與反壓指無異。

5・扳指

(1)設受方抓住作方右手腕，作方鬆腰落胯，兩足往地下一踩，虛領頂勁串起，作方右手外形不動，內裏如向四面八方膨脹開來（見扳指圖1）。

(2)隨即作方左手搭上受方右手背，作方右手腕往外側一翻，微微往受方右手腕串去，使之難以動彈。隨即，作方以左手拇指，扳開作方右拇指（見扳指圖2）。

扳指 1

扳指 2

扳指 3

扳指 4

(3)隨即，作方腰胯一落，輕輕扣著受方右拇指，將勁力串入受方手臂筋骨當中，使之難以動彈（見扳指圖3）。

(4)受方必鬆開右手，作方隨即右手輕輕牽著受方四指，亦微往前下方扣住，隱隱往後微含。隨即，作方左手勁勢不斷，作方以左拇指扣著受方右拇指，其餘四指往受方右腕輕輕握住，將受方輕輕放倒在地（見扳指圖4）。

6・上刀手

(1)設受方右拳擊來，作方腰胯逆時針虛運，左手輕輕逆時針順勢摟開受方右拳，沾住受方右拳，毋使稍脫。作方腰胯順時針放回，右拳如拉弓斷弦之勢，崩捶翻上直

上刁手 1

上刁手 2

上刁手 3

上刁手 4

迎受方面門，受方左手必來招架（見上刁手圖1）。

（2）作方鬆腰落胯，右胯一吸，作方右手合右胯一吸之勢，順勢沾黏受方左手引回，左手沾著受方右拳，輕輕虛握住受方左腕（見上刁手圖2）。

（3）作方腰胯一鬆，右胯如車輪般，向前逆時針滾去；作方右手合腰胯之勢，沾著受方左手，亦往前翻去；作方右足往右前方斜踏一步，右手順勢拿著受方無名指與小指。作方右手前翻時，不可脫離受方左手，否則受方一有感應，立即變化。應對時，須時時刻刻沾著受方，方可應敵之變（見上刁手圖3）。

（4）作方腰胯順時針放回，右肘翻至受方左臂內側，

上刁手 5　　　　　　　　上刁手 6

輕輕貼著受方左臂；作方右手輕輕扣著受方兩指，將勁力徐徐送入，使之無法彈動，使之兩膝一軟，跪倒在地。此動不可用力，全以腰胯運行為要（見上刁手圖4、5、6）。

7・下刁手

(1)設受方右拳擊來，作方腰胯逆時針虛運，左手輕輕逆時針順勢攔開受方右拳，沾住受方右拳，毋使稍脫。作方腰胯順時針放回，右拳如拉弓斷弦之勢，崩捶翻上直迎受方面門。受方左手必來招架（見下刁手圖1）。

(2)作方鬆腰落胯，右胯一吸，作方右手合右胯一吸之勢，順勢沾黏受方左手引回，左手輕輕反握住受方左腕

下刁手 1　　　　　　　　下刁手 2

下刁手 3

下刁手 4

下刁手 5

下刁手 6

（見下刁手圖2）。

（3)作方右手輕輕虛握著受方左手無名指與小指，右足往右前方斜踏一步，腰胯逆時針虛運。右足落地後，右手肘滑入受方左大臂內側，腰胯順時針一撐，作方右手輕輕扣著受方兩指，將勁力徐徐送入，使之無法彈動，進而足尖離地，渾身不得中正（見下刁手圖5、6、7、8）。

8・分指

（1)設受方右拳擊來，作方腰胯逆時針虛運，左手輕輕順時針順勢摟開受方右拳，沾住受方右拳，毋使稍脫。作方腰胯順時針放回，右拳如拉弓斷弦之勢，崩捶翻上直

分指 1

分指 2

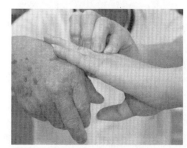

分指 3

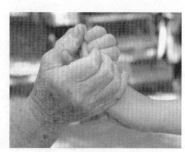

分指 4

迎受方面門（見分指圖1、2）。

　　(2)受方必左手來架，作方鬆腰落胯，右胯一吸，作方右手合右胯一吸之勢，順勢沾黏受方左手引回。隨即，作方左手，輕輕滑入受方左手處，輕輕扣著受方食指與中指，不可用力抓拿。作方右手一翻，亦扣住受方左手無名指與小指（見分指圖3、4）。

　　(3)作方左胯一吸，作方雙手合左胯之勢，兩手如撕帛一般，分別扣著受方四指，徐徐將勁力分而串之，有左右橫撕之勁，亦有節節乖舛之勢，受方必不支而倒地（見分指圖5、6、7）。

分指 5

分指 6

分指 7

9・握龍頭

(1)設受方右拳如閃電般擊來，作方不疾不徐，覷準受方右拳，先退一步，閃開受方右拳。同時右手於退步時，右手輕輕撫向受方右臂，然後滑到受方右拳處。切記不可用力拍之，宜輕宜柔（見握龍頭圖1、2）。

(2)當作方右手滑到受方右手時，由於受方右手握拳，右拇指必露於其外，作方即以掌根抵其拇指指尖，其餘四指輕輕包裹受方右手，使受方右拇指無法自由活動。接著，作方右手抵著受方右拇指尖，瞬間加壓握緊，由於受方右拇指無法活動，其指尖又被抵住，會瞬間在拇指第

岳家拳學

握龍頭 1

握龍頭 2

握龍頭 3

握龍頭 4

一關節形成極大的痛楚，受方必無法承受，跪地呼求之
（見握龍頭圖3、4）。

(3)握龍頭與岳家散手其他手法有所差異，其目的主
要在造成身體的痛苦，造成對方分心或是對抗意志減弱。
在運用時，必須注意對方極力反抗或是反擊，以免反遭其
禍。由於本式示範招式，乃是假設對方發拳擊來時的應對
方法，但實際上除非心有定數，否則亦難以抓準時機，拿
住對方拳頭。不過，學者毋須死守成法，須得靈活運用，
方是岳家散手之特點。譬如，利用沾黏手法，進而控制或
是限制對方活動空間，並藉此機會，順勢施展握龍頭亦
可。

10 · 握龍尾

(1)設受方抓住作方右手。作方不避不躲，先鬆開諸節，穩定心神，將手放鬆，好似釣魚線一樣，將對方的手當作釣上的大魚。作方右手輕輕順纏旋上，扣合著受方的右腕，不快不慢，亦不用力，好像是釣魚一樣，輕柔地釣起受方的右手。將受方右手釣起來後，作方左手順勢拿著受方右手拇指（見握龍尾圖1、2）。

(2)作方左手拿著受方左手拇指一扣，受方必想抽手脫去。作方左手不丟，趁受方張手之際，作方右手順勢摸到受方右手小指，扣著受方右小指。隨即，作方腰胯順時針放落，後足一蹬，前足一踩，虛領頂勁串起，扣著受方

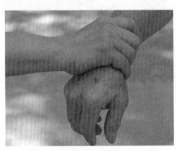

握龍尾 1

握龍尾 2

握龍尾 3

握龍尾 4

右手拇指與小指,將受方往上提起,使之足跟不得接地。此時,作方右手並非是往上直拽,而是如同槓桿一般,以受方手腕和第三指節為槓桿支點,將受方整個身體藉由槓桿支點,好似從井中拉著轆轤

握龍尾 5

提水一般,給「抽」上來。此勢整個運動中,手中抽著線的感覺不能斷,一斷則難以再續接,則容易為對方所趁(見握龍尾圖3、4)。

二、岳家散手・腕部

1.小纏絲　　　　2.小纏指　　　　3.大纏絲
4.白鶴亮翅　　　5.上壓腕　　　　6.下壓腕
7.外壓腕　　　　8.後壓腕㈠　　　9.後壓腕㈡
10.反壓掌　　　11.婦人提籃　　　12.與我同行
13.野雞拗翅　　14.童子拜佛　　　15.老將拜相
16.黃鶯別翅　　17.順水推舟　　　18・霸王握蹄
19・霸王請客　　20.送佛上天　　　21.馬失前蹄

1・小纏絲

(1)設受方伸手抓住我右腕(見小纏絲圖1)。

(2)作方鬆腰落胯,全身放鬆,不用力掙扎,將左手輕輕搭在受方右手背上,不用力緊抓,或是嘗試將對方右手扳開,僅輕輕搭住即可(見小纏絲圖2)。

小纏絲 1

小纏絲 2

小纏絲 3

小纏絲 4

(3)腰胯順時針一運,右手合腰胯順時針虛運之勢,順時針撐絞,輕輕搭在受方右手臂上。此右手一絞,用意要輕,不可用力撐絞,亦不可讓受方感到僵緊用力,乃順勢而為,自然成勢,全用腰胯、神意運之。此動看似簡單,但若要拿人於不知不覺,非必腰胯運動、柔勁串之、神意導之。成勢時,受方右臂形成兩折之勢,腕折肘曲,作方右掌心虛對應著受方胸口。左手仍是輕輕搭住受方右手,不可用力扣拿,只宜輕輕敷住,有如一張薄膜一樣,將受方勁力、意氣全然掌握,使受方全無所覺(見小纏絲圖3)。

(4)全身一鬆,腰胯逆時針放落,作方右手搭著受方

右腕，合著腰胯逆時針放落之勢，手不動，內徑有如車輪般，往前滾落。此動不可用力，一用力，受方一有知覺，即生變化，難以控制。需得擒得受方不知不覺，方為至妙。用意不用力，勁力輕如飛羽，即可將受方全身串住，動彈不得，腰腿無力，無法站立（見小纏絲圖4）。

2・小纏指

(1)此式與小纏絲類同，惟有所小異。設受方抓住作方右手，作方右手不拉扯抽回，亦不用力頂抗，只沉肩墜肘，全身放鬆，隨即左手食拇兩指，輕輕捏住受方右小指，毋使脫離，亦不可用力緊捏（見小纏指圖1、2、3）。

(2)腰胯順時針一運，右手合腰胯順時針虛運之勢，順時針擰絞，輕輕搭在受方右手臂上。此右手一絞，用意要輕，不可用力擰絞，亦不可讓受方感到不僵緊用力，乃順勢而為，自然成勢，全用腰胯、神意運之。此動看似簡單，但若要拿人於不知不覺，非必腰胯運動、柔勁串之、神意導之。成勢時，受方右臂形成兩折之勢，腕折肘曲，作方右掌心虛對應著受方胸口。左指仍輕輕捏住受方右小

小纏指 1

小纏指 2

小纏指 3

小纏指 4

小纏指 5

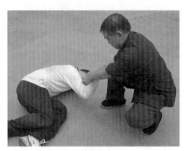

小纏指 6

指，不可用力（見小纏指圖4）。

（3）全身一鬆，腰胯逆時針放落，作方右手搭著受方右腕，合著腰胯逆時針放落之勢，手不動，內徑有如車輪般，往前滾落。此動不可用力，一用力，受方一有知覺，即生變化，難以控制。需得擒得受方不知不覺，方為至妙。用意不用力，勁力輕如飛羽，即可將受方全身串住，動彈不得，腰腿無力，無法站立（見小纏指圖5、6）。

3・大纏絲

（1）此式與小纏絲略同，但是應對方式有所差異，皆是利用受方腕部的槓桿作用，藉以節節串住。設受方抓住我右腕，設受方抓住作方右手，作方右手不拉扯抽回，亦

大纏絲 1

大纏絲 2

大纏絲 3

大纏絲 4

不用力頂抗，只沉肩墜肘，全身放鬆，神態輕鬆（見大纏絲圖1）。

（2）作方左足上前一小步，腰胯順時針虛運，右手沉肩墜肘，輕輕牽引受方右手，有如輕輕抽著隨時會斷的蠶絲一樣，用意需輕，不可拙力強拉，將受方右手輕輕牽至我胸前。同時，左足上步、右手輕抽之際，左手由下畫上，輕輕敷著受方右手背，右手隨即順時針輕輕一絞，搭上受方右手小臂。到位時，務必使受方手腕、手肘略為曲折（見大纏絲圖2、3）。

（3）全身一鬆，腰胯逆時針放落，作方右手搭著受方右腕，合著腰胯逆時針放落之勢，手不動，內徑有如車輪

般，往前滾落。此動不可用力，一用力，受方一有知覺，即生變化，難以控制。需得擒得受方不知不覺，方為至妙。用意不用力，勁力輕如飛羽，即可將受方全身串住，動彈不得，腰腿無力，無法站立（見大纏絲圖4、5）。

大纏絲 5

4．白鶴亮翅

(1)設受方右拳擊來，作方不疾不徐，腰胯順時針一運，雙手同時往左右分開，右手輕輕沾著受方右拳。左足瞬時往前上步，右手仍輕輕沾黏住受方右拳，左手輕輕搭上受方左肩頸部（見白鶴亮翅圖1）。

(2)作方逆時針虛運，當受方欲意拉回右拳時，作方順彼拉回之勢，順勢將受方右臂曲折成勢，同時左手順勢一搭，將撥動受方中軸，使受方不得中正安舒之勢（見白鶴亮翅圖2、3）。

白鶴亮翅 1

白鶴亮翅 2

白鶴亮翅 3

白鶴亮翅 4

(3)腰胯順時針放落，雙手亦合腰胯落之勢，雙手輕輕用意往下放落，順勢將受方放倒於地（見白鶴亮翅圖4）。

5・上壓腕

(1)設受方右拳擊來，作方隨即挪步左移，腰胯順時針旋擰，以右手接受方右拳，左手輕輕合著住受方右肘（見上壓腕圖1）。

(2)作方右手原位一轉，與受方右手同向，左胯一吸，右足上前一步，作方右手扣著受方右腕，左手控制著受方右肘，順時針往受方右腋窩下，螺旋捲去，使受方右肘朝天，受方右腕反扣於彼右腋下。兩足往下一踩，虛領

上壓腕 1

上壓腕 2

頂勁一站，將勁力由受方右腕處，串上受方右肘至肩，使受方足跟離地，不能自主（見上壓腕圖2、3）。

上壓腕 3

6・下壓腕

（1）當受方右拳擊來，作方腰胯逆時針一擰，左手順勢順時針摟手，撥開受方右拳；腰胯順時針一放，右手圈捶往受方左太陽穴打去，受方必舉左手來架（見下壓腕圖1）。

（2）作方左胯一吸，接著受方左手之力，往左斜下弧帶去。此為領法，切忌用力牽扯，而是沾著受方左手架擋之力，不丟不頂，順勢帶之（見下壓腕圖2）。

（3）作方後足一站，右胯一翻，作方雙手瞬間將受方左手順時針輕輕擰起，略往下挫。此時，有如從受方左手腕輕輕順時針螺旋抽出隨時會斷的蠶絲一樣，不可用拙力抽之，用意要輕，用勁需靈（見下壓腕圖3、4）。

（4）作方右足往後撤步，雙手仍繼續順時針螺旋抽出

下壓腕 1

下壓腕 2

下壓腕 3

下壓腕 4

受方左手上的勁線，將受方
放落到地上。此下壓腕非是
用力下挫或是猛拉，而是接
住受方左手之力，將受方左
手筋骨串起之後，如釣魚一
樣慢慢收線，將受方左手上
的勁線如抽絲般慢慢抽螺旋

下壓腕 5

抽出，若是抽的愈深、愈細、愈輕，其較果愈好（見下壓
腕圖5）。

7・外壓腕

(1)設受方右捶擊來，作方稍往後一退步，避開受方
右捶，左手隨即反拿受方右腕，作方左拇指搭在受方右掌
背小指和無名指骨中間。作方左手反拿時，不可執意用
力，手宜放輕、放鬆，如虛握雞蛋一般，不能猛抓，一抓
則破；又有如輕拿嬰兒小手一樣，細心呵護，不忍稍離
（見外壓腕圖1）。

(2)作方腰胯逆時針虛運，作方左手領著受方右手，
略往斜前，逆時針畫弧；隨即作方腰胯順時針放落，右足

外壓腕 1

外壓腕 2

外壓腕 3

外壓腕 4

輕站輕踩，反扣受方右腕，此時受方右肘會翻起，作方右手隨即控制受方右肘，勿使稍離（見外壓腕圖2、3）。

(3)作方右手輕輕拿著受方右肘，以受方右肘為軸心不動，作方右胯一裹，左胯逆時針一運，右足輕站，作方左手領著受方右腕逆時針往下捲去，此時受方必無法抵抗而順著作方之控制，全身逆時針轉動，背向著作方而倒地。倒地後，作方仍是反扣受方右腕及右肘（見外壓腕圖4）。

8・後壓腕(一)

(1)設受方右捶擊來，作方稍往後退一步，避開受方

右捶，左手隨即反拿受方右腕，作方左拇指搭在受方右掌背小指和無名指骨中間。作方左手反拿時，不可執意用力，手宜放輕、放鬆，如虛握雞蛋一般，不能猛抓，一抓則破；又有如輕拿嬰兒小手一樣，細心呵護，不忍稍離（見後壓腕㈠圖1）。

(2)作方右足在後一踩，腰胯逆時針虛運，作方左手扣著受方右腕，往受方肘外翻去（見後壓腕㈠圖2）。

(3)當作方扣著受方右腕翻過大臂軸線後，作方右足上前一步，作方右手隨即沿著受方右臂外側，拿扣著受方右腕，左手則是輕輕抵著受方右肘，方便控制其行動（見後壓腕㈠圖3、4）。

後壓腕㈠ 1

後壓腕㈠ 2

後壓腕㈠ 3

後壓腕㈠ 4

後壓腕㊀ 5

後壓腕㊀ 6

後壓腕㊀ 7

後壓腕㊀ 8

後壓腕㊀ 9

（4）作方腰胯逆時針一擰，隨即右胯一落，作方右手扣著受方右腕上勁線，繼續往前纏去；左手則是固定受方右肘，將受方輕輕放倒在地（見後壓腕㊀圖5、6、7）。

（5）作方左足一站，右足一踩，右胯一吸，左手控制著受方右肘，勿使稍動，隨即以受方右肘為軸心，合腰胯之勢，作方右手扣著受方右腕，往上一提，作方全身會因此逆時針翻轉，俯倒在地（見後壓腕㊀圖7、8、9）。

9・後壓腕（二）

(1)受方右捶，如離弦之箭，迅速往作方胸口打去。作方不疾不徐，挪步左移，左足往左前方上前一步；同時腰胯順時針虛運，作方右手順時針搭住受方右捶，左手則搭著受方右肘（見後壓腕㈡圖1）。

(2)作方鬆腰落胯，右足在後，往下一踩，腰胯逆時針虛運，左胯微吸，作方右手扣著受方右腕，合腰胯之勢，以受方右肘為支點，曲著受方右肘，往受方後方滾落；作方左手則是固定著受方右肘（見後壓腕㈡圖2、3）。

(3)作方右足上步，扣著受方右腕翻過受方大臂軸線，此際受方上半身定往後微傾，在腰椎處會感到有股壓力。此時，作方趁翻過大臂軸線時，右胯一擰，左足一站，右足一踩，作方右手合腰胯之勢，往下畫弧，將受方右腕捲回，猶如海浪擊岸後，海水回捲一樣；作方左手則是合著右手、腰胯，將受方右肘隱隱往上托起。如此受方必定逆時針翻轉，背著作方跌倒（見後壓腕㈡4、5、6）。

後壓腕㈡ 1

後壓腕㈡ 2

後壓腕(二) 3

後壓腕(二) 4

後壓腕(二) 5

後壓腕(二) 6

後壓腕(二) 7

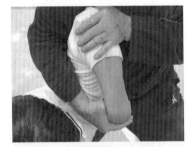

後壓腕(二) 8

(4)受方跌倒後，受方右肘尖必定朝天，作方用身子挨著受方右大臂，使之右肘朝天不墜；作方左手固定受方右肘；作方右手則反扣受方右腕，往上往內擠壓，使之疼痛難當（見後壓腕(二)7、8）。

10·反壓掌

(1)設受方右捶擊來，作方不疾不徐，挪步輕移，左足往左前斜踩一步，避開受方右捶，腰胯逆時針虛運，作方左手摟手，順時針摟開受方右捶。隨即，作方腰胯順時針瞬間放落，右手崩捶如拉弓斷弦之勢，往受方面門砸落，受方左手必來招架（見反壓掌圖1）。

(2)作方右胯一吸，右手接著受方左手架擋之力，沾黏而回；作方左手順勢拿著受方右手。拿受方右手時，不可用力抓握，只宜輕輕沾拿，不可稍離（見反壓掌圖2）。

(3)作方左胯一翻，右足在後一踩，作方左手順腰胯之勢，拿著受方右手扣合著右腕，微往前一滾，作方右手同時輕輕虛握受方右腕，勿使稍動（見反壓掌圖3）。

(4)作方左胯一吸，左手仍扣著受方右手往前滾落，猶似將受方右手上的筋，隨著前滾落之勢，以受方右腕脈門為軸心，一條條地擰起來，直擰到重心一樣。此時，受方必不支跪地，無法反抗（見反壓掌圖4、5）。這前滾一擰，非是用手力為之，而是全從腰胯上下工夫。

反壓掌1

反壓掌2

反壓掌 3　　　　　　　　反壓掌 4

11・婦人提籃

(1)設受方右拳擊來，作方隨即挪步左移，腰胯順時針旋擰，以右手接受方右拳，左手托住受方右肘（見婦人提籃圖1）。

反壓掌 5

(2)作方右手原位一轉，與受方右手同向，腰胯逆時針一絞，作方右手帶著受方右手，亦同順時針往下一帶，腰胯順時針一擰，作方右手往前一絞帶回，扣住受方右腕。作方左手仍是輕輕控制著受方右肘，在作方扣住受方右腕時，使受方右肘輕輕抵

婦人提籃 1　　　　　　　婦人提籃 2

婦人提籃 3

婦人提籃 4

住我肩窩，固定受方右肘，使受方右手難以動彈（見婦人提籃圖2、3）。

（3）固定住受方右肘之後，作方左手可以輔助右手加壓（見婦人提籃圖4、5）。

婦人提籃 5

12・與我同行

（1）設受方右捶直擊而來，作方不疾不徐，挪步左移，偏閃受方一拳，同時作方右手輕輕沾著受方右拳，順時針一轉，由拳面虛握右拳（見與我同行圖1）。

（2）作方左手隨即搭上受方右肘，右足往前踩上一小步；作方右手合著前邁之勢，以受方右肘為軸心，領著受方右手往下畫一下弧（見與我同行圖2）。

（3）作方隨即用肩窩輕輕抵著受方右肘，使受方右肘難以抽動，作方左手則輕輕控制受方右肘。作方腰胯微微逆時針虛運，左足一踩，右胯一吸，作方右手四指（拇指除外）拿著受方右手四指（拇指除外），反扣著受方右

與我同行 1

與我同行 2

與我同行 3

與我同行 4

腕。此時受方必疼痛難當，兩足無法踏實，猶似被人從頸椎吊一起一樣（見與我同行圖3）。

（4）作方在完全控制住受方時，左手可以離手，合著右手合力反扣受方右腕（見與我同行圖4、5）。

與我同行 5

13 · 野雞拗翅

（1）設受方右手抓住作方領口，作方右手隨即輕輕

扣著受方右腕。切忌不可用力抓握（見野雞拗翅圖1、
2）。

(2)作方腰胯順時針一擰，右手扣著受方右腕，隱隱
往外翻去；作方左手同時搭著受方右肘彎，往外橫向撥去
（見野雞拗翅圖3、4）。

(3)作方腰胯逆時針放回，右手翻扣，左手橫撥，將

野雞拗翅 1

野雞拗翅 2

野雞拗翅 3

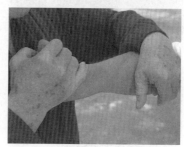

野雞拗翅 4

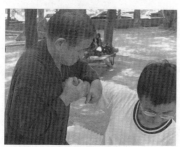

野雞拗翅 5

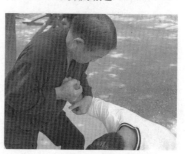

野雞拗翅 6

受方放倒在地（見野雞拋翅圖5、6）。

14·童子拜佛

(1)設受方右手抓住作方左肩，作方右手隨即輕輕抓著受方右手。切忌不可用力抓握（見童子拜佛圖1）。

(2)作方左手搭上受方右肘內彎，使在受方右肘微曲（見童子拜佛圖2）。

(3)作方腰胯順時針虛運，隨即右胯一吸，曲身，兩足下踩，作方左手掛著受方右肘，合右胯一吸之勢，往左肘後下方合去，好似順時針螺旋一般。如此受方必跪倒於前。作方左手掛回，並非用力，而是合腰胯之勢，似牽一線，將受方掛回，使之跪倒（見童子拜佛圖3、4、5）。

童子拜佛 1

童子拜佛 2

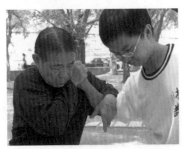

童子拜佛 3

童子拜佛 4

(4)童子拜佛與野雞拗翅極為相似，但用勁方向不同。童子拜佛乃是翻扣受方右腕，橫撥受方左肘；而童子拜佛僅是固定受方右腕，將受方左肘掛回。

童子拜佛 5

15・老將拜相

(1)設受方右手抓住作方左肩，作方右手隨即輕輕扣著受方右腕。切忌不可用力抓握（見老將拜相圖1）。

(2)作方腰胯順時針一擰，右手翻扣受方右腕，將受

老將拜相 1

老將拜相 2

方右肘翻起朝天；作方左手搭著受方右肘，藉槓桿之巧，將受方壓倒在地（見老將拜相圖2、3）。

(3)野雞拗翅、童子拜佛、老將拜相極為相似，但用勁方向不同。野雞拗翅乃

老將拜相 3

是翻扣受方右腕，橫撥受方左肘。童子拜佛僅是固定受方右腕，將受方左肘掛回。老將拜相則是藉翻扣右腕與右肘之槓桿，將受方壓倒。

16·黃鶯別翅

(1)受方右拳擊來，作方挪身左移，右手輕輕抓握受方右拳。隨即，作方右胯一撐，合腰胯之勢，將受方右拳翻起，使受方掌緣朝天，扣著受方右腕，往下一挫，將受方放倒在地（見黃鶯別翅圖1、2、3、4）。

(2)切記，施術時，務令受方右臂伸直，由右腕扣向受方右肘，並串上受方右肩。

黃鶯別翅 1

黃鶯別翅 2

黃鶯別翅 3

黃鶯別翅 4

17 · 順水推舟

(1)設受方右拳擊來，作方不疾不徐，腰胯逆時針虛運，左手摟手將受方右拳摟開到身外。隨即，作方腰胯一翻，順時針一放落，右手圈捶揮擊受方太陽穴（見順水推舟圖1、2）。

(2)受方左手必定來架，作方右胯一吸，作方右手輕輕沾引受方左手抽回。在沾黏抽回時，作方右手逆時針一轉，掌心向上，輕輕拿著受方左手；而作方右手則悄然搭上受方左大臂靠肩的位置（見順水推舟圖3）。

(3)作方左胯微吸，右足上前一步，帶著受方左手往其左肘後摔去；右足落步時，腰胯針一摔，將受方左腕

順水推舟 1

順水推舟 2

順水推舟 3

順水推舟 4

順水推舟 5

順水推舟 6

反扣在其背上。此時，作方左手仍是搭在受方左大臂靠肩處（見順水推舟圖4、5、6）。

順水推舟 7

（4）作方左足往前倒插，將受方順勢放出（見順水推舟圖7）。

18 · 霸王握蹄

（1）設受方右拳擊來，作方挪步往左前方一踏，順時針腰一轉，輕輕以右手拿著受方右腕，左手輕輕沾著受方右肘。切忌右手用力抓握，只宜輕輕持拿。左手輕輕沾

霸王握蹄 1

霸王握蹄 2

霸王握蹄 3

霸王握蹄 4

霸王握蹄 5

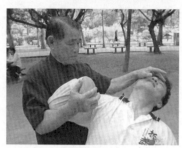

霸王握蹄 6

黏,不可用力推拉(見霸王握蹄圖1)。

　　(2)作方腰胯逆時針一裹,隨即順時針放落,作方右手拿著受方右腕,往受方臂彎內,合腰胯運轉之勢,順勢捲入扣住受方右腕,使受方右肘輕輕靠住我右肩窩處。此動全用腰胯,若是僅用手力,則無法順利帶動受方。若是施術得宜,則受方全身自然為我所帶動,偏失重心,自動跌落我懷中(見霸王握蹄圖2、3)。

　　(3)當受方跌落我懷中時,我用肩窩輕輕扣著受方右肘,毋使稍離。隨即作方左手往受方下巴處抹去,虛領頂勁串起,前足輕踩,兩手合腰胯之勢,隱隱往外分開,猶如撕帛。然舉用皆不用力,而是自然張開而已,受方即仰面跌去(見霸王握蹄圖3、4、5、6)。

19・霸王請客

(1)受方右捶直擊作方頭部,作方挪步左移,左足往左前方上一小步,腰胯順時針一運,右手即沾著受方右拳,同時作方左手往受方右肘下掃上去,貼著受方右肘、右腋窩及右胸(見霸王請客圖1、2)。

(2)作方腰胯逆時針虛運,隨即右胯一擰,作方右手接著受方右手,趁受方右手抽回時,不丟不頂,順著受方抽手之力,將受方右肘打曲,左手順勢扣住受方右腕;作方右手則輕輕沾著受方右肘,合著左手扣合和左肘夾緊之勢,將受方右肘輕輕往下往外一按,夾住受方右肘,將受方右肘輕輕抵著胸口(見霸王請客圖3、4)。

霸王請客 1

霸王請客 2

霸王請客 3

霸王請客 4

（3）固定受方右手之後，作方右手可以離手，合著左手之力，合力將受方右腕往內擠壓，使受方疼痛難當（見霸王請客圖5）。

霸王請客 5

20・送佛上天

(1)設受方右拳擊來，作方右手順時針搖手化之，右手順勢輕輕接握住右拳。右手不可用力抓握，只宜輕輕含握。必要時，亦可用兩手拿之（見送佛上天圖1）。

(2)隨即，作方右足往左前方，即受方右足旁走上一步；作方兩手輕輕握著受方右拳，順勢接著受方右腕，如同鎖螺絲一般，往上逆時針鎖上去。鎖受方右腕時，手上皆不用力，手亦不擰轉，而是隨著腰胯和步勢所自然鎖緊（見送佛上天圖2）。

(3)隨即，全身180度逆時針轉向後方，與受方同向，同時雙手亦隨著全身後轉之勢，順勢將受方右臂全部擰

送佛上天 1

送佛上天 2

送佛上天 3

送佛上天 4

送佛上天 5

緊。此動全用腰胯步勢所形成，兩手皆不用力緊握或是擰絞。在入身同時，作方即接著受方右腕，節節貫串，將勁力串上受方右肩之上，並保持在全身運動和轉身時，時時刻刻保持勁力不斷，如此方能在作方轉身完成時，受方右臂方可全部擰緊而無法動彈（見送佛上天圖3、4、5）。

21·馬失前蹄

（1）設受方右拳擊來時，作方不疾不徐，順勢提手，用意略往外翻，將受方右拳化之無形。隨即，作方右足上前一小步，腰胯順時針一運，立即往回放落，作方右捶斜劈受方左太陽穴（見馬失前蹄圖1、2）。

（2）受方左手必定來架，作方右胯一吸，作方右手輕輕沾引受方左手抽回，同時作方左手搭上受方左手臂內側。作方腰腿運作如車輪，輕輕用意站起，作方右手輕執

馬失前蹄 1

馬失前蹄 2

馬失前蹄 3

馬失前蹄 4

受方左手腕，略畫一個下弧形往上帶去；作方左手則是略往內含（見馬失前蹄圖3、4、5）。

（3）此時，左右兩手合著腰胯，如同車輪一般運轉，作方右手往前滾落，左手往內畫一下弧形。作方右胯一吸，輕輕將對方放倒（見馬失前蹄圖6、7）。

（4）馬失前蹄技巧性較高，許多人的問題在於無法順利將受方的手肘翻上來，繼而遭遇受方的抗力而無法完成。這是因為許多人都是用力絞動受方手肘，而非放開手上拙力，藉著腰胯如同車輪運行一般，先使受方抗力落空之後，再進一步藉由右胯一吸之勢，將受方左手肘翻起。另一個主要原因在於，作方兩手並沒有同時絞動，而是一手運動，一手停滯，失去相互對絞的運作。因此難

馬失前蹄 5

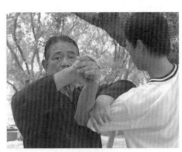

馬失前蹄 6

馬失前蹄 7

以將受方左手肘翻起。馬失前蹄是屬於分筋錯骨的手法之一，技巧性高，危險性也相對較高。因此訓練時，雙方都不能掉以輕心，也不能拼力鬥力，心浮氣躁，一方面容易造成傷害，另一方面，也無法確實掌握馬失前蹄的技法。

三、岳家散手・肘部

1.小纏肘	2.大纏肘	3.上纏肘
4.上壓肘	5.下壓肘	6.內壓肘㈠
7.內壓肘㈡	8.外壓肘	9.回首擒猿
10.武松跨虎	11.左右交肘	12.五馬分屍

1・小纏肘

(1)設受方右捶擊來，作方左足立即朝左前方挪步，腰胯順時針一擰，作方左手輕輕接住受方右捶（見小纏肘

小纏肘 1

小纏肘 2

小纏肘 3

小纏肘 4

圖1）。

(2)作方腰胯腰胯逆時針一撑，作方左手沾著受方右拳，逆時針旋轉，虛拿著受右腕。隨即，作方腰胯順時針放落，作方左手領著受方右拳略往下挫，作方右手沿著受方右肘內側順時針螺旋捲去（見小纏肘圖2）。

(3)當作方右手捲至指尖朝上時，作方右足往右前上步，右胯略含，作方拿著受方右手不動，以此為軸心，作方右手順時針捲著受方右手，合上步吸胯之勢，往下一扳，扣住受方右肩。此時，作方右手扣住受方右肩，作方右肘仍是沾著受方右肘內彎（見小纏肘圖3）。

(4)作方左足一站，右胯一吸，作方左右兩手合腰胯之勢，上下分勁，作方左手拿著受方右腕，沾著作方右

臂，隱隱扣著受方右肘，暗往上提；作方右手則是扣著受方右肩，略往下按，受方必往前撲（見小纏肘圖4）。

2・大纏肘

(1)設受方右捶擊來，作方立即順時針虛運，作方左手順時針往外，摟開受方右捶。作方腰胯順時針一擰，隨即逆時針放落，作方右拳如拉弓斷弦般，往受方面門砸落（見大纏肘圖1）。

(2)受方左手必來招架，作方鬆腰落胯，腰胯順時針虛運，作方右手接著受方左手架擋之力，順勢沾黏引回（大纏肘圖2）。

(3)作方沾引受方右拳後，作方右胯一吸，作方左手

大纏肘 1

大纏肘 2

大纏肘 3

大纏肘 4

大纏肘 5

大纏肘 6

大纏肘 7

大纏肘 8

逆時針畫弧上運，以左手小臂輕輕沾著受方左肘（見大纏肘圖3）。

(4)作方腰胯逆時針虛運，作方雙手合著腰胯虛運之勢，作方左手沾著受方右肘內彎，略往前滾，將受方右肘滾彎；同時，作方右手扣著受方右腕，往順逆時針之勢，扣著受方右腕，畫個斜弧，往受方背後繞去。扣著受方右腕時，如將受方右臂一節節串起，將勁串到受方左肩（見大纏肘圖4）。

(5)作方左胯微吸，合腰胯之勢，作方左手含著受方右肘，略往內含；作方右手仍持續反扣著受方右腕，串上左肩。如此，受方為作方所制，全身必定逆時針跌去（見大纏肘圖5、6、7、8）。

大纏肘 9

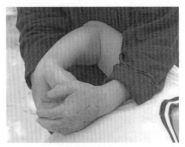
大纏肘 10

(6)作方將受方右大臂頂著自己的肚子,兩手合力加壓受方右腕,使受方痛苦難當(見大纏肘圖9、10)。

3．上纏肘

(1)設受方右拳擊來,作方左足向左前方上步,腰胯右轉,左手輕輕接著受方右拳背(見上纏肘圖1)。

(2)作方腰胯逆時針虛運,作方左手接著受方右拳背逆時針纏去,作方右手搭著受方右小臂或是右腕處(見上纏肘圖2)。

(3)作方左胯微微一吸,右手如同游魚般,從受方右肘彎間溜去,逆時針沿著受方右肘往上往外翻起。作方左手輕輕扣著受方右腕,毋使脫離,亦不可用力拿之(見上

上纏肘 1

上纏肘 2

上纏肘 3

上纏肘 4

上纏肘 5

上纏肘 6

纏肘圖3、4）。

(4)作方右胯一吸，隨即逆時針一裏，兩足下踩，作方右手指尖，如同被魚鉤住一般，往上抽起，受方如同陀螺一般，全身逆時針轉動，背向著作方。當受方完全背向後，作方右手隨勢扶著受方右大臂或是右肘上緣，左手仍是扣緊受方右腕（見上纏肘圖5、6）。

4・上壓肘

(1)設受方右捶直擊作方胸口而來，作方不疾不徐，鬆腰落胯，腰胯逆時針虛運，作方左手逆時針摟開受方右捶。隨即，作方右胯一擰，如發條旋緊一般，再瞬間放鬆，作方右手崩捶如拉弓斷弦一般，往受方面門上翻去。

上壓肘 1　　　　　　　上壓肘 2

上壓肘 3　　　　　　　上壓肘 4

受方左手必來架擋（見上壓肘圖1）。

　　(2)作方全身一鬆，右胯一吸，左手接著受方左手架擋之力，沾引受方左手勾回，如釣魚一般，要輕輕收線。當作方牽引至受方左手之力時，順拿受方左腕；作方左手則搭上受方左肩（見上壓肘圖2、3、4）。

　　(3)作方腰胯逆時針運，後足一站，右胯好像車輪滾動一般，往前一滾，作方左手合腰胯之勢，領著受方左肩，隱往下往內微按；作方右手則同時扣著受方左腕，以受方左手肘為軸心，合左手下按之勢，往前往下，扣著受方左腕滾落（見上壓肘圖5）。

　　(4)作方腰胯順時針放落，右胯一落，作方右手扣著

上壓肘 5

上壓肘 6

受方左腕，合左手下按之勢，一齊合勁往下鬆落，好比將抱在腹中的大石頭瞬間放落一樣，將受方放倒在地。放倒受方後，作方右手仍是扣著受方左腕上的勁線，勿使稍動（見上壓肘圖6、7）。

上壓肘 7

5 · 下壓肘

(1)設受方右捶，如離弦之箭，迅速往作方面門打去。作方不疾不徐，挪步左移，左足往左前方上前一步；

下壓肘 1

下壓肘 2

下壓肘 3

下壓肘 4

下壓肘 5

下壓肘 6

同時腰胯順時針一擰，作方
右手順時針採住受方右捶
（見下壓肘圖1）。

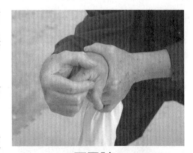

下壓肘 7

　（2）作方左手搭上受方
右小臂靠緊受方右肘尖處。
隨即，作方腰胯逆時針針虛
運，作方左手沾著受方右肘
尖，隱隱合著腰胯之勢，往
前一滾；作方右手採著受方右腕，隱隱往前纏去（見下壓
肘圖2、3）。

　（3）作方右胯一吸，右足一蹬，左足隨即一踩，作方
雙手合著前滾纏繞之勢，右手纏著受方右腕，往腰際帶

去；左手滾著受方右肘尖，往下放落，受方必不支倒地（見下壓肘圖4、5）。

(4)當受方倒地後，作方右手沾著受方右腕，反扣受方右腕；作方左手則隨即補上，握住固定受方右腕（見下壓肘圖6、7）。

6・內壓肘(一)

(1)設受方右拳擊來，作方左足往左前方上步，腰胯順時針轉去，右手輕輕接住受方右拳（見內壓肘圖1）。

(2)作方右手輕輕將受方右拳往下一帶，左手沿著受方右臂下方穿去，輕輕握著受方右拳，左肘環著受方右肘下緣（見內壓肘圖2）。

內壓肘(一) 1

內壓肘(一) 2

內壓肘(一) 3

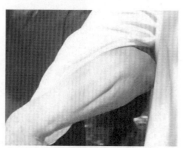
內壓肘(一) 4

（3）作方右足一蹬，左足一踩，腰胯逆時針虛運，立即順時針放落，作方以受方右肘為支點，雙手帶著受方右手往下一按，串著受方右肩，將受方翻起（見內壓肘圖3、4）。

7·內壓肘（二）

（1）受方右捶，如離弦之箭，迅速往作方胸口打去。作方不疾不徐，挪步左移，左足往左前方上前一步；同時腰胯順時針一擰，作方右手順時針採住受方右捶（見內壓肘圖1）。

（2）作方左足往前跨一大步，踩到受方前足足跟處，輕輕沾著受方前足以控制之；同時，作方接著受方右捶之

內壓肘㈡ 1

內壓肘㈡ 2

內壓肘㈡ 3

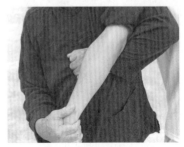
內壓肘㈡ 4

力，順勢往後一領，左手合左足跨步之勢，沿著受方右臂往前橫掃（見內壓肘圖2）。

(3)作方腰胯順時針虛運，右胯一吸，作方左手環扣著受方右肘，將作方右小臂輕輕抵著受方右肘尖上緣；同時，作方領著受方右拳，往下微按（見內壓肘圖3）。

(4)作方右足一踩，腰胯逆時針虛運，左胯一吸，作方雙手合腰胯之勢，右手拿著受方右手往下一按，左手環著受方右肘往上一提，左右兩手在受方右肘形成剪力，同時形成上下分開相錯之勁，使受方不僅疼痛難當，更有分筋錯骨之危（見內壓肘圖4）。

8・外壓肘

(1)受方右捶，如離弦之箭，迅速往作方胸口打去。作方不疾不徐，挪步左移，左足往左前方上前一步；同時腰胯順時針虛運，作方右手順時針搭住受方右捶，左手則搭著受方右肘（見外壓肘圖1）。

(2)作方鬆腰落胯，右足在後，往下一踩，腰胯逆時針虛運，左胯微吸，作方右手扣著受方右腕，合腰胯之勢，以受方右肘為支點，曲著受方右肘，往受方後方滾

外壓肘 1

外壓肘 2

外壓肘 3

外壓肘 4

落；作方左手則是固定著受方右肘（見外壓肘圖2）。

（3）當作方扣著受方右腕翻過受方大臂軸線時，受方上半身定往後微傾，在腰椎處會感到有股壓力。此時，作方趁翻過大臂軸線時，腰胯順時針放落，作方

外壓肘 5

左手沿著受方右小臂上伸，拿扣受方右腕；作方右手則是搭在受方右肩上（見外壓肘圖3）。

（4）作方右胯一擰，如發條旋緊一般，再立即鬆開反旋，此時左右兩手合腰胯之勢，左手扣著受方右腕往外一扯；右手推著受方後頸，往外一按，以受方右肘為勁力相錯之點，將兩股勁力左右相錯分流之。此時，受方必疼痛難當，全身無法動彈（見外壓肘圖4、5）。

9‧回首擒猿

（1）設受方右手從後方搭著作方右肩，作方隨即將左手輕輕搭著受方右手。切忌用力抓握，或是全身亂動（見

>
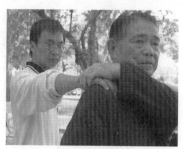

回首擒猿 1

回首擒猿 2

回首擒猿 3

回首擒猿 4

回首擒猿圖1）。

　　(2)作方腰胯逆時針一裏，隨即順時針放落，右手揚起，隨著全身順時針轉動時，接著受方右手腕，以受方右手腕為軸，順時針轉動。此動時，作方左手必需搭著受方右手，毋使受方右手脫離作方右肩，否則此動全失效用。另外，在全身順時針向後轉時，全身運動亦不離中軸，不可左搖右斜，否則受方必脫手而回，或是接不到受方右手之勁線，無法順利帶動受方（見回首擒猿圖2）。

　　(3)當作方轉到約45度時，作方右肘搭著受方右肘上緣，以受方右腕為軸，續繼轉動。動作要領仍如上述。受方則因右肘被制，全身必無法抵抗而失去中定。此動時，必使受方右臂打直，使作方右肘仍接著受方右肘上方，方

回首擒猿 5　　　　　　回首擒猿 6

能借用槓桿原理，將受方翻倒（見回首擒猿圖3、4）。

（4)當受方兩膝一軟，無法反抗時，作方右手順時針纏入受方右肘下，往上微微一提。此際，受方右腕仍在作右肩之上，而右肘為作方所制，必動彈不得。施展回首擒猿時，最忌身搖步動，若是身離中正，步伐浮動，必失其位，中軸立無，則無法借到槓桿之巧，而毫無效用（見回首擒猿圖5、6）。

１０・武松跨虎

（1)受方右捶如離弦之箭，直打作方面門而來，作方不疾不徐，左足往左前方上步，腰胯順時針虛運，右手順時針採著受方右捶（見武松跨虎圖1）。

武松跨虎 1　　　　　　武松跨虎 2

290

岳家拳學

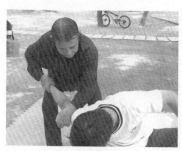

武松跨虎 3

武松跨虎 4

武松跨虎 5

武松跨虎 6

(2)作方左胯一吸，腰胯順時針一運，作方左手搭上受方右肘；作方右手則採著受方右捶之力，順著往作方右腋窩牽去（見武松跨虎圖2）。

(3)作方左足一踩，左胯一裹，右胯一吸，合腰胯之勢，右手採著受方右捶往腰側一牽，左手按著受方右肘，往下一按，以受方右肘為槓桿支點，將受方放倒在地（見武松跨虎圖3、4）。

(4)當受方俯地時，作方左足橫跨受方，騎坐在受方背上；此時，兩手仍是沾著受方右手之力，以受方右肩為軸心，帶著受方右手朝裡順時針畫圓。領著受方右手到身前時，兩手交換，作方左手拿著受方右腕，作方右手則是扶著受方右肘。作方領著受方右手順時針擰繞時，右手扶

武松跨虎 7

武松跨虎 8

肘，往內一收；左手扣腕，往外推去，使受方右手完全打直。（見武松跨虎圖5、6）。

(5)作方領著受方右手，順時針擰繞，卡住受方右肩，使受方腕、肘、肩皆為作方所制，僵直如木棍。再領著受方右手，順時針微擰，帶著受方右手卡住受方背脊。若是作方沒有坐在受方背上，必定會全身翻轉，倒臥在地。但是武松跨虎仍是作方騎凌受方背上，使受方不得翻轉，所以當作方卡住受方背脊時，受方不僅疼痛難當，全身更是難以動彈，淪為作方所制（見武松跨虎圖7、8）。

11・左右交肘

(1)設受方右拳擊來，作方腰胯順時針虛運，隨即右手摟手，順時針向外撥去，輕輕接著受方右拳（見左右交肘圖1）。

(2)隨即，受方左拳擊來，作方腰胯逆時針虛運，右手輕輕將受方右拳往下按去，左手以摟手逆時針向外撥去，輕輕接著受方左拳。此時，受方右臂在下，左臂在上，兩臂交點略在肘彎處（見左右交肘圖2）。

左右交肘 1

左右交肘 2

左右交肘 3

左右交肘 4

左右交肘 5

左右交肘 6

　　(3)作方右胯一吸，右足在前向下輕輕一踩，腰胯逆時針一運，隨即順時針放落，作方右手帶著受方右臂，左手帶著作方左臂，以兩臂手肘為軸，順時針一絞，隱往受方脊椎擰去，使受方動彈不得。此勢要得機得勢，不能用力硬擰猛絞，否則必失其勢（見左右交肘圖3、4）。

(4)受方雙手絞住，自是動彈不得，全身僵緊，作方藉彼僵緊之勢，兩足踩穩，左胯一吸，將受方輕輕放倒在地（見左右交肘圖5、6）。

12・五馬分屍

(1)設受方右捶擊來，作方稍往後一退步，避開受方右捶，左手隨即反拿受方右腕，作方左拇指搭在受方右掌背小指和無名指骨中間。作方左手反拿時，不可執意用力，手宜放輕、放鬆，如虛握雞蛋一般，不能猛抓，一抓則破；又有如輕拿嬰兒小手一樣，細心呵護，不忍稍離（見五馬分屍圖1）。

(2)作方右足在後一站，腰胯逆時針虛運，作方左手

五馬分屍 1

五馬分屍 2

五馬分屍 3

五馬分屍 4

五馬分屍 5

五馬分屍 6

五馬分屍 7

五馬分屍 8

扣著受方右腕，往受方肘外翻去（見五馬分屍圖2）。

(3)當作方扣著受方右腕翻過大臂軸線後，作方右足上前一步，作方右手隨即沿著受方右臂外側，拿扣著受方右腕（見五馬分屍圖3、4）。

(4)作方右胯一吸，作方右手扣著受方右腕，以受方右肘為軸心，往下畫弧；作方左手同時橫過受方右臂，作方左小臂輕輕抵著受方頸部（見五馬分屍圖5、6）。

(5)作方左足一站，右胯一擰，雙手合腰胯之勢，兩手如撕帛般，以受方右肘為中心，作方左手搭著受方右肩，抵著受方頸子，往外分去；右手扣著受方右腕，往後分去，好比我們在喫雞翅時，將雞翅撕成一半一樣。此為

分筋錯骨之手法，在演練時在十分小心，不可強用力氣（見五馬分屍圖5、6）。

五馬分屍 9

(6)作方撕分著受方右肘，作方右足一退，左手搭著受方左肩往下一按，將受方放倒在地。過程中，左右撕分之勁力不斷，倒地後，仍是不可鬆手（見五馬分屍圖7）。

四、岳家散手・肩部與其他

1.千斤墜　　　2.農夫挑擔㈠　　　3.農夫挑擔㈡
4.霸王奪盔　　5.獅子搖頭

1・千斤墜

(1)受方右捶如離弦之箭，直迎作方胸口打來。作方不疾不徐，腰胯順時針虛運，隨即左胯一裹，作方左手合腰胯之勢，順時針摟開受方右捶；作方右手則虛提至腰際（見千斤墜圖1）。

千斤墜 1

千斤墜 2

千斤墜 3

千斤墜 4

千斤墜 5

千斤墜 6

(2)作方摟開受方右拳後，左胯一鬆，腰胯順時針回放，作方右手斜捶，由右上方斜擊受方左太陽穴，受方必舉左手架擋（見千斤墜圖2）。

(3)作方後足一站，腰胯逆時針虛運，作方右手合腰胯之勢，接迎受方左手之力，逆時針接著受方左手微微往內一裹。隨即作方右胯一吸，作方右手合腰胯之勢，沾著受方左腕，逆時針往外一撥，破入受方門內。開門後，作方腰胯逆時針一擰，隨即順時針一放，如發條上緊後鬆開回旋一般，右捶斜擊受方下顎。此在螳螂拳中稱為「勾牽捶」（見千斤墜圖3、4、5）。

(4)作方右捶斜擊受方下顎時，受方由於左手反應不及，右手必定起手來架。此時，作方左手仍沾黏受方右

千斤墜7

千斤墜8

千斤墜9

千斤墜10

手，隨受方右手架擋之勢而起，輕拿受方右拳。作方右手則順勢輕輕沾著受方右肘內彎（見千斤墜圖6）。

(5)作方左胯一吸，隨即順時針虛運，作方雙手合腰胯之勢，右手沾著受方右肘，輕輕往內一放，左手拿著受方右手，順著受方右肘彎，將受方右手打曲（見千斤墜圖7）。

(6)作方左足上前一步，踏到受方前足跟後方，緊緊沾著受方受方右足。隨即，合上步之勢，作方全身微往順時針一擰，雙手順勢而動，作方左手扣著受方右腕；右手沾著受方右肘彎，往內一放，將受方右肘打彎後，隨即翻上搭上作方左小臂（見千斤墜圖8）。

(7)作方腰胯順時針虛運，隨即逆時針一放，作方雙

手固定著受方右肘，合腰胯之勢，以作方左小臂為槓桿，將勁力似順時針螺旋一般，鑽入受方右肩，往受方右肩處鑽下地去（見千斤墜圖9、10）。

2‧農夫挑擔（一）

(1)受方右捶直擊作方胸膛，作方不疾不徐，順著受方右捶擊來方向，左足退步順勢內採受方右捶（見農夫挑擔㈠圖1）。

(2)作方抄攪受方右捶後，隨即左足上前一步，作方右手領著受方右捶，逆時針往受方左側帶去，使受方左手難以出手（見農夫挑擔㈠圖2）。

(3)作方左足內扣，全身順時針180度轉向後方。作方

農夫挑擔㈠ 1

農夫挑擔㈠ 2

農夫挑擔㈠ 3

農夫挑擔㈠ 4

農夫挑擔㈠ 5

農夫挑擔㈠ 6

右手應合全身步勢，順勢領著受方右手逆時針領到受方左側上方，使受方右掌心向上，隨即將受方右肘抵在作方左肩上（見農夫挑擔㈠圖3）。

(4)作方鬆腰落胯，隨即兩足下踩，雙手虛握受方右腕，合兩足下踩之勢，以作方左肩和受方右肘為支點，將受方全身挑起（見農夫挑擔㈠圖4、5、6）。

(5)此勢名為農夫挑擔，不僅以狀命名，其動作要領亦正如農夫挑擔一般。我們在扁擔尾繫上重物，以肩抵著扁擔的中點，略靠近繫重物的一端，隨即兩足下踩，雙手握著扁擔的另一端，往胸口內按去；同時，肩上一頂將背後重物挑起來。

3・農夫挑擔㈡

(1)受方右捶直擊作方胸膛，作方不疾不徐，順著受方右捶擊來方向，左足退步順勢內採受方右捶（見農夫挑擔㈡圖1）。

(2)作方抄攬受方右捶後，隨即左足上前一步，作方右手領著受方右捶，逆時針往受方左側帶去，使受方左手難以出手（見農夫挑擔㈡圖2）。

農夫挑擔㈡ 1

農夫挑擔㈡ 2

農夫挑擔㈡ 3

農夫挑擔㈡ 4

（3）作方左足內扣，全身順時針180度轉向後方。作方右手應合全身步勢，順勢領著受方右手逆時針領過作方頭上，使受方右臂內側朝上，並將受方右肘抵靠著作方右肩。同時，作方臀尾靠緊受方身子，作方左手環

農夫挑擔㈡ 5

著受方腹部，反拿受方左臂，將受方包起來（見農夫挑擔㈡圖3、4）。

（4）作方鬆腰落胯，隨即兩足下踩，作方右手虛握受方右腕，合兩足下踩之勢，以作方右肩和受方右肘為支

點，將受方全身挑起；同時作方左手抱緊受方左臂，兩足一踩，身子順勢往前一探，將受方摔出（見農夫挑擔㈡圖5）。

4·霸王奪盔

(1)受方右捶如離弦之箭，直擊作方面門而來。作方不疾不徐，挪步左移，左足往左前方上步，腰胯順時針虛轉，右手即合腰胯之勢，順時針摟開受方右捶（見霸王奪盔圖1）。

(2)作方右手摟開受方右捶之後，勁勢不斷，作方右足上步，踏到受方前足跟後，輕輕沾著受方前足跟後。同時，作方雙手合上步之勢，右手往受方下顎右側輕輕推

霸王奪盔 1

霸王奪盔 2

霸王奪盔 3

霸王奪盔 4

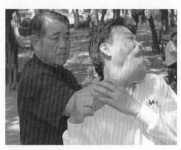

霸王奪盔 5

霸王奪盔 6

轉，猶如手碰到一顆會旋轉的球一般；作方左手則伸向受方後腦，虛捧著受方後腦左半側（見霸王奪盔圖2、3）。

霸王奪盔 7

(3)作方腰胯逆時針虛運，雙手外形不動，但輕輕將受方頸椎卡住，使受方頭部、頸椎、與身子三節絞為一體。隨即，受方左足一踩，腰胯順時針放落，雙手合腰胯之勢，逆時針旋動受方頭部，輕輕將受方放倒在地（見霸王奪盔圖4、5、6、7）。

(4)此勢名為霸王奪盔，動作看似簡單，但是要輕鬆不用力完成仍是需要功夫。此勢所拿乃是人體頸椎部位，所以在練習時，必需十分小心，不可用力或是快速施演，否則容易產生意外。因此，宜輕輕練習，不可用力鬥狠，學者宜注意之。

5‧獅子搖頭

(1)受方右捶如脫弓之箭，直打作方胸口。作方不疾不徐，右足退後一小步，腰胯順時針一擰，隨即逆時針虛運，作方左手逆時針摟開受方右捶。摟開受方右捶之後，作方腰胯順時針一放，作方右捶擊向受方面門，受方必提左手架擋（見獅子搖頭圖1、2）。

(2)作方右手接著受方左手架擋之力，腰胯順時針虛運，隨即右胯一吸，作方右手合腰胯之勢，沾引受方左手之力而回；作方左手則是沿著受方右臂內側滑上，搭著受方頸椎，合吸胯之勢，將勁力鬆入受方頸椎裡，直引受方重心往作方右手抽離方向倒去（見獅子搖頭圖3）。

獅子搖頭 1

獅子搖頭 2

獅子搖頭 3

獅子搖頭 4

獅子搖頭 5

獅子搖頭 6

獅子搖頭 7

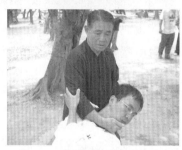

獅子搖頭 8

(3)受方全身重心受到搖晃，必定想重立陣腳，因此在意念和行動上有所反應不及。作方趁此機會，腰胯一鬆，作方右手立即伸出，托著受方下顎，隱隱往逆時針方向纏去；作方左手則是順勢虛捧著受方後腦（見獅子搖頭圖4）。

(4)作方腰胯逆時針虛運，雙手外形不動，但輕輕將受方頸椎卡住，使受方頭部、頸椎、與身子三節絞為一體。隨即，受方左足一踩，腰胯順時針放落，雙手合腰胯之勢，逆時針旋動受方頭部，輕輕將受方放倒在地（見獅子搖頭圖5、6、7、8）。

(5)此勢名為獅子搖頭，動作要領與霸王奪盔相似，惟入手方式有所不同。霸王奪盔是右手摟手，隨即以步勢

欺近；獅子搖頭則是右手沾黏受方左手之力，右手則沾著受方頸椎，由受方頸部去搖晃受方整個重心，使作方有機可趁。

五、岳家散手‧摔跤

1.前壓	2.前蹬仆	3.後蹬仆
4.後摔	5.採手奪盔	6.過肩摔
7.順手牽羊	8.殺雞搖頭	9.別肘鍬腿
10.攔腰摔	11.抱腿摔	12.天旋地轉
13.老樹盤根		

1‧前　壓

(1)受方右捶如脫弓之箭直迎作方胸口而來。作方不疾不徐，挪步左移，後足跟步，腰胯順時針虛運，右手順時針採著受方右捶（見前壓圖1）。

(2)作方採手接著受方右拳之力，沾引受方右拳之力出尖，腰胯忽地一落，作方右手合腰胯放落之勢，順勢沾著受方右捶往下輕輕一拍，猶如拍皮球一般，受方右手必有反抗之力往上彈起，作方趁此機會，右足邁至受方前足跟後，輕輕沾著受方前足跟；作方右手順勢滑至受方胸口，輕輕抵

前壓 1

前壓 2

前壓 3

著（見前壓圖2、3）。必需
注意的是，作方採手輕拍的
過程中，不得用力猛抓、硬
拉、強壓，而是沾著受方右
捶之力，以柔勁輕輕去拍動
受方右捶之勁線。此動作看
似簡單，但若是沾黏功夫不
夠輕靈，且聽勁不夠敏銳，
這個動作即難以有所效用，
學者宜注意之。

前壓 4

（3）作方腰胯逆時針虛
運，隨即順時針一放，作方右手抵著受方胸口，右足沾著
受方前足跟，合腰胯回旋之勢，作方右膝一蹬，右足順時
針一掃，同時作方右手輕輕往下一按，猶似一把大剪刀，

上下交錯，往受方腰胯剪去一般，將受方剪倒在地（見前壓圖3、4）。

(4)此勢為前壓，其精要處，全在作方採手後，輕拍受方右捶之力，藉受方右捶反彈之力，完成蹬仆的動作。因此，若是沾黏、聽勁功夫未至精熟，則無法成功施展。輕拍受方右捶，乃是為了將受方右捶之力全數引出，故有反彈之力，造成受方運動時，產生停滯僵緊的狀態，即是武學中所說的「斷勁」。對方勁力運作一斷，全身皆有可趁之機，作方則是趁機而行。若是沒有採手輕拍一下，則受方運動仍為正常，隨時皆有反擊機會，則作方處境可想而知。岳家摔跤，其精妙處不在於招式，而是在於岳家摔跤皆是要沾黏聽化之功皆有所成之後，方能習之用之。功夫若成，則可在輕鬆不用力的狀態之下，將對方輕輕鬆鬆摔出。若功夫不成，岳家摔跤得之無用矣！

2・前蹬仆

(1)受方右捶如脫弓之箭直迎作方胸口而來。作方不疾不徐，挪步左移，後足跟步，腰胯順時針虛運，右手順時針採著受方右捶，左手則輕輕按著受方右肘（見前蹬仆圖1）。

(2)作方腰胯順時針一擰，右胯一吸，左足逆時針掃向受方前足；雙手合腰胯之勢，右手採著受方右腕，左手輕按受方右肘，接引方右手之力，順時針畫個斜弧，往作方右腰際領去，將受方輕輕放倒在地。（見前蹬仆圖2、3、4）。

(3)此勢名為前蹬仆，其動作要領與採手蹬仆相似，

前蹬仆 1

前蹬仆 2

前蹬仆 3

前蹬仆 4

惟起手接引方式略為不同。

3．後蹬仆

(1)受方右捶如子彈般，直打作方胸口而來，作方不疾不徐，腰胯逆時針虛運，左手合腰胯之勢，逆時針採著

後蹬仆 1

後蹬仆 2

後蹬仆 3

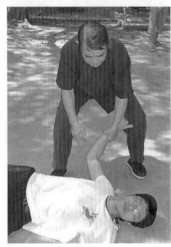

後蹬仆 4

受方右捶（見後蹬仆圖1）。

(2)作方外採受方右捶後，左足順勢上一小步，右足再上大步，踏到受方前足跟後，作方右手亦在右足上步時，輕按受方右肩窩（見後蹬仆圖2）。

(3)作方腰胯逆時針虛運，隨即順時針回旋，作方右足沾著受方前足跟，順時針一掃。同時，雙手合腰胯之勢，作方左手採著受方右腕，逆時針往左側領去；作方右手輕按受方右肩窩，合左手一領，往斜下一按，將受方輕輕放到在地（見後蹬仆圖3、4）。

(4)此勢名為後蹬仆，動作要領與前壓、前蹬仆相同，惟起手接引方式略為不同。

4・後 摔

(1)受方右捶如箭般，直迎作方胸口，作方不疾不徐，挪步左移，後足跟步，往左前方斜移；作方左手合

後摔 1

後摔 2

後摔 3   後摔 4

步勢之利，逆時針翻起，輕輕托住受方右肘（見後摔圖
1）。

（2）作方左足滑入受方前足跟後，緊沾著受方前足。
同時，作方左胯一翻，左手合腰胯步勢之勢，沾著受方右
手，逆時針纏著受方右手，將受方右肘尖纏起朝上，並纏
至受方咽喉處（見後摔圖2）。

（3）作方兩足一踩，腰胯順時針一擰，左手合腰胯之
勢，逆時針沾著受方咽喉往下一領；同時，作方左足一
裏，緊扣著受方前足，以受方前足難以抽動，將受方輕輕
放在地（見後摔圖3、4）。

5·採手奪盔

（1）受方右捶如拉弓射箭一般，直擊作方面門，作方
不疾不徐，腰胯逆時針虛運，左手採著受方右捶；同時，
右手搭上受方頸椎左側（見採手奪盔圖1、2）。

採手奪盔 1

採手奪盔 2

採手奪盔 3

採手奪盔 4

(2)作方腰胯逆時針一擰，隨即順時針回放，作方雙手合腰胯之勢，左手採著受方右捶之力，逆時針往腰際一領；作方右手搭著受方頸椎，沾著受方反抗之力，往左下方一按一放，將受方輕輕放倒在地（見採手奪盔圖3、

4）。

（3）此勢名為採手奪盔，其動作要領與霸王奪盔略為相同。不過，霸王奪盔是利用旋擰受方頸椎，進而扣著受方全身，將受方放倒在地。採手奪盔則是先以採手沾引受方右捶之力，順勢引出受方重心，繼而以右手控制受方頸椎，擾動受方中定之勢，進而使受方失其中正，而為我所放倒。施展時，需注意不可動用拙力硬作，由其在控制受方頸椎時，需將勁力從頸椎完整串到受方重心。

6・過肩摔

（1）受方右捶擊來，作方左足在前，立即順勢退後一步，雙手拿住受方右捶（見過肩摔圖1）。

（2）作方左足上一小步，落步內扣，隨即右足順時針往後一掃，全身背對受方，緊沾著受方身子；作方雙手合動步之勢，逆時針領著受方右手到作方左肩上（見過肩摔

過肩摔 1　　　　　　　　過肩摔 2

過肩摔 3　　　　　　　　　　　過肩摔 4

圖2）。此動作為入身之勢，乃是施展過肩摔之前，極為重要的前置工作。若是入身做得不好，不僅無法順利施展過肩摔，反而將背部空門露給受方。因此，這兩步看似簡單，但必需熟練動作和揣摩入身時機，方能成功施展過肩摔。

　　(3)作方鬆腰胯落胯，先將受方右手往下一領，作方左肩剛接觸到受方右手時，隨即兩足一踩，隨即輕輕站起，抵著受方右手（見過肩摔圖3）。

　　(4)作方抵著受方右手，腰馬一沉，雙手領著受方右腕，隱往前下伸去。隨即，作方兩足湧泉下踩，兩膝一縱，作方臀部抵著受方腰胯朝上一翻，雙手領著受方右腕往作方右腰際領去，將受方翻過作方背後，摔倒在地（見過肩摔圖4）。

7·順手牽羊

(1)受方右捶如拉弓射箭般,直擊作方胸口而來,作方不疾不徐,挪步左移,腰胯順時針虛運,左手反拿受方

順手牽羊 1

順手牽羊 2

順手牽羊 3

順手牽羊 4

順手牽羊 5　　　　　　　　順手牽羊 6

右腕（見順手牽羊圖1）。

　　(2)作方左足往右後方走倒插步，足尖點地，右手與左手輕輕抱住雙手同時拿住作方右捶，合動步之勢，扣著受方右腕，逆時針纏去，直將勁力纏至受方右肩上（見順手牽羊圖2、3）。

　　(3)作方右胯一鬆，隨即腰胯逆時針一擰，擰到正面，雙手合腰胯之勢，逆纏著受方右腕，上串到右肩、乃至重心，將受方放倒在地（見順手牽羊圖4、5）。

　　(4)受方倒地後，作方仍是扣著受方右腕、肘、肩，使受方無法彈動翻身（見順手牽羊圖6）。

8・殺雞搖頭

　　(1)受方右捶如子彈般直打作方胸口，作方不疾不徐，沉實以對，腰胯順時針一擰，隨即逆時針虛運，作方

殺雞搖頭 1

殺雞搖頭 2

殺雞搖頭 3

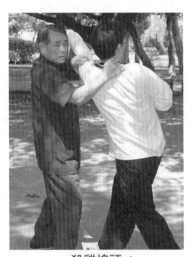

殺雞搖頭 4

左手逆時針採開受方右捶。隨即，作方右胯一吸，腰胯逆時針一翻，作方右手如拉弓斷弦般，翻打受方面門，受方左手必來招架（見殺雞搖頭圖1）。

(2)作方右胯一吸，合腰胯之勢，作方右手沾引受方左手招架之力，同時作方左手一橫，輕輕沾住受方左肘（見殺雞搖頭圖2）。

殺雞搖頭 5

(3)作方後足一站，左胯一翻，合腰胯之勢，作方左手順勢逆時針領著受方左手到作方左側，使受方腰椎自動撐到破勢，即腰椎命門之肌肉有拉扯的感覺（見殺雞搖頭圖3）。

(4)作方右胯一吸，合腰胯之勢，作方左手採著受方左肘，右手扣著受方右肩井穴，鎖著受方腰椎，將受方反身放倒在地（見殺雞搖頭圖4、5）。

9・別肘鍬腿

(1)受方右捶如離弓之箭，直打作方面門而來，作方不疾不徐，挪步左移，腰胯逆時針虛運，作方雙手合挪步之勢，左手逆時針一劃，外採受方右捶，右手順勢搭上受方右肘窩（見別肘鍬腿圖1）。

(2)作方鬆腰落胯，重心挪至左足，左胯一裏，作方左手採著受方右腕，右手從右肘下穿出，搭著受方左肘。作方左胯一鬆，腰胯順時針一放，合腰胯之勢，作方右足足尖翹起，朝向左前方45度，貼地鑱向受方右足跟；同時，作方左手直著受方右腕不動，左手搭受方右肘往內一

別肘鍬腿 1

別肘鍬腿 2

別肘鍬腿 3

別肘鍬腿 4

按，將受方輕輕放倒在地（見別肘鍬腿圖2、3、4）。

　　(3)上述腿法在螳螂拳中，稱為「鍬腿」，用意乃是在於將對方的足底鍬動，使受方立足不穩，失去重心。鍬腿施用，不能用力猛踢，亦不可貪急妄動。鍬腿時，足尖

須微翹，足跟擦地滑去，由受方足跟底部鍬起，往受方足尖與我足尖之中線鍬去。

10．攔腰摔

(1)受方右捶如子彈般直打作方胸口，作方不疾不徐，沉實以對，腰胯順時針一撑，隨即逆時針虛運，作方左手逆時針採開受方右捶。隨即，作方右胯一吸，腰胯逆時針一翻，作方右手如拉弓斷弦般，翻打受方面門，受方左手必來招架（見攔腰摔圖1）。

(2)作方左足朝右上角上步，右胯微吸，合腰胯之勢，作方右手沾引受方左手招架之力，左手同時順勢搭上受方左肩（見攔腰摔圖2）。

(3)作方右足足跟朝前，往前一撤步，全身順時針一捲，背向受方，臀部往受方腰腹一頂，合撤步轉身之勢，作方右手採著受方左手往右腰際領去，左手則一伸，環

攔腰摔 1

攔腰摔 2

攔腰摔 3

攔腰摔 4

攔腰摔 5

住受方頸部（見攔腰摔圖3）。

（4）作方兩足一踩，兩膝一彈，腰胯順時針一放，臀部同時沾著受方腰腹，往上一蹶，雙手合腰胯彈膝之勢，左手扣著受方左腋窩，右手牽著受方左手，將受方由後方、經作方腰際，摔到前方地上（見攔腰摔圖4、5）。

11 · 抱腿摔

（1）受方右捶劈砸如泰山壓頂般，直砸受方頂門，作方不疾不徐，腰胯逆時針虛運，隨即順時針一擰，合腰胯

抱腿摔 1

抱腿摔 2

抱腿摔 3

抱腿摔 4

之勢，右手由腹鑽起，領著全身似往上鑽，到心口時，全身放落，如心中大石一放，全身一張，右手隨即翻上，斜橫著肘向外一擰，將受方劈砸彈開（見抱腿摔圖1）。

(2)彈開受方右捶劈砸後，作方左足隨即上步，跨至

抱腿摔 5

抱腿摔 6

抱腿摔 7

抱腿摔 8

受方右足跟後，合上步之勢，作方左手放鬆，隱如前後撕帛，往受方右肩往前往下輕輕一按，使受方前足失根，全身中軸全失而後仰（見抱腿摔圖2、3）。

(3)受方後仰之際，作方順勢俯身，以右手抄起受方離地之前足。兩足一踩，兩膝一彈，腰桿一挺，右手合全身上挺之勢，將受方右腿提起，合著作方左手按肩之勢，將受方翻倒在地（見抱腿摔圖5、6）。

(4)受方倒地後，仍是沾著受方右足，雙手拿著受方右足踝，順時針旋扣受方右足踝（見抱腿摔圖7、8）。

12・天旋地轉

(1)受方右捶如炮彈般，直打作方面門而來，作方不疾不徐，左足一退，右手順勢接著受方右捶（見天旋地轉圖1）。

(2)作方左手補上，右足退一小步，右胯一吸，雙手

天旋地轉 1

天旋地轉 2

天旋地轉 3

天旋地轉 4

天旋地轉 5

天旋地轉 6

拿著受方右腕先往右下角一領。隨即作方左足往左前方上步，雙手合動步之勢，順時針擰扣受方右腕，將受方右手勁線順時針纏起來。此時受方右肘必然一翻朝天，作方趁此機會，右足再進，越過左足，隨即兩足逆時針

天旋地轉 7

輾轉，180度轉身，與受方同向。此時，作方雙手仍是纏扣著受方右手（見天旋地轉圖2、3、4）。

(3)作方左足向後撤步，雙手纏扣著受方右腕，順勢往下往後一甩，將勁力甩上受方右肩到腰，使受方全身往前一仆。隨即作方左手仍拿著受方右腕，順勢往上一提；右手則拿著受方右大臂順勢向下一按，使受方往前仆倒（見天旋地轉圖5、6）。

(4)受方仆倒後，作方左手仍拿著受方右腕，右手則反扣受方掌背（見天旋地轉圖7）。

13・老樹盤根

(1)設雙方兩手互纏，僵持不下時，作方右足足尖朝向左前方約45度，足尖翹起，以右足裡側，往受方右足底鏟去，將受方右足鏟離地（見老樹盤根圖1、2）。

(2)作方右足鍬動受方右足時，受方必立足失根，重心不穩。作方立時趁機將右足往受方左足膝彎纏去，右足足背鉤著受方小腿（見老樹盤根圖3、4）。

(3)作方右足足尖捲至輕點受方左足背，順著作方左足下踩，腰胯順時針一擰，右足膝彎黏著受方左足膝彎，瞬間完全站直，將受方翻倒在地（見老樹盤根圖5、6、7、8）。

老樹盤根 1

老樹盤根 2

老樹盤根 3

老樹盤根 4

老樹盤根 5

老樹盤根 6

老樹盤根 7

老樹盤根 8

六、結　語

　　岳家散手共有三百六十手法，然而其中有分左右，更分變化，實在無法一一盡數列出，是以由王師親選出幾十手代表性手法，做為出書之用。雖是如此，亦有數十種手法，供君研之。當中，仍有不少遺珠之憾，但篇幅有限，不能盡展所見，其中又有諸多細節，非親自點授，不能詳盡，只好暫書至此，以待後續。其實，若窺得擒拿、摔跤之法理，則可自當自行研究，不必拘泥於上面技法當中，當可自行領略更巧妙之手法。

　　筆者曾經研究過柔道十段三船久藏的影片與書籍，亦曾研究合氣道植芝盛平和鹽田剛三之書與影片，發現其中不少技法都與岳家散手雷同，並有著相同的理法貫穿其中。只不過彼所重者，僅於摔技，或有擒拿技法，終不如岳家散手乃是擒打並用之絕技，此乃研究和專精範圍有所

差別也。他山之石，可以攻錯，如此方能創新突破，精益求精，此乃實戰養功夫也。若僅知死守招法套路，終不能得其環中。

　　岳家散手，既名散手，則講求實戰應用，並應當隨著實戰磨練，而不斷進步。想王師岳家散手，變化自如，此非僅是岳家之傳，其中含有太極推手之妙，又有螳螂連環崩彈之勁力貫於其間。三家之學，盡融鑄一爐，此方是一代大家風範！武學之道，唯有跳脫門派觀念，經由拳理和經驗不斷修正，方能不斷進步、淬化。今之岳家散手招法，也僅是供諸君參考，作為通達武學法理之門。謹此，願諸君共勉之。

第八章
結　語

　　岳家武學是一門幾近湮沒於歷史當中的武學體系，放眼整個世界，除岳家散手部份以變形體的形式流傳下來之外，就再沒有其他人有著這樣的功夫。因此，說王師乃是碩果僅存的岳家武學傳人，可說是名至實歸也。觀其內容和招式，岳家武學呈現出極為實戰的風格，深切練用一體之要義。王師平素即常說：「以實戰養工夫。」突顯出王師練武之風格。但是，千萬不要以為岳家武學僅是講求實戰之武技而已，這就太小看岳家武學了！雖然岳家武學並沒有完整的拳理拳論流傳下來，但是觀諸王師訓練要求，以及常掛在嘴邊所說的拳諺，如：「手如柳枝拳如彈，馬似車輪身如梭。」即可明瞭岳家武學，究其本質，仍然是中國內家武學的一支。

　　經過三年多的整理和撰稿，筆者終不辱師命，將其家傳岳家武學整理成書，供諸世人面前，以嚮有志於武學之同道，為中國武學保留其瀕近失傳的內家絕學。然而，在完書之際，也有不少遺憾留在心頭。首先，由於筆者材力和功夫所限，無法將王師武學精妙深奧之處，表達出十分之一。因此，若有學人同道發現本書中有任何不足或是闕誤之處，還望多多包涵，希請見諒。

　　其次，由於岳家散手技法變化繁多，為了簡化技法和

出書之便，許多變化技法只是點到為止，並未將其各式變化給羅列出來。此後若有機會，自當整理其變化技法，供諸大家參考。

其三，筆者認為，對於所有學武者而言，最重要的並不是去證明自己武學體驗和所悟拳理之真實，而是努力去否定自己既有的體悟和理解，也就是極力去嘗試給自己找「碴」，尋找自身理解的拳論或是體驗中的問題。因此，對於筆者而言，最大的願望是在成書之際，隨即能夠對本書作一最完整的修正，甚至重新書寫。當然，這也有待於筆者本身學力和功夫進一步提昇，或是諸方同道的指點，方能再行做完整之修訂。

其四，岳家武學乃是王師家傳武學體系，但王師所學則遠乎超乎此。王師於推手、散手、擒拿、摔跤等藝，皆隨手拈來是神品，光是一本《岳家拳學》自不能涵括王師真正功夫。以後若有機會，自當會將王師諸般功夫一一整理出來，以饗同道。

其五，所謂武學，非口空白話或是象牙塔裡的學問，而是必親自苦練、親身實證而得，並且亦須得明師加以指點，方能瞭解其中梗概。因此，假若筆者所論有所中的，仍須學人刻苦學習、體悟、訪師，方能有所得也。所謂武經拳論，亦不過是接引法門而已，仍須自身體悟與尋訪明師指點。因此，本書最終無法代替一名真正的好老師，此乃必然之遺憾也。

最後，再此致上隆重的謝意給予所有幫助筆者完成本書的師兄姊和朋友們。多謝各位的幫忙，方能順利完成本書，敬謝！

附錄一
岳家散手名家傳略續

1．劉國俊[1]

劉國俊，乃大槍劉德寬之子，自幼隨父學習武藝，並拜「單刀李」李存義學習形意拳。劉國俊16歲就當上鏢師，人稱「賽羅成」[2]，常身背彈弓，手使銀槍，腰間內藏十二支月牙鏢，身穿素衣，騎白馬，英姿煥發，頗有乃父之風。

七七事變後，日本人聽聞劉國俊槍法高妙，便派兵到劉國俊家中，請劉國俊去憲兵隊教大槍法。劉國俊因國仇家難，嚴詞拒絕。日本兵見文的請不動，便要動武，一個班的人提起刺刀，就扎向劉國俊。劉國俊一個轉身，步行八卦，游身閃躲，邊走邊打，竟沒一個能刺到劉國俊。日本兵愈看愈奇，當場有人下跪要求拜師。劉國俊見無法了事，先假意虛應，安撫日本兵。當夜，劉國俊就攜帶家眷

---

① 此乃改寫化振凱先生所寫之〈劉國俊傳〉。見http://user.99114.com/403273/knowledge_479576.html

② 羅成是歷史小說《隋唐演義》的角色，乃為唐燕王羅藝之子。事實上，羅藝雖有子，但史上無傳，不知其名；羅成則是小說家虛構人物。羅藝在史上有載，其作戰勇猛，善用槍。是以虛構之子羅成，亦善槍術，人稱「羅神槍」，又因屢戰皆勝，又稱為「常勝將軍」。在京劇中有《羅成叫關》，即是描寫羅成戰死的經過，是京劇的名劇之一。

逃到保定，找白西園的弟子齊德林投靠。齊德林安排他在保定東郊下閘處開一小飯館安身，並讓其孫齊景山、齊景泉二人拜劉國俊為師，當時還有賈金生、賈金相、陸文達等人一同拜師。

在日本進駐保定後第三年，劉國俊逝世，享年七十餘歲。生前唯有一女，據傳嫁到保定北關。

2・劉恩綬

劉恩綬，字殿昇，河北衡水人。劉恩綬曾從大槍劉德寬學岳氏連拳，又稱為岳氏八翻手。據劉恩綬所言：「習是拳法，歷九年寒暑而未間斷。」[③] 尤此可知劉恩綬於岳氏連拳，習練專精如是。劉恩綬又精太極拳，曾受學於楊班侯之徒全佑，繼受學於宋書銘學太極「三世七」拳藝。

民國五年（1916），劉恩綬與孫祿堂、楊少侯、劉彩臣、紀子修、吳鑑泉等人，合辦北京體育講習所，後改為北京體育研究社，劉恩綬即在社內擔任教習。

劉恩綬其餘事蹟不詳，在少數資料中，唯一比較清楚描述劉恩綬的資料，應當是向愷然〈我研究「推手」的經過〉一文。筆者今轉錄如下：

> 1929年在北京，從許禹生先生學習推手。他的太極拳是從宋書銘學的，是宋遠橋一派，專注意開合，配呼吸。每一個動作，都要分析十三勢，尤其以中定為十三勢之母，一切動作都得由中定出發化，注意黃百家著《家拳》裡面的

---

③ 王新午（1930），pp.1。

「勸、緊、敢、勁、切」五字訣。他說「切」字最關緊要，就是每個動作都須求得切合應用。所以他的推手最能運用架子中各種動作。可惜他那時主辦北京國術館兼辦北京體育學校，工作太忙不能和我多說手法，介紹了劉恩綬先生專教我推手。

劉先生也是從宋書銘學過太極拳的。但他的推法，卻跟以上諸位先生不同；忽輕忽重，或長或短，每每使我連、隨不得，沾、黏不得。有時突然上提，我連腳跟都被提起，突然一撒，我便向前撲空。

直到三個月以後，方才漸漸習慣，不受誘惑了。我從前練過外家拳，有時被逼急了，便用外家拳法出擊，他立即停止不推了。他說：「推手是一種練習的方式，不是打架，不可有爭勝負的心理。若是較量勝負，則是彼此形式不同，決沒有站住不動，等待人家攻擊的道理。」[4]

劉恩綬幾乎一生都與北京體育研究社分不開，並作育多位國術人才，如王新午、張廣居等等。

3．劉彩臣

劉鳳山（1853～1938），字彩臣。劉彩臣少年多病，二十四歲起開始練拳術強身健體。劉彩臣從大槍劉德寬學六合拳、六合大槍、岳氏連拳等藝；復從耿繼善學形意拳；並從楊露禪之徒全佑習太極拳。劉彩臣曾跟「煤

---

[4] 向愷然（不詳）。

「馬」馬維祺學習八卦掌，得其風輪掌藝。馬維祺去世後，劉彩臣拜入程廷華門下，並將程廷華八卦掌之柔巧風格，混入風輪掌勢，自成一格[5]。

　　劉彩臣早年與劉德寬在保定成立鏢局，往返於河南、山西等地，師徒二人以大槍威振江湖。晚清時，劉彩臣入隨朝廷要臣往返於北京、綏遠之間，押運軍餉[6]。

　　民國五年（1916），劉彩臣與孫祿堂、楊少侯、劉恩綬、紀子修、吳鑑泉等人，合辦北京體育講習所，後改為北京體育研究社，劉彩臣即在館內擔任教習。

　　五四運動後（1919），蔡元培校長請劉彩臣出任北京大學武術教授，並在四民武術社與北平國術館廣泛傳授武術。

　　劉彩臣亦曾受學於宋書銘之下，並曾跟學員陳苪洲談及宋書銘之拳藝：

　　　　彩臣先生嘗與余言，從前袁項城之幕客有宋
　　某者，係宋遠橋之後，精太極拳，北平之太極拳
　　多往拜之，其言曰渾身可分若干點，有強有弱，
　　有遠有近，兩力相加，點強者近者勝，弱者遠者
　　負。至於太極拳之能四兩撥千斤者，無非能變弱
　　點為強點，變遠點為近點而已。[7]

　　劉彩臣亦於北京國術館擔任教習良久，其學生有李先

---

⑤ http://209.85.175.104/search?q=cache:T3Y4bSiWXoEJ:www.
　　chuantongbaguazhang.com/ShowToff.aspx%3Fld%3D345+%E5%8A%89
　　%E5%BD%A9%E8%87%A3&hl=zh-TW&ct=clnk&cd=33&gl=tw
⑥ http://www.51bgz.com/ff_cfq.htm
⑦ 陳苪洲（2006），pp.105～122。

五、陳苣洲、馬玉清、吳子珍、劉清泉（劉彩臣之子）、鮑玉藻、沈家楨　宣庭、尹如川、李紹強、杜沂濱等人。

4・陳泮嶺

陳泮嶺，字峻峰，河南省西平城東十五里陳庄村人。生於民前二十年元月十九日（1992）。陳泮嶺在家行三，由於家境良好，兄弟四人均受過良好教育。陳家世代好武，陳泮嶺自小即從其父陳鑑先生學練少林拳術[8]。

之後，陳泮嶺負笈北上，就讀於北京大學預科，並在

---

[8] 陶希聖與陳泮嶺有同鄉之誼，更是陳泮嶺的拳術學生，在〈辛亥還鄉〉中，陶希聖曾寫道：「第一中學在貢院的新校舍，離城數里。同學們大抵寄宿在新建的宿舍裏。於是課外的活動就多方面進行。

「星期日，我們跳城墻，出城外，順城跟，向城南走。在路上買幾份大梨子，每人一個，走了二十里還啃不完。那就到了以禹王台與繁塔（讀為薄塔）為中心的花園叢立的地帶。

「由星期一到星期六，每日下午課畢，我們到校舍後面的廣場（操場）練拳術，弄刀槍。我們的教師是林縣的蘇氏叔姪和遂平的陳氏弟兄。他們都是丙班的同學。

「林縣的風氣，每年三月三日那天，鄉里的少年齊集一大場子之上，各依其所練習的兵器，扮作三國演義上的英雄。例如練長矛的扮作張飛，練大刀的扮作關公，練白蠟杆子的扮趙雲或馬超。他們捉對兒表演葭萌關，或白馬坡。縣民群集場上作壁上觀。那天的比武也是家長們替他們的女兒選婿的良機。蘇氏叔姪就是林縣少年中之優秀者。

「陳氏弟兄二人之中，以陳泮嶺同學為優勝。他的父親是遂平縣一座大村莊的長者。他好客，東往西來，南通北達的客人，只要有一藝之長，就可受他的招待，一住十天半月，甚至一年半載，長者的禮貌不衰。唯一條件就是教他的子弟們練習武術。陳泮嶺同學從七歲上學拳，到了十二三歲，已經是十八般兵器件件皆通。我從他們學打拳，學對手，練單刀，也練鑣，甚至彈弓和袖箭。我的兩個哥哥經常腿綁鐵砂，習輕功。」[陶希聖（1963）。]

課暇之餘。學練拳術。陳泮嶺曾從佟聯吉、劉彩臣、程海亭諸先生習形意、八卦；又從吳鑑泉、楊少侯兩先生學太極。

民國六年（1917），陳泮嶺轉天津北洋大學時，參加北洋大學武術會。當時，武術會教授乃是「定興三李」之李耀亭（字子揚）先生，為「單刀」李存義之姪，亦是李存義高徒。李耀亭見陳泮嶺功夫不錯，當為可造之才，便引荐陳泮嶺於李存義先生，並蒙李存義先生垂青，破格收錄，教授形意拳術。

之後，陳泮嶺由於領導天津學生五四運動，因受天津軍警之追緝，匿居法租界中，不久再回北京大學。回北京後，又追隨紀德、許禹生兩先生，學習形意、八卦、太極、岳氏連拳。由於陳泮嶺家傳少林及在校學習拳腳及器械等六七十種，功夫之雜，就連許禹生都曾對陳泮嶺笑說：「我雖身為武術社長，你所學玩藝之多，自弗如也。」

民國十年（1921），陳泮嶺自北京大學土木工程系畢業，即返鄉在開封創辦「黃河水利工程測繪學校」，培育水利人才；並開設「青年改進俱樂部」，推廣國術。

民國十四年（1925），正式成立河南武術會，各縣相繼成立分會及武術處。民國十七年（1928），中央國術館成立於南京。河南武術會亦改名河南國術館，各縣市成立分館，武術亦改稱為「國術」。民國二十八年間（1939），陳泮嶺任中央國術館副館長。在重慶籌組國術比賽兩次，成績斐然。

三十年（1941），在重慶教育部及軍訓部聯合成立

國術編審委員會，陳泮嶺任主任委員，並聘請國術名家多人，編成教材五十餘種，掛圖四十餘幅。

來台後，於民國三十九年（1950）成立「中華國術進修會」即現在中華民國國術會前身，陳泮嶺任第一屆理事長。隨後，成立太極拳俱樂部，並舉辦國術全省比賽、全國比賽，以及台、港、澳國術大比賽等數十次。

陳泮嶺後來定居於台中，在台中農場傳授國術，長達十八年。四十六年間（1957），成立「九九健身會」，後改名為「九九太極拳協會」。

陳泮嶺於民國五十六年（1967）四月七日在省立台中醫院病逝，享壽七十六歲，一代國術大師，與世長辭。

5・張達泉[⑨]

張達泉，字隆興，河北大興縣人。1889年5月出生。張達泉年幼體弱，曾患有腦癱，後來病雖治好了，卻留下後遺症軟骨病，不良於行。

據其學生繆福度所言，張達泉之父為北京著名之槍王張大發[⑩]，與紀子修惺惺相惜。紀子修見張達泉體弱，不便於行，便親手調教張達泉，數年後，不僅疾病卻除，更盡得紀子修太極拳、岳家散手、岳氏連拳與大槍術等藝。

由於紀子修與吳全佑一同學拳於楊露禪，又與吳鑑泉

---

⑨ 改寫自〈記武術名家張達泉老師〉、〈繆福榮老師演示「岳氏散手」〉、〈思念太極拳大師張達泉、戴英先生〉。見http://www.taijiprobe.com/zhangdaquan.html

⑩ 據繆福榮所言，紀子修曾從「神槍」張大發學槍法，疑為張達泉之父，又疑為「水張」（見紀子修傳）。故誌之。

同學於宋書銘，因此紀子修與吳家關係十分良好，青年的張達泉也因此極為敬慕吳鑑泉等人。1922年，紀子修逝世，張達泉頓失明師，後來據說曾自行開立鏢行為業。雖然張達泉在河南道上頗有名聲，但總不比吳鑑泉等人之顯赫。

有一次在北京，張達泉在路上遇到吳鑑泉，因自慚形穢，壓下帽沿，想躲開吳鑑泉。不料，吳鑑泉早已認出張達泉，並叫住了他，詢問張達泉何以避開？張達泉直言自感高攀不上。吳鑑泉生性熱情，於是開口邀請張達泉一同傳拳。張達見吳鑑泉心胸開朗，加上熱情邀請，也就留在北京和吳鑑泉等一起傳授武藝。自此張達泉與吳鑑泉一家感情日益融洽，並從吳鑑泉學吳氏的方架太極拳。

1942年，吳鑑泉逝世。吳鑑泉之女婿馬岳梁介紹張達泉到上海新星製藥廠工作。張達泉業餘之際，在上海中山公園繼續授以方架太極拳，為吳氏太極拳南方重要傳播者之一，其在上海授徒二百餘人，可說是桃李滿門。

張達泉太極工深，尤擅推手、技擊。張達泉推手時，沾黏連隨，工深細緻，他人一觸及身，如按棉花，推之不得點；一發力，則失根身浮，反為所趁；身體一動，人即落空跌出。發人時，身體微動，手指一點，人即離地而退飛，如風捲殘雲，其推手功夫之精，可見一斑。張達泉與人動手，均用太極技擊取勝，勝人不傷，使對方心折而去。

在1961到1964年間，上海市體委、市體育宮、市武術協會等等，經常邀請張達泉表演太極拳及推手。可惜，後來發起文化大革命，張達泉因受文革迫害，關閉了上海

市中山公園的場子。

1968年，文革結束，張達泉重啟上海中山公園。眾位弟子聞老師再出山林，均紛紛前來。張達泉神情激動，竟連續和三十多人推手，仍面不改色，可見功夫深邃。

張達泉除太極拳法精深外，更深得紀子修岳氏散手之精要。然張達泉曾向某人承諾，僅對外教授太極拳，因此學生雖長立在側，卻使終無緣親見岳氏散手之絕技。然而，張達泉常說他已經將岳氏散手融入太極推手之中，以傳其技。直到1960年代後，張達泉才開始正式傳授岳氏散手給少數幾名學生。

張達泉內勁亦是相當雄厚，有一次在公園授拳結束後，張達泉偕同眾位弟子漫遊後花園。當時有學生問說：「何謂運勁達梢？」張達泉笑而不答，隨手從旁人取過一支舊竹劍，往前面大樹一擲，只見竹劍深深刺入樹幹。可見其內勁精厚若此，可謂「運勁達梢」矣！

張達泉在兵器上，亦深得紀子修和其父槍法之妙。據張達泉學生戴英親眼所見，話說有一名學生擬創編一套槍法，特地向張達泉請教。張達泉隨手拿了根掛帳子的細竹竿，當作長槍與之對練。但見張達泉之長竿，如影隨形地，沾纏著對方槍桿上，使對方之槍無法前刺，亦無法退閃，頻頻被刺。張達泉手中竹竿一使勁，即將對方槍桿震出甚遠，差點脫手而飛。後來，張達泉竹竿再一掀，對方連人帶槍，跌到後面竹籬笆上。

還有一次，張達泉用一根細竹代槍時，只一抖，就見竹竿前半截全部爆裂成絲，足見其內勁透梢。可惜張達泉槍法雖是精妙，惜乎現今弟子皆無能紹承其技。

1969年4月，張達泉病故，享年80歲。張達泉授徒眾
多，其高學弟子有戴英、繆福榮、王扶霄、馬子建、楊柄
誠等人。

6・王新午[11]

王新午（1898～1959），山西汾陽縣孝臣村人。王
新午自幼體弱多病，四歲之時，猶不能行。其父王禮廷精
於醫道、武術，見王新午體弱，先教以運動，操練壯健身
體。八歲時，其父授以長拳，習練縱躍術。因家傳武醫，
王新午尤是漸懂家傳所學。

青年時，王新午遠赴北京，就讀於北京體育學校，拜
許禹生、紀子修、吳鑑泉等名師，習練太極十三式。又
拜劉恩綬習練岳氏八翻手，又稱岳氏連拳。王新午為精
研岳家絕技，不時請益於紀子修與劉德寬之徒許禹生先
生[12]。

王新午在畢業後，即返回山西。1930年，在太原創
辦太極拳學友會、山西省國術促進會，並歷任省級與國家
武術考試裁判。王新午武功醇厚，品德高尚，與人動手，
點到為止，從不傷人。

抗日戰爭前，王新午曾一度任偏關縣縣長一職。不
久，抗日戰爭爆發，為保家衛國，集結武術家約千人，組
建第二戰區武術縱隊，與日軍周旋於晉西北。後遭閻錫山
疑忌，西入西安行醫。

1949年後，王新午就任於西安市中醫醫院醫務部主

---

⑪ 汾陽縣志編纂委員會編（1998），pp.967。
⑫ 王新午（1930），pp.2～3。

任，並兼任西安市中醫學會主任委員等職。

王新午在山西推廣武術多年，在當地享有極大聲譽和學生，平遙申志榮、趙思杰、李毓秀、劉玉明、梁春華、張安泰、董桂、米書、馬野居、郝學儒、李尚德等人，皆出於王新午門下。並著有《岳氏八翻手》、《太極拳闡宗》、《太極拳法實踐》等書。

7 · 張廣居

張廣居（1900～1986），河北深縣趙村人。青年時代參加小學教育工作，因勞累過度，體弱不甚負荷。後練武術，體格轉強，於是開始喜愛武術。

民國十五年（1926），張廣居考入中央國術館，從劉恩綬、許禹生、吳鑑泉等名師，研習岳氏連拳、太極拳、形意拳等拳術，其中尤好岳氏連拳。岳氏連拳動作簡潔古拙，每路由一個招式組成，合則為套路，分則為散手。劉恩綬見張廣居練拳刻苦認真，很是欣賞，對之精心教導，將岳氏連拳傳給了張廣居。

民國十七年（1928），南京舉辦第一次全國國術考試，中央國術館選派張廣居等六名學子參加了比賽，張廣居表現優異，並受到馮玉祥將軍設宴招待。

民國十八年（1929），張廣居在中央國術館畢業後，在北平找不到工作，經朋友介紹到山東青島教拳謀生。在青島，不少拳師登門討教，均拜服而去。一名綽號「高猴子」的拳師帶徒弟找張廣居比武，張廣居用岳氏散手的「滾拿手」、「小背挎」連勝「高猴子」的兩名徒弟，「高猴子」深服其拳藝，並在青島武術界廣為宣傳。

從此，張廣居更深受青島武術界之敬重。

張廣居在山東教拳4年後，民國22年（1933），張廣居到白崇禧的部隊中任武術教官。到任之初，有人不服，張廣居即在軍中設下擂台，一連擊敗數十名官兵，眾官兵皆服其藝。民國二十五年（1936）秋，一名軍官藉故挑釁，當眾辱罵張廣居，張廣居不堪其辱，憤而反擊，用岳氏雙推手將該名軍從二樓上摜下來，將其摔成重傷。為此，軍中要處分張廣居，張廣居一氣之下，憤而離開軍隊，其師母（劉恩綬之妻）資助他兩百現洋，助其返鄉。

不久，張廣居從北平回到深縣，投入抗日戰爭。因為他有文化、教過學，所以中共派張廣居去教小學。張廣居除了教學生文化課之外，還教學生搏擊、劈刀，進行軍事基本訓練，在全縣小學的外場觀摩中，張廣居所教班級，曾多次獲得第一名。張廣居還曾配合游擊小組，打擊日偽。

中共統治大陸後，張廣居繼續在教育上培育人才，並多次評選為模範教師。很多人慕名前來向他學習武術，他總是熱情款待，反覆示範，誨人不倦。

1966年張廣居退休後，到保定兒女處居住，並被聘為保定市老年武術協會顧問。張廣居雖已年逾古稀，仍積極參加武術活動、提倡武術，並廣為推傳岳氏連拳。張廣居在其大作《岳氏連拳》一書中，對於岳氏連拳有著極為詳盡的介紹與說明。

1986年，張廣居去世，享年86歲[13]。

---

[13] 改寫自〈人物傳〉《深縣縣誌》pp.592～593。

8．孫振環[14]

孫振環[15]（1898～1972），鹽山縣人。鹽山武風鼎盛，孫振環耳濡目染之下，尤嗜技擊，後拜入左東君門下。左東君乃是鹽山劈掛通臂名師左寶梅之後人。孫振環盡習左東君之藝，尤精三節棍。一次經山東，路遇馬匪，孫振環以三節棍奮殺，匪死傷十餘人。

民國九年（1920），鹽山大旱，孫振環出外謀生，至滄州，拜劉德寬之徒江德灣為師，習練六合槍法。後經江德灣介紹，到天津商棧當鏢師。

一次，孫振環奉差經雄縣，見兩莽漢毆打一人，孫振環上前勸阻。莽漢大怒，拳擊孫振環下腹，孫振環一招「小鬼叫門」，莽漢立足不住。另一人飛速襲來，孫振環一招「岳武雙推手」，推得兩漢相撞，雙雙倒地，起身走人。當時，眾人均勸孫振環儘速離去，孫振環示意無妨。後兩莽漢糾眾十餘人前來，手持器械，將孫振環團團圍住。其中一人掄起木棍要打，孫振環立即閃過，奪下木棍，一拳將該人打出丈餘。餘眾一見，登時鳥獸散矣。

天津有一著名惡霸，綽號「花豹子」，作惡多端。一日，花豹子率眾在一學校附近調戲一女子，孫振環路過，上前阻止。花豹子從一奴手中奪過鐵鐧，打向孫振環。孫振環雙臂一擋，鐵鐧落地，順勢一掌將花豹子打出丈外。後因花豹子勢力龐大，孫振環於是出走天津，遠赴濟南。當時，濟南有一位王姓摔跤教習，稱能勝他者師事之。孫

---

[14]　滄州武術志編纂委員會（1991），pp.490～491。

[15]　一作孫振「寰」。

振環與之比藝，兩勝王姓跤手。因此，孫振環被譽為華北摔跤第一。

　　後來，孫振環去投考鏢師，名列第一。1943年，被任廈門鼓浪嶼中南銀行鏢師，並在精武體育會廈門分會和英華中學兼教武術。當時，鼓浪嶼有一家洞天飯店，為島上第一酒家。飯店陳老闆與英國領事館武官彼得交往甚密。彼得是名業餘拳擊手，十分藐視中國武術，並常說中國武術不堪一擊。陳老闆對此，雖有不滿，但由於不識功夫，只好吞忍。

　　某天，陳老闆遇到孫振環，知道孫振環為滄州武術高手，便商請孫振環與彼得一試高低。孫振環為護中國武術之尊嚴，亦慨然應允。

　　比武當天，雙方來到了洞天飯店，由陳老闆作翻譯。孫振環與彼得握手請禮，彼得先發制人，企圖抱住孫振環，再扳倒在地。孫振環隨即後退一步，彼得雙手抓空，彼得隨即順勢右拳擊向孫振環面部。孫振環一招岳氏單推手，先刁住彼得右手，向下一帶，向前一推，步隨手進，將彼得打出尋丈之外，跌翻在地。彼得起身後，不敢再試，豎起大拇指，連聲稱讚。

　　一年冬，孫振環友人陳清輝被土匪綁票，困於山洞中。由於匪者名震閩南，多人搶救無功。孫振環與兩師弟深入匪巢，摸到持槍哨崗身後，擰轉匪項，並用拇指按點啞穴，使匪口不能言，當即救出陳清輝[16]。

　　1953年，孫振環創辦通臂武術社。1957年入選福

---

[16] 洪敦耕（2004），pp.2～5。

建武術代表隊，到北京參加全國武術比賽，榮獲獎狀。
1959年，應福建省體委之聘，到福州擔任福建省武術隊
教練。

孫振環一生授徒眾多，其出名者有洪敦耕、傅春華、
陳平國、李家才、與其子孫志慶等人。1983年，被評為
全國千名優秀武術輔導員之一。

9・趙鑫洲

趙鑫洲（1876～1930），趙鑫洲，原單名銓，鑫洲
則為其號，北京市順義縣人。趙鑫洲家傳武藝，累代而
精，趙鑫洲尤為翹楚。

趙鑫洲曾從北京密雲縣的劉天向學練少林拳術、與跌
打損傷等藝。劉天向個性剛強，嫉惡如仇。一次，因打
抱不平，誤傷人命，因犯入獄。劉天向入獄數月，害了一
場大病，幾欲休矣。當時按例可由成人代替入獄，以保外
就醫。當時劉天向稚子尚幼，趙鑫洲即代代師入獄。可惜
劉天向仍病重不治而死。劉天向死前，感念趙鑫洲一片孝
心，遺囑其妻將秘傳的傷科方藥手抄本傳給了趙鑫洲。

後來，趙鑫洲拜入大槍劉德寬門下，盡習六合門拳
術、器械、鷹爪功與岳氏散手。據洪敦耕所錄，趙鑫洲在
從劉德寬習藝時，亦曾受過劉德寬之友「賊大爺」，授之
以雙劍，後稱「乾坤穿林雙劍」，並得「雞腸丐」之「叫
化子棍法」。可見趙鑫洲不僅用功好學，亦有連番奇遇。

趙鑫洲又從御前四品帶刀護衛孔吉泰學劍，歷時九
年。孔吉泰雖有子，然而其子不能紹繼其業。所以孔吉泰
死後，即將護衛一職，傳予趙鑫洲。趙鑫洲於光緒二十五

年，任宮中錦衣衛教頭。

光緒二十八年，趙鑫洲開立永盛鏢局，常以一把砍刀押鏢，號稱「南北無敵手」。民國以還，西學東進，鏢局日益沒落，趙鑫洲遂關閉鏢局，另謀他路。後應友人相邀，曾任北京農業大學體育教師，專授武藝，培養眾多知名的武術家，如萬籟聲、白瑞采等等。

趙鑫洲嗜古玩，深知其中要道。晚年不喜流連於武術界當中，開設德記古玩，養老天年，生有三子一女。

10・萬籟聲

萬籟聲，原名萬常，字常青，1903年出生於湖北武昌葛仙鎮。中學時代，即遠離家鄉，來到北京就學，住在曾當過清朝武官的叔父家中。

17歲時，萬籟聲考入北京農業大學森林系，畢業後留校任助教、講師。萬籟聲自幼好武，在校期間，從劉德寬高徒趙鑫洲學六合拳、岳氏連拳等藝。

後來萬籟聲耳聞「南北大俠」杜心五，因為「神經不正常」而流落北京。萬籟聲與趙鑫洲商量之後，決定要去拜訪杜心五。當時杜心五在國民政府農礦部任職，萬籟聲就前去一會。

萬籟聲登門請益，卻不料杜心五聽後哈哈大笑，說：「我根本不會什麼武術，你還是趕快走吧！」萬籟聲心知杜心五並非凡夫，一時不便相強，暫先告辭。之後，萬籟聲一有時間，就去拜訪杜心五，表明學藝決心。杜心五見萬籟聲言行懇切，就收萬籟聲為徒盡授其自然門武藝。

萬籟聲之後又拜楊畏之、鄧靈芝、王顯齋、王榮標等

人，學習藥功、道功、武功等藝，涉獵甚廣。後來，萬籟聲在北京晨報上刊登武術相關的系列文章，之後集結為《武術匯宗》，並於1928年由商務出版社出版。

1928年10月11日，南京舉辦第一次國術考試，各地高手雲集。萬籟聲亦前往南京比賽。臨行前，杜心五贈萬籟聲一柄短劍，以勵萬籟聲之志。這次國術考試，萬籟聲因身體不適，僅列中等82名內。

萬籟聲在國考中，被當時兩廣總指揮兼廣東省主席李濟深先生看中，被聘為兩廣國術館館長，授少將級軍銜。

萬籟聲到廣州後，當地名手不服，紛紛前來挑戰。萬籟聲均應對得宜，在兩廣當地，聲名大噪。後來，國民黨內部爭鬥，李濟森被蔣介石囚禁於南京湯山，由陳濟棠導政。陳濟棠以兩廣國術館開支浩繁為由，解散兩廣國術館。

1931年，湖南省政府主席何鍵熱心提倡武術，特透過杜心五致函萬籟聲，聘為湖南國術訓練所所長。

1939年，萬籟聲應福建省主席劉建緒之邀，南下福建創辦省立體育師範專科學校，自任校長。可惜因抗日戰爭之影響，行政吃緊，加之萬籟聲得罪福建省教育廳廳長，被罷免校長一職。後來，萬籟聲應昔年同學福建省農學院院長周楨之邀，在該校任教，一晃十年。

1945年，抗戰勝利後，萬籟聲由於自身研習過中醫藥功、跌打損傷等科，於是在福州定居，正式懸壺濟世，並教練弟子。在文革時期，萬籟聲身陷囹圄，後大難不死，得以出脫。

1992年，8月8日，萬籟聲逝世，享壽90歲。

　　萬籟聲著作頗豐，著有《武術匯宗》、《原式太極拳圖解》、《國術教本》、《藥功秘》、《自然拳法匯宗》、《國際武術體育教範》、《國際技擊武術教範》、《國際武術體操教範》、《國際氣功武術教範》、《武術言論集》、《中國傷科》、《治平之道》等等。

附錄二
拳譜摘記

一、〈岳氏散拳論〉[①]（附鈔劉士俊、紀
子修岳氏散拳遺論）張達泉

　　岳氏散手乃宋代岳武穆出世時，訪少林寺老和尚拜求藝術九手：上三手，中四手，下二手耳。岳夫子悟性過人，每一手變化六手，共化五十六手，使天下後人英俊，詳加悟練耳！

　　又有劉士俊老先生遺論：「夫散手者真短打之妙法也。學者非得專意演習，如鐵練鋼，周身節節要貫串。用力如鋼，用腰如棉，發勁而兼剛。力由脊發，行於手指。任他用力來打我，曲折自身放，自由力在腰，意在心神相連力自然，你進我隨。你退我進，隨即是進，進即是放，前進後退不遺神。左右相隨，近身宜真真假假。需注意上下架捉求腰腿，得機得勢方相宜。移步需要隨身進，進步如玉環，不宜遲，上中下見手相接，需要快。左右相隨不宜滯。」

　　又有紀子修老師遺論：「此岳氏散手者又名雙推手，學者不可不注意。按散手之功夫，內分『散，快，按，

---

① 張達泉（不詳-A）。

點』四功。散者，遇手無窮變化；快者，相隨相進，遇機變化如電；按者，非萬不得已之危，不得用也，如用非按傷其 ；點者，警戒遇敵之者，非獨擇人不能論點功也。

「此四功，學者非得口傳心授，方能知其奧妙也。學者每欲練習，非得以心領意悟，則愈練愈精。再者，非有此先天造化不能深得其妙也。」

散手主要練：散、拿、按、點。

散手之九法列後：

單鞭、迎風擺柳、分筋搓骨，此上三手也。

左右分手，杈花，粉蝶穿花，穿梭，此中四手。

抱月，海底撈月。此下二手。

此九手遇敵變化無窮。關係在素日學練之精詳。以上是學者張隆興由紀老師口述記也。後學不可不詳加研究也。

此拳術是清代咸豐年在北京創立之首先者雄縣東姑庄劉士俊老先生所傳，學者凌□□，□先生、慶禧、紀緒、紀德共五弟子。又紀德傳於弟子張隆祥、張隆興。光緒丁未三十三年。

二、選自〈紀德傳〉《鷹手拳》[2] 楊敞

1．披肩類：

1.披肩 2.披肩拳 3.披肩內拳 4.披肩外拳 5.披肩上拳 6.披肩下拳

---

[2] 郭憲和（2004），PP.21～24。

2·扼腕類：

1.扼肱掌　2.扼肱肘　3.扼肱上掌　4.扼肱下掌　5.扼肱套步雙掌　6.扼肱套步雙掌　7.扼肱套步提膝　8.扼肱探陰掌　9.扼肱雙掌

3·扼吭類：

1.扼吭　2.沖吭　3.雙手揚肘沖吭　4.雙手進步扼吭　5.抑項推臂　6.扼吭抉眸

4·迎風類：

1.迎風掃葉　2.葉裡藏花　3.迎風擊幹　4.迎風捲葉　5.迎風折枝　6.耽風掘井

5·擒擲類：

1.擒舉腕掌　2.擲腕挂拳　3.擒腕揚肘掌　4.擒腕攬腰掌　5.擒腕攬肩掌　6.折肘擊胸肋　7.截臂　8.點睛　9.捩肱　10.折腕

6·十字手類：

1.十字手　2.十字點睛　3.十字踐足　4.十字躪足　5.十字鐵拳　6.十字提膝

7·無可歸類者：

1.擊肋　2.雙沖　3.雙掌　4.探陰　5.擊胸　6.按腕承類　7.挾臂拳抹眉　8.擒臂　9.蹴脛　10.撈月　11.理髮

按以上各手，當時練習因苦於無名易忘，故命名專重

用法，以便顧名思義，致多牽強生湊之弊。異日當細加審訂，並詳述用法以饗同志。今姑略識其意義如上。

三、《清代楊氏傳鈔老譜》選錄

1 ·〈太極膜脈筋穴解〉③

節膜、拿脈、抓筋、閉穴，此四功由尺、寸、分、毫得之後而來之。

膜若節之，血不周流。脈若拿之，氣難行走。筋若抓之，身無主地。穴若閉之，神昏氣晦。

抓膜節之半死，申脈拿之似亡，單筋抓之勁斷，死穴閉之無生。

總之，氣血精神若無，身何有主也？如能節、拿、抓、閉之功，非得點傳不可。

2 ·〈太極節拿抓閉尺寸分毫解〉④

對待之功，既得尺寸分毫於手，則可量之矣。然不論節拿抓閉之手易，若節膜、抓筋、拿脈、閉穴則難！非自尺寸分毫量之不可得也。

節，不量，由按而得膜；拿，不量，由摩而得脈；抓，不量，由推而得筋；拿閉，非量而不能得穴。由尺盈而縮之寸分毫也。

此四者，雖有高授，然非自己功夫久者，無能貫通焉。

---

③ 王宗岳等著（1996），pp.163。
④ 王宗岳等著（1996），pp.166。

3・〈尺寸分毫在懂勁後論〉[5]

在懂勁先，求尺寸分毫為之小成，不過末技之武事而已。所謂能尺於人者，非先懂勁也。如懂勁後神而明之，自然能量尺寸。尺寸能量，纔能節拿抓閉矣。

知膜脈筋穴之理，要必明存亡之手；知存亡之手，要必明生死之穴。其穴之數，安可不知乎？知生死之穴數，烏可不明閉而不生乎？烏可不明閉而無生乎？是所謂一字之存亡，一閉之而已，盡矣。

四、《拳經拳法備要》張孔昭

1・〈問答歌訣二十款悉盡其中之秘〉[6]

問曰：「勢雄腳不穩何也？」

答曰：「在勢去意來。勢若去時要猛狠，意旋回時身步穩。百骸筋骨一齊收，後手便順何須恐？」

問曰：「弱可以敵強何也？」

答曰：「在偏閃騰挪。偏閃空費拔山力，騰挪乘虛任意入。讓中不讓乃為佳，開去翻來何地立。」

問曰：「下盤勝上盤何也？」

答曰：「在伸縮虛實。由縮而伸帶靠人，以虛為實易為力。下盤兩足管在斯，撐拳托掌誰能敵？」

問曰：「斜行並閃步何也？」

答曰：「在避直逃衝。避沖飛斜勢難當，逃直非閃焉

---

[5] 王宗岳等著（1996），pp.175。

[6] 張孔昭（清），pp.515～516。

能防？用橫用直急起上，步到身傍跌見傷。」

問曰：「裡裏外裏何也？」

答曰：「在圈裏圈外。圈裏自裏裏打開，圈外自外裏入來。拳掌響處無間歇，骨節摧殘山也頹。」

問曰：「勝長又勝矮何也？」

答曰：「在插上按下。身長插上正相宜，身矮按下一般齊。眼鼻心口腎囊上，不遭打損也昏迷。」

問曰：「短打勝長拳何也？」

答曰：「長來短接易入身，入身跌撥好驚人。裡裏打開左右角，外裏打入窩裏尋。」

問曰：「腳步能勝人何也？」

答曰：「用堅墜跪。前腳彎兮後腳箭，前足如矢後足線。用肩推靠不能搖，墜跪勾撻隨人變。」

問曰：「身法能壓人何也？」

答曰：「排山倒海。一身筋節在肩頭，帶靠從來山也愁。翻身用個倒海勢，縱然波浪也平休。」

問曰：「拳法足以克敵何也？」

答曰：「在披竅導竅。一身筋節有多般，百法收來無空間。誰能熟透其中妙，恢恢游刃有何難？」

問曰：「掌起可以百響何也？」

答曰：「陰陽幻化。陰變陽兮陽變陰，反托順拖不容情。手外纏來懷中出，兩手搬開透身靠。」

問曰：「勾撓能進身何也？」

答曰：「在柔能勝剛。拳出腿來勢莫當，勾分拼撓柔勝剛。若人犯著勾撓法，進身橫托不須忙。」

問曰：「用膝可以敵人何也？」

答曰：「在推上擊下。兩手相加亂擾攘，無心思到下盤傷。橫直撒膝因穴道，縱是英雄也著忙。」

問曰：「輕勾可以倒人何也？」

答曰：「在手不在足。承手牽來將次顛，用腳一勾邊自然。足指妙在勾身用，微微一縮望天掀。」

問曰：「跌法能顛越人何也？」

答曰：「在乘虛用勢。乘虛而入好用機，見勢因之跌更奇。一跌不知何處去，體重千斤似蝶飛。」

問曰：「拿法可以奪人何也？」

答曰：「在反筋偏骨。瞽力千斤真個奇，節節乖舛任施為。緊拿不許鬆鬆放，神迷牽來莫鈍遲。」

問曰：「抓法能破體何也？」

答曰：「在便捷快利。進退輕跳稱便捷，伸縮圓活快利間。體破血流紅點點，指頭到處有痕斑。」

問曰：「身法當如何操持？」

答曰：「在收放捲舒。常收時放是操持，舒少捲多用更奇。一發難留無變計，不如常守在心頭。」

問曰：「練法更如何得竅也？」

答曰：「在會意用力。筋力人身本不多，在乎用法莫蹉跎。心在何處力隨往，上下一線似金梭。」

問曰：「拳法何由得精也？」

答曰：「在熟不在多。拳法千般與萬般，何能精透沒疑難？須知秘要無差漏，一熟機關用不完。」

2 · 〈少林短打身法統宗拳譜〉[7]

百拳之法，以眼為綱。反側前後，求察陰陽。
渾身著力，腳跟乃強。起伏進出，得先者王。
拳無寸隔，沾衣便亡。腰無少主，巧終狼狽。
如釘若矢，緊倚門牆。自頂至足，節轉輪防。
接應變換，無仇為良。八風不撓，隨顛隨狂。

3 · 〈步法、跌人勾法〉[8]

勾腳之法，在手不在足，蓋以下勾上必推故也。妙在
腳尖帶起，腳跟站地，須以快利為主，倘敵人闖滿，須跌
開一步（能手不必用此法）。

4 · 〈撻法〉[9]

撻腳之法，手與身腳俱一要齊著力，敵人管腳之時，
即以撻法跌之，跌一步，最能取勝（寧可學跌法，不可學
撻法）。

5 · 〈身法操持〉[10]

凡與人對敵之時，身法帶縮，腰法帶彎，偷步宜快宜
活。須以腳指黏地，兩手必換護，兩眼必射敵人。身手一
動，即以身法步法擊至空處，此秘法之要訣也。

---

[7] 張孔昭（清），pp.519。
[8] 張孔昭（清），pp.521。
[9] 張孔昭（清），pp.521。
[10] 張孔昭（清），pp.522。

6·〈黏身〉[11]

與人對敵之時，須要平心舒氣，敵人一動時，則以腳踏進，更以我之手、肩黏住人之肋邊，轉身一齊著力，則人自難逃閃矣。

7·〈到身〉[12]

到身之時，手、身、肩、膊、臀與大腿、膝頭，須要一段而進，更要一齊著力，前後手要相應，前後腳亦要相應。前手用四分力，後手用六分力；前腳用四分力，後腳用六分力。後手第一要曳得緊，後腳第一要拴得直，以後腳過身法，以身法送前手。又以後手曳住，須以勒馬狀樣。故知拳家之定舵，須在一隻後手，要領會也。後腳拴得直，所謂勢去也；後手曳得緊，所謂勢來也，一段而進，所謂百骸筋骨一齊收也。殺手之時，用力須在眉尖一線，所謂一身精力在眉尖，咬牙帶皺山也愁是也（又名眉尖帶皺，心最狠也）。

8·〈借力〉[13]

敵人進來之時，雄狠難擋，而我須兩眼認清。或用躲，或用閃，借其勢以跌之。所謂「見勢因之跌更奇」也。

---

[11] 張孔昭（清），pp.522。

[12] 張孔昭（清），pp.522～523。

[13] 張孔昭（清），pp.523。

9・〈偷力〉[14]

敵人來時，縱然雄狠，而我須於軟處，或節縫處鬥之，則彼之力無所用，而我得以伸其力矣。故謂之偷力。

五、〈抱勢臨危解法〉[15]《五車萬寶全書》

1・上揪胸下揪腰解

他用右手來揪住我胸前衣服，左手來揪住我袴頭。我用右打從他左手上過，按其他膁，又將自身墜下，將左手拏住他腳後跟，雙手齊按，他即仰面跌去。

2・賴摺衣勢

他用雙手來揪住我衣，我用右腳□住他左腳後跟，用左手帶住他腰上衣，再用右手把喉下一推，他就仰面倒跌去。

3・三人拿住解勢

他一個來拿住我頭髮，兩個來揪住胸，我先把揪頭髮的小肚著一腳，跌翻去。然後用右手拿住他右邊个肘下衣服帶入來，卻把左邊的人用單手掌，一翻就起背拳打他眉心，驚右邊的，卻就進步，把他肱下一托即解。

4・泰山壓頂解

他雙手來拿住我腰，我用雙手二大指，托他下肱；二

---

[14] 張孔昭（清），pp.523。

[15] 徐筆洞（不詳），pp.464～468。

中指按他雙眼，一捺，他即仰面跌去。

5・倒上橋解

他用雙手來拿住我右手扭轉在後，我即將右手□拿住他右手，就轉身用左手翻旋他後 一扯，他即仰面跌去。

6・金雞跌解

遭者將手模羊頭跌拿腳比即解（原文如此，不知所指）。

六、〈王征南先生傳〉《學箕初稿》[16] 節選　黃百家

1・七十二跌：

長拳，滾斫，分心十字，擺肘逼門，迎風鉄扇，棄物投先，推肘捕陰，彎心杵肋，舜子投井，剪腕，點節，紅霞貫日，烏雲掩月，猿猴獻果，縮肘裹靠，仙人照掌，彎弓大步，兌換抱月，左右揚鞭，鉄門閂，柳穿魚，滿肚疼，連枝箭，一提金，雙架筆，金剛跌，雙推窗，順牽羊，亂抽麻，燕抬腮，虎抱頭，四把腰等。

2・穴法：

死穴、啞穴、暈穴、咳穴、蝦蟆、猿跳、曲池、鎖喉、解頤、合谷、內關、三里等穴。

---

[16] 黃百家〈王征南先生傳〉《學箕初稿》，卷一之十九～卷一之廿二。

3．三十五拿：

斫，削，科，磕，靠，擄，逼，抹，芟，敲，搖，擺，撒，鐮，攖，兜，搭，剪，分，挑，縮，衝，鉤，勒，耀，兌，換，括，起，倒，壓，發，插，削，釣。

4．鍊步者十八：

瓷步，後瓷步，碾步，沖步，撒步，曲步，蹋步，歛步，坐馬步，釣馬步，連枝步，仙人步，分身步，翻身步，追步，逼步，斜步，絞花步。

5．五字訣：敬、緊、徑、勁、切。

6．所禁犯病法若干：

懶散，遲緩，歪斜，寒肩，老步，腆胸，直立，軟腿，脫肘，戳拳，紐臀，曲腰，開門捉影，雙手齊出。

七、〈搏者張松溪〉《喙鳴文集》沈一貫

張有五字訣，曰勤，曰緊，曰徑，曰敬，曰切，其徒秘之。余嘗以所聞妄為之解。

曰勤者，蓋早作晏休，練手足力，少睡眠，薪水井臼必躬。陶公致力中原。而恐優逸不堪，以百甓從事，此一其素也。

曰緊者，兩手常護心胸，行則左右護脇。擊刺勿極其勢，令可引而還。足如有循，勿舉高蹈。闊丁不丁、八不八，可亟進、可速退。心常先覺，毋令智昏。立必有依，勿處其後。眾理會聚，百骸皆束。畏縮而虎伏，兵法所謂

始如處女；敵人開戶者，蓋近之。

曰徑，則所謂後如脫兔。超不及距者，無再計，無返顧，勿失事機，必中肯綮。既志其處，則盡身中一毛孔力，咸嚮赴之，無參差，若貓捕鼠。然此二字，則擊刺之術盡矣。

曰敬者，儆戒自將，勿露其長。好勝者，必遇其敵。其防其防，溫良儉讓，不忮不求，何用不臧。

曰切者，千忍萬忍，掐指咬齒；勿為禍先，勿為福始，勿以身輕許人。利害切身，不得已而後起；一試之後，可收即收，不可復試。雖終身不見其形，不成其名，而亡所悔。蓋結冤業者，永無釋日。犯王法者，終無貰期。得無慎諸？

聞張之受于孫惟前三字，後二字張所增也，其戒心又如此。君子曰：「儒者以忠信為甲冑，禮義為干櫓，豈不備哉！」使人畏而備之，孰與夫使人無畏而無備之為周。夫學技以備患，而慮患乃滋甚，則焉用技？恃技而不慮患，患又及之，技難言矣。故君子去彼處此。

八、《養神館合氣道圖說》[17] 節選
鹽田剛三

1・〈合氣道之生命〉合氣道之「柔和」與精神

顧名思義，合氣道是「使氣力合而為一之道」。如果單從技術方面看起來，就是將自己的力量，與對方之拉

---

[17] 鹽田剛三（1973），pp.15～21。為求譯文流暢，筆者對於李金泰先生的譯文有所更動。

引、推壓、制止等力量合而為一，再利用對方之力量將其控制。也就是說，將對方的「想發出之情志」、「想拉扯之情志」與自己的「情志合而為一」。無論如何，合氣道終不是相剋，而與對方之「善意」有所關係。

也就是說，要在實踐之中萌發出「柔和」之心。有了「柔和」之心，就不會把傷害對方視為最終目的，而能順利完成技法，並以「互助協作」的人格為目標。以人格之圓滿為目標，才是修習武道的人應有的狀態，而且就其本身來說，這是彌足珍貴的。

合氣道並不僅限於人對人的關係，同時，應當向「自然與我合一」的目標邁進。就合氣道的技法而言，「自然」就是不強求；相反的，強求的動作就不是合氣道了。為了和任何情形、任何事物、任何人物都能相互協助，本身必需具備寬大的度量和雄闊的柔和之心，並且非得以「強壯」做依據不可。

這種「強壯」是藉著艱苦的修練，培養起來的肉體與精神。它必須是絕對正確而非妥協的，也是貫通的精神本身。唯有如此才會產生真正的「柔」。也就是說，合氣道是徹底的實踐之道。修練者雖然一定要具備高超的精神，但也不該只被其精神所限，必須正確地學會眼前的每一個技法，並且必須十分專心，以達成其目的。

2．〈合氣道之技法與修練〉

練習法

合氣道的練習，可以劇烈，也可以柔和。因此，不論男女老少，都可以學會。雖然，練習的要求當屬武道本

身，但也有人只以健康為目的才學習的，諸如自衛，或精神修養，或女性追求美容等等，都可以學習。合氣道乃是集結了無任何絲毫「強求」技法之大成，因此不需要有太大的力量，只要雙手能舉起約八公斤重左右，就已經足夠了……

如果施展合氣道技法時，需要用很大的力量，那就是自己所施展的技法不正確，認為是不自然的關係就對了……與一般體育運動不同，合氣道不追求比賽之勝負，其理想狀態是在追求絕對性的態度。不用說，不要忽視將對方控制，且必須向超越性的「強壯」求道不可。這一點，是與前面的「柔和」之心結合在一起的。因此，在練習同伴間，創造出一種技法，共同互求正確性，並注意只有正確的修練，才有強壯，這是練習合氣道的訣竅……

九、《柔道精髓：道與術》三船久藏

1. 柔道實施之要義・總說[18]

「柔道之精髓」在於守護中心。物體的倒下即表示失去中心，容易失去重心的形式，可說是不安定……但更加分析其術技，也可以說因為相對的兩者相撲鬥所產生的被合體的一個形態中心，其相對者間的位何一方守護它，而主動誘導已發生的運動。

中心被保持回轉的運動，如平面的來看，成為圓；而立體的來看，即成為球，而物象之最整齊的形成是球。在心的姿態，圓滿就是表示無不足的優秀性。即柔道的宗

---

[18] 三船久藏（1975），pp.9～13。

旨，可發現自然相通於物心無窮的真實性，物心無窮的真實性就是通於任何物的自然之性命。宇宙的森羅萬象，必定是否有安定，成為要得安定而運動……

……在心象和物象的活的變化中行動的人，隨其經驗獲得的慣性，幾乎在無意識之中，必須常堆積修養，使之不失生命住宿的中心。

……「柔道之秘訣」在於「無他意明敏之心」和「圓滑自在的身體」，在一貫的統一中，發現即應變化的安定……這是因為中心或重心是臨場可以產生的，所以護持中心而安定的術，也到時始能得其所，必須產生其作用。

2. 柔道實施之要義・五個要點[19]

(1)柔軟的身心之作用，勝過硬化剛直。

(2)在最惡的狀態中，發揮最善的活力。

(3)遇事大意等於無定見。

(4)不固執固定的概念，要有無我無心的心境。

(5)決不輕侮小事，要有誠懇的心。

3. 崩（破勢）之意義[20]

崩（破勢），將對方誘導使之成為缺乏變化性的不安定。以摔倒技術說明，即是使對方勉強支持重心的體勢。不管是在摔倒技術或捉牢技術裏，崩（破勢）是技術的母胎。

---

[19] 三船久藏（1975），pp.9～13。

[20] 三船久藏（1975），pp.25。

4. 作（造成）與掛（施術）[21]

要使對方的重心被破勢，處於毫無變化的不穩定狀態中謂之「作」（造成）。

在「作」（造成）的姿勢施行技術謂之「掛」（施術）。

「作自己」，造成自己的意思，是對已破勢而求安定的對方，容易使自己容易施術的形態或招式謂「作自己」（造自己）。

此係瞬間偶發的行動，使手足腰三者順序而進……其中最重要的條件，是在被統制的精神力之下，要求手、足、腰的動作上協調一致。

5. 施術的機會與方法[22]

在對方出現破勢的瞬間施術，不用說，雖然是當然之理，但現在再進一步，讀對方之意向，一面推察其體勢，一面破其勢，在尚未出現破勢以前的一瞬間施術，才是最重要。

十、《董海川傳四十八法》

1.〈摘解訣〉[23]

多少拿法莫夸技，兩手拿一向足奇。

---

[21] 三船久藏（1975），pp.28。

[22] 三船久藏（1975），pp.28。

[23] 李子鳴等（2003），pp.96。

任他神拿怕過頂，穿鼻刺目勢難敵。

2·〈忌拿訣〉[⑳]

八卦之手不講拿，我拿人兮我也差。

設若人多不方便，直出直入也堪誇。

十一、〈裁解手法·封手逼手擒手拿手〉 《少林宗法》[㉕] 尊我齋主人

封手者，即封閉敵人之手，使不能活潑變化也，逼即乘勢緊逼，進馬一步，作吐放之勢，使敵立足不牢也。擒拿本為一手，即擒按敵人之手，或要害之處，使敵不克強動也。故就次第言之，先逼而後封，乘機取勢。擒拿則又屬單行手法，與封逼不同，此為初學而言，亦係一種制敵取勝法門，若至於熟練精到時，此等手法，皆不可用！蓋一舉手撲足之下，敵已失其手足活潑之力，不必封而自封矣！大凡技擊家之逢敵手，總以先用探手，觀其宗派家法，與其深淺，而後可以變化應敵，相機進取。若浪肆封逼之術，假一旦而逢名手，不能封人，先已自封，且逼之既緊，退步無地，不徒取敗，亦且見笑於大方家矣。

江西派熊劍南先生之秘傳遺語，謂擒拿實係專門手法，且有秘術，在深悉人身氣血通行之時刻與脈絡，穴道之部位。若按時按穴而擒拿之，可以隨輕重而致其性命之死生。平日練習之手法，約有七十餘種，而擒拿則其總稱也，又曰擒拿手，學之難，傳之亦不易，先輩精此者祇數

---

⑳ 李子鳴等（2003），pp.114。

㉕ 尊我齋主人（2005），pp. 18～19。

人，江西一二人，餘皆湘楚黔蜀。後以此道傳非其人，常有濫用傷人之事，以故相戒不輕傳授，百年來，此道幾不復留在人間，絕技幾失薪傳，殊堪浩歎。數年前在荊襄，遇一道人，頗精此術，惟未見其施用，故不知造詣何似，想此道尚未至絕跡也。

十二、〈擒拿解法〉《拳經・卷一》[26] 李肅之

擒拿解法（雙擒跟手轉，單擒插帶攣）。

出手每用殘黏入，須防內外雙單擒。

內關用援外關奪，分開解脫各依門。

外邊單擒或左右，左分虎口右脛尋。

彼若兩手齊拿緊，分取一手兩不成。

內邊彼若兩手援，對頸疾推去無形。

右手輕捺分虎口，近步疾推莫留停。

若是雙拿仍取一，兩手自開痛失神。

擒拿法廣難盡載，要皆可以觸類行。

十三、《拳術摘要》陳子正

1・〈鷹爪總論〉[27]

此家手法，原係象形，因鷹為猛禽類之一，其性猛，其爪利，運用爪之抓力，可以戰勝他禽。故凡與鷹體積相等之禽鳥，或稍大者，莫不當之披靡，不敢與較。鷹手拳之與他家拳相遇，亦可操必勝之權，是以名之曰鷹手

---

[26] 李肅之（2005），pp.35。

[27] 轉引自李光甫等（2004），pp.254～255。

者，乃鷹爪力之總名。此種手法，與他家手法迥異，專以抓打擒拿、分筋錯骨為主。抓打擒拿、分筋錯骨，必按人週身關節、穴孔、要害處擊之。凡氣功所不能達，內力所不能到之處，遇此手法，雖具鐵皮鐵骨，未有不披靡者。然此手法，貴力足，猶貴力整，臨敵應用，愈顯其妙。故拳術中最毒、最猛、最能守者，莫如此種手法也。有沾衣捫脈之妙訣，如吸如引之黏性。若精於此法者，手見手無處走，敵愈近愈易制勝。惜乎！此種專家，世不多見耳！考其內容：抓、打、擒、拿、翻、崩、肘、靠；一號、二拿、三降、四守；分筋、錯骨、點穴、閉氣、沾衣如捫脈，剛柔靜中求是也。力分為七，曰：陰、陽、剛、柔、彈、寸、脆。其擲人與擒拿肘靠，純用陰脆二力；抓用寸力陰力；打用陽剛寸脆六種合力；翻崩用彈力；分筋錯骨用陰寸脆力；沾衣如捫脈，用陰柔合力；若一號、二拿、三降、四守，用陰剛力。惟因敵來勢不同，不能扣於一定，總之七力混合，始能應用；七力變化，始能勝敵；無隙可乘，混元一氣，始得內家之精華，世所罕匹。凡點穴錯骨之功，莫不由此家傳出！吁！亦神矣！

2．〈連拳總論〉[28]

連拳出於少林，手手相應，著著接續，剛柔兼用，彈脆力多，陰陽變化，輕便敏捷。故是拳應用時，忽上忽下，令敵頭昏；聲東擊西，使敵自眩。其進也，急如閃電；其退也，快如飄風。變幻莫測，神化無窮，拳出似實，破之則虛；拳出如虛，不接則實，其妙訣曰：「奧妙

---

[28] 轉引自李光甫等（2004），pp.256。

如陰陽，變化最難防。穿崩跳躍步，閃展擒拿強。上打鼻梁骨，中擊肋兩旁；下有撩陰手，摔法狙敵傷。動如猛虎怒，靜如處女藏。強弱皆能練，輕靈更相當。」

十四、〈岳家裁手法〉《武術匯宗》[29] 萬籟聲

凡習武功，至師傅為說裁手法，與敵人較優劣，則拳腳棍棒，習之有年，已有成績可觀者也。不然，即為之解述，亦看到作不到，反將功夫葬送。是以本條列於器械之後，以明學藝者，須逾二三載功夫，武功大旨，略已諳悉，乃與解此也！緣習武功，雖為強健身體，然其每手練法，無一不談，如何破敵人之著數，苟無以解說，則此等動作，將何所取義耶？且習武功，於不得已時，亦所以自衛也！

平日習拳，乃練手眼身法步之靈動，散打之根基功夫。有如讀書後，再習作文，而求應用，其真正之裁手法（即散打），尚須另為說明。茲將動手方式，述之如下：

凡少林嫡派，與人動手，先站開馬步，左拳橫置右掌虎口中，而右掌心向外，平與胸齊，先退後三步，再進半步，道聲請字，即交手矣！

橫拳平胸之義，乃反背胡族，心在中國；退三步再進步半，名為踏中宮，其同派者禮節相同，則係一家人，可勿動手矣！

其少林支派，抑或不諳此等禮節，欲與人一較時，即稱與先生領教領教，可也！

---

29 萬籟聲（1989），pp.143～145。

動手先用引手，探其虛實，然後再進，所謂：「引落鑽翻是個空！」

敵人弱則踩洪門入（直進），強則邊門入（側進）。

遇武當用「生擒捉拿」。遇少林用「閃躲圓滑」、「逢強智取，遇弱活拿」、「見可而進，知難而退」、「見著不打，見式不打」。虛虛實實，變化萬端，不可捉摸，整學零使，神而明之，存乎其人。

動手著式，隨各門而不同，有白馬獻蹄、銀鑾接駕、青龍抱背，陰陽翥、獅子大張口、三尖對等式，不勝其述。

有交手即用擒拿封閉者，或雙推，或斬切，或鐵刷，或拿穴，一動手即將手腳打傷，雖有渾身本領，亦不克使用，而為人所封閉，不能出矣！

在裁手之中，所用著數，固隨門戶而異，然其用法根原，要不出岳家三十六路擒拿，七十二路短打之列。三十六路擒拿，分上手十八字，腳下十八字，而腳下者，又分立八字，臥十字。上手十八字為：「擒拿封閉，浮沉吞吐，抓拉撕刮，挑打盤駁壓。」乃菩提祖師傳。腳下立用八字為：「雙拉牽虎勢，暗藏金龍形。」（勢與形皆虛字）；臥下十字為：「雲臥單撈腿，猛虎滾連城，此是羅祖傳，巧打英雄漢。」腳下十八字用法歌訣於下：「腳西手東兩相關，上下相同虎膽寒。縱遇英雄猛虎漢，好比蜻蜓撲泰山。」

七十二路短打，因門戶而名目不同，但實亦大同小異。其名即如：

靈貓上樹、青龍獻爪、抽徹連環掌、插打中拳、虎撲

子、砲拳、攢拳、霸王送客、黃狼偷雞、火炮沖天、雪裏軋草、斬切掌、連環腿、玉環步、絪腿、絞絲腿、回馬腿、撲面掌、抹面掌、抹眉、白蛇吐信、搬攔捶、轉環掌、下舍掌、鎖喉箭、鳳點頭、鬼頭手、順手牽羊、伸抹、拍掌、崩拳、鴛鴦腿、鴛鴦煞、上山虎、頓錯捶、鈎挂連環腿、貼身靠打、隔臕骨、牆上掛畫、灌耳捶、內外套、錐心捶、浪裏擒蛟、裏外把門、鯉魚打挺、烏龍絞柱、獅子振毛、小鬼叫門、雙壓打、虎尾腳、鐵門坎、拙子腳、碰腿、截腿、吐腿、踔腿、外撇臕、翻天印、連環黏、鴛鴦駢、黑虎掐心、窩心腳、撩陰腳、仙人摘果、連環扁踩、貓兒滾灰、雲腿、團掌、箭步推山、指襠捶、朵子腳等等。此外，猶有填空不應響，達摩祖師所傳之奸滑急三戰、旋風手、旋風腿諸種少林絕傳，不遑備述，是均為岳家散打也！

至於進退閃躲等法……

凡手高來者，可挑挂之；中來者，挌攔之；下來者，斬切之。動手最要心穩氣和，「打拳如走路，看人如蒿草」，始可以臨敵制勝。

但武功家與人動手有三懼三不懼：老頭子、小孩子、婦女子是為三懼，蓋勝之不武，打死須償命也！大勢力、大氣力、大功夫是為三不懼，乃有抗衡價值，不可以其有勢力、有功夫而不敢較量也。

又凡遇僧道尼姑，不比則已，比時須十分留心，緣出家人敢與人談武，必有一二絕技，而婦人尤喜用暗器與著鐵尖鞋，更當防之……

參考書目

一、民國前資料：

1. 于滄瀾主纂，蔣師轍纂修（1896）：《光緒鹿邑縣志》。光緒二十二年刊本。台北：中國地方文獻學會。民國65年臺一版。

2. 王宗岳等著（清）：《太極拳譜》。台北：大展。民國94年，初版四刷。

3. 李塨纂，王源訂（清）：《顏習齋先生年譜兩卷》，選自《叢書集成新編 第102冊》。1985年出版。

4. 包世臣（清）：《藝舟雙楫》。台北：文光。民國57年出版。

5. 朱一新、繆荃孫合撰，劉承幹重訂（清）：《京師坊巷志》。民國七年刊本。民國58年臺一版。

6. 何良臣（明）：《陣記》。，選於《景印文淵閣四庫全書·子部三十三·727卷》。台北：台灣商務。民國72年到75年出版。

7. 徐筆洞纂（不詳）：《五車萬寶全書》。選自《中國日用類書集成》第八卷。日本東京：汲古書院。日本平成十三年（2001）六月發行。

8. 唐順之（明）：《武編》，選於《景印文淵閣四庫全書·子部三十三·727卷》。台北：台灣商務。民國72年到75年

出版。

9. 莊子著，王先謙、劉武註解（1988）：《莊子集解／莊子集解內篇補正》。台北縣：漢京。民國 77 年 12 月 30 日。

10. 戚繼光（明）：《紀效新書》，選於《景印文淵閣四庫全書‧子部三十四‧728 卷》。台北：台灣商務。1983 到 86 年出版。

11. 張孔昭著、曹煥斗註（清）：〈拳經拳法備要〉《叢書集成》第 102 冊。台北：新文豐。臺一版。1989 年出版。

12. 黃百家（清）：〈王征南先生傳〉《學箕初稿》，收錄於黃宗羲《南雷文定》中。台北：商務。民國 59 年，台一版。

13. 劉崇本編輯印（1905）：《雄縣鄉土志》。光緒三十一年刊本。台北：成文。民國 57 年初版。

14. 謝肇淛（明）：《五雜俎》。據明萬曆年間刻本影印。台北：新興。民國 60 年初版。

二、民國後資料

1. 三船久藏著、曾金山、李清漢譯（1975）：《柔道精髓：道與術》。嘉義：文友。民國 64 年，初版。

2. 王新午（1942）：《太極拳法闡宗》。台北：逸文出版社。2003 年 5 月，初版。

3. 王新午（1930）：《岳氏八翻手》。山西：山西科學技術出版社。2003 年五月初版二刷。

4. 王國齊（2005）：〈鷹手拳與鷹爪王〉《精武》06 期，pp.36~37。

5. 王徵成（2005）：〈以實戰養功夫 以拜師貫所學：集岳家散手、八步螳螂與太極於一身的大師－王傑〉《台灣武林》

22 期，pp.18~28。台北：逸文。2005 年 1 月。

6. 中國武術大辭典編輯委員會（1990）：《中國武術大辭典》。北京：人民體育社。1990 年 9 月初版。

7. 中國武術百科全書編輯委員會（1998）：《中國武術百科全書》。北京：中國大百科全書出版社。1998 年 10 月初版。

8. 化振凱（不詳）：《大槍劉德寬的八卦槍》。http://www.wushuren.com/viewthread.php?tid=3742

9. 卞文祺記述，郝少如講述（不詳）：《回憶郝少如老師講授的話》。http://www.taiji.net.cn/liu/wu/200706/5396.shtml

10. 向愷然（不詳）：〈我研究「推手」的經過〉，轉引自《太極拳》。

11. 李子鳴遺著、裴錫榮整理（2003）：《梁派八卦掌——老八掌》。台北：大展。民國 92 年 1 月。

12. 李仲軒口述，徐皓峰整理（2006）：《逝去的武林：1934 年求武紀事》。北京：當代中國出版社。2006 年 12 月 3 刷。

13. 李光甫等著（2004）：《武術名家談武術》。台北：五洲。初版。

14. 李肅之（2005）：《拳經》。台北：逸文。初版。

15. 永年縣地方志編纂委員會（2002）：《永年縣志》。北京：中華書局。2002 年 10 月初版。

16. 台灣武林編緝部（2004）：《台灣武林雜誌書：鶴法（壹）》。台北：逸文。2004 年 4 月初版。

17. 朱春煊（不詳）：〈一接點中求〉http://www.drag-on-arts.com/phpbb/viewtopic.php?t=1111

18. 汾陽縣志編纂委員會編（1998）：《汾陽縣志》。北京：海潮。1998 年出版。

19. 吳圖南、馬有清（2003）：《太極拳之研究》。香港：商務印書館。2003 年 5 月第 4 次印刷。

20. 吳占良（2006）：〈楊芳田訪談錄〉。http://www.xingyiquan.cn/Article_Show.asp?ArticleID=217

21. 河北省深州市地方志編纂委員會編（1999）：《深縣志》。北京：中國對外翻譯。1999 年出版。

22. 金一明（2002）：《拳術初步》。台北：逸文。2002 年初版。

23. 金恩忠（2002）：《少林七十二藝練法》。台北：逸文。年初版。

24. 金恩忠（1940）：《國術名人錄》。山西：山西科學技術出版社。2001 年 5 月第二次印刷。

25. 孟祥寅主編（1999）：《深縣誌》。北京：中國對外翻譯出版公司。1999 年 9 月初版。

26. 洪敦耕（2004）：《武林瑣談》。香港：天地。2004 年再版。

27. 姜容樵（1983）：《寫真秘宗拳》。台北：華聯。民國 72 年出版。

28. 秦廷秀等修，劉崇本等纂（1929）：《雄縣新志》。台北：成文。民國 58 年初版。

29. 馬明達（2003）：《武學探真上‧下》。台北：逸文。民國 92 年初版。

30. 馬興國（不詳）：〈「用力」與「不用力」之解析〉。http://www.taijicn.net/bbs/thread-8061-1-1.html

31. 孫祿堂著，孫劍雲編（2002）：《孫祿堂武學錄》。台北：大展。民國 91 年 8 月初版。

32. 孫祿堂（2002）：《武學錄》。台北：大展。2002 年 8 月一刷。

33. 孫叔容、孫婉容、孫寶亨等著（2003）：《紀念武術大師孫存周先生誕辰一百一十周年》。北京：人民體育出版社。2003 年 11 月第一版。

34. 徐珂（1983）：《清稗類鈔（六）》。台北：台灣商務印書館。民國 72 年出版。

35. 徐畏三、金佩生（1932）:《擒拿法真傳秘訣》。上海：武俠社。民國 29 年 7 月二版。

36. 清史稿校註編纂小組（1988）：《清史稿校註》。台北縣：國史館。民國 75 出版。

37. 陳天一（1981）:《岳氏連拳》。台北：教育部體育司。

38. 陳微明（1925）：〈太極名人軼事〉《太極拳術、太極問答、太極劍》。台北：逸文。2003 年二版。

39. 陳炎林（2001）：《太極拳刀劍桿散手合篇》。台北：益群書局。民國 90 年 5 月初版。

40. 陳苢洲（2006）:《太極正宗》[出版地不詳]：魏開瑜。民 95 [增訂] 三版。

41. 陶希聖（1963）:〈辛亥還鄉〉《傳記文學》第 015 號；1963 年 08 月。http://cdlink.ncl.edu.tw/cgi-bin/artgs/gsweb. cgi?ccd=rQllkS&o=v0-2

42. 郭憲和（2004）:《鷹手拳》。北京：人民體育出版社。2004 年 2 月第一次印刷。

43. 童旭東（2008）：《孫氏武學研究》。北京：中國書籍出版社。2008 年 11 月第 1 版。

44. 董俊（1934）：〈少林五行柔術拳譜〉《山西國術體育

旬刊》第一卷第三期，pp.3~6。山西：任舒平發行。民國 23
年 8 月 30 日。

45. 雷殊曼（不詳）：〈陳峻峰先生軼事〉。http://taichi99.
myweb.hinet.net/index1.htm

46. 張鳳瑞等修；張坪等纂（1932）：《滄縣志》。台北：
成文。民國 57 年，據民國 22 舛鉛印本重印。

47. 張達泉（不詳 -A）：〈岳氏散拳論附抄岳氏散拳遺說〉
http://www.taijiprobe.com/zhangdaquan.html

48. 張達泉（不詳 -B）：〈張達泉太極經驗談〉http://
www.taijiprobe.com/zhangdaquan.html

49. 張達泉（不詳 -C）〈鎗譜：紀氏師傅傳弟子張隆祥、
張隆興〉http://www.taijiprobe.com/zhangdaquan.html

50. 張起鈞（1985）：〈最後的鏢局與最後的大鏢師〉《傳
記文學‧1985 年 9 月‧第 280 號》。

51. 黃柏年（2002）：《龍形八卦掌》。山西：科學技術出
版社。2002 年 2 月山西第三次印刷。

52. 黃德發（不詳）：〈由對田兆麟先生的回憶看楊太的抓
筋拿脈〉。http://www.tianzhaolin.com/dispbbs.asp?boardID=
14&ID=37&page=1

53. 尊我齋主人等（1915）：《少林宗法、少林拳術秘訣》。
台北：逸文。2005，初版。

54. 賈安樹（2008）：〈楊班侯太極拳的源流傳承與簡介〉
http://www.yangbanhou.com/newsinfo.asp?id=56

55. 楊家駱主編（1998）：《新校本宋史並附三編》台北：
鼎文。1998 出版。

56. 楊敞（1918）：〈雄縣劉武師傳〉《體育》。北京：京師

體育研究社。1918 年初版。傳記－ pp.2~5。

57. 楊敞（1918）：〈大鎗劉德寬軼事四則〉《體育》。北京：京師體育研究社。1918 年初版。〈軼聞〉‧pp.1~2。

58. 劉金聲、趙江（1936）：《擒拿法》。台北：逸文。民國 91 年初版。

59. 劉法孟（1962）：《鷹爪一百雲八擒拿術》。香港：藝美。1996 再版。

60. 劉緯祥口述、韓超群整理（1934）：《行意拳譜》。http://www.wgwushu.net/main/dp-bbsthread-831.html

61. 路迪民、趙廷銘（2006）:〈楊祿禪瑞王府授拳說〉《武當》2006 年 3 月‧總 187 期。

62. 萬籟聲（1989）：《內外輕功》。台北：華聯。民國 78 年初版。

63. 滄州武術志編纂委員會（1991）：《滄州武術志》。河北：河北人民出版社。1991 年第一次印刷。

64. 韓建中（2003）:《實用擒拿法》。台北：大展。初版。

65. 魏秀梅編（2002）：《清季職官表附人物錄》。台北：中央研究院近代史研究所。民國 66 年初版，民國 91 年再版。

66. 隱僧編著，念佛山人提供資料（1982）:《鷹爪門拳術圖式》。台北：華聯出版社。民國 71 年 11 月初版。

67. 鹽田剛三著，李金泰譯（1973）：《合氣道圖說》。台北：五洲。初版。

68. Kamen, Gary 編輯，謝伸裕總編譯（2007）：《基礎運動科學》。台北縣：易利。2007 年 11 月第一版。

彩色圖解太極武術

1 太極功夫扇

定價220元

2 武當太極劍

定價220元

3 楊式太極劍

定價220元

4 楊式太極刀

定價220元

5 二十四式太極拳+VCD

定價350元

6 三十二式太極劍+VCD

定價350元

7 四十二式太極劍+VCD

定價350元

8 四十二式太極拳+VCD

定價350元

9 楊式十八式太極劍

定價350元

10 楊氏二十八式太極拳+VCD

定價350元

11 楊式太極拳四十式+VCD

定價350元

12 陳式太極拳五十六式+VCD

定價350元

13 吳式太極拳五十六式+VCD

定價350元

14 精簡陳式太極拳八式十六式

定價220元

15 精簡吳式太極拳三十六式 拳架·推手

定價220元

16 夕陽美功夫扇

定價220元

17 綜合四十八式太極拳+VCD

定價350元

18 三十二式太極拳 四段

定價220元

19 楊式三十七式太極拳+VCD

定價350元

20 楊氏五十一式太極劍+VCD

定價350元

21 嫡傳楊家太極拳精練二十八式

定價220元

22 嫡傳楊家太極劍五十一式

定價220元

23 嫡傳楊家太極刀十三式

定價220元

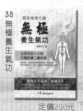

國家圖書館出版品預行編目資料

岳家拳學／王　傑　講授／陳智豪 整理

－初版－臺北市，大展，2010［民99.10］
面；21公分－（武術特輯；125）
ISBN 978-957-468-771-8（平裝；附數位影音光碟）
1.拳術　2.中國
528.972　　　　　　　　　　　　　　99015099

岳家拳學

講 授 者／王　　　傑
整 理 者／陳　智　豪
發 行 人／蔡　森　明
出 版 者／大展出版社有限公司
社　　　址／台北市北投區（石牌）致遠一路2段12巷1號
電　　　話／(02) 28236031・28236033・28233123
傳　　　真／(02) 28272069
郵政劃撥／01669551
網　　　址／www.dah-jaan.com.tw
E-mail／service@dah-jaan.com.tw
登 記 證／局版臺業字第2171號
承 印 者／傳興印刷有限公司
裝　　　訂／建鑫裝訂有限公司
排 版 者／千兵企業有限公司
初版1刷／2010年（民99年）10 月

定　價／450 元

大展好書　好書大展
品嘗好書　冠群可期